金商道

The positive thinker sees the invisible, feels the intangible,
and achieves the impossible.

惟正向思考者，能察於未見，感於無形，達於人所不能。——佚名

《華爾街日報》調查記者
西門·克拉克 Simon Clark、威爾·魯奇 Will Louch —— 著
張美惠 —— 譯

寄生慈善

一個華爾街大騙子如何用「做好事又能致富」的謊言行騙全球菁英？

The Key Man

The True Story of How the Global Elite Was Duped by a Capitalist Fairy Tale

寄生慈善　目錄

推薦序

歷史總是一再重演

文—高智敏

試想：這一切都還沒爆發之前，在風平浪靜的某一天，知名杜拜私募股權集團阿布拉吉（Abraaj）到訪某高級地段，詢問億萬富豪是否有興趣投資它剛推出的六十億美元基金。在投資人砸下大筆鈔票之前，按慣例必須做哪些研究與查證？

看似光鮮亮麗的投資機會

首先，搞清楚阿布拉吉是何方神聖？

在《紐約時報》（*The New York Times*）、《富比士》（*Forbes*）雜誌等知名媒體都可看到其創辦人阿里夫・納克維（Arif Naqvi）的正面報導，他和多位知名人士皆有私交，同時擔任聯合國和國際刑警組織的理事，是貨真價實的「往來無白丁」。而阿布拉吉集團最主要的宗旨，與其他掠奪性拆賣資產的「正常」私募基金不同，它專注於收購貧窮國家的企業，並努力加以改善，達到「行善同時獲利」的雙重目標。阿布拉吉的成功，甚至還讓兩位哈佛教授專門寫了讚譽有加的個案研究。

看來是個正派經營的良心私募基金，那它的歷史績效如何呢？

募資說明書中提到，平均年報酬率為一七%，可說是全世界最成功的私募股權公司。創辦人納克維的第一筆交易，是買賣某公司中東地區的雜貨與酒類事業，獲利七千一百萬美元，足見其眼光不凡。

看來績效極佳，只不過績效可信嗎？

募資說明書中強調，績效計算方式已由哈佛教授獨立核實，而且財報皆經全球四大會計師事務所之一的 KPMG 安侯建業簽證。

看來績效沒有問題。那麼，有哪些知名人士參與投資？

美國政府、英國政府、法國政府、世界銀行、比爾蓋茲基金會、各大退休基金等知名機構，他們全部都投資了阿布拉吉。既然阿布拉吉不是阿貓阿狗、報酬率又高、還通過哈佛教授與會計師審核、世界知名機構都是它的投資人，我們還有理由不投資嗎？

現在這些損失慘重的富豪，當初應該也是這麼想的。

量身訂作的金融陷阱，引君入甕

吡吒商業世界的頂級騙子們完全摸透了這套遊戲規則，千方百計取得權威名聲。讓我驚訝的是，這些保證很廉價。納克維雇用公關公司、付錢參加重要論壇，好讓自己的正面形象廣為流傳；他聘請哈佛教授擔任公司顧問，讓教授難以獨立客觀；他讓會計師、富豪或投資人的兒女在阿布拉吉上班，在「魚幫水，水幫魚」的情況下，會計師、富豪或投資人也樂於配合背書阿布拉吉的財務狀況；他知道億萬富豪比爾・蓋茲（Bill Gates）亟欲「改善貧窮」，因此為他量身打造基金願景，再加上其他名人加持，上億美元的私募款項自然手到擒來。

如何預防再度發生？

因此，唯有撇除那些看似漂亮、實則毫無效力的完美資歷，針對核心重點進行查證與獨立判斷，才有機會避開精心設計的陷阱。哈佛教授如何核實績效？他有相關經驗與足夠的獨立性嗎？新興市場貪腐嚴重、政經環境不穩定，如何持續保有一七％的報酬率？公司治理與內部控制的現況？帳務如何管理？投資後是否可擁有稽核權？這些「機制與過程」才是投資前最該了解的重要議題，而不是依靠預估報酬率、募資主管口才、創辦人魅力與人脈網路這種表面假象來評估投資決策。

讀完此書後，令我最無奈的並非那消失的上億美元，而是納克維的手法並不新穎。博達科技掏空案案爆發前，多少商業媒體搶著吹捧葉素菲的成功；生技股后康友-KY的財報，也是四大會計師事務所簽證；納克維利用新基金填補舊基金的虧損，與馬多夫（Bernard Madoff）的龐氏騙局如出一轍；用人唯親以及強調領導者個人魅力的企業文化，讓人想起「出租共享辦公空間」的矽谷獨角獸新創企業WeWork；奢華的生活習慣與排場，與馬來西亞一馬基金的劉特佐不相上下還有；號稱藉由一滴血就可以完成許多檢測的Theranos公司，其創辦人伊莉莎白·霍姆斯（Elizabeth Holmes），納克維崇高的救世理念一點也不輸她，而且他們的醜聞同樣由吹哨者與媒體所揭發。

德國哲學家黑格爾（G. W. F. Hegel）說：「人類從歷史學到的唯一教訓，就是人類沒有從歷史汲取任何教訓。」《寄生慈善》一書將人物眾多、橫跨全球、手法複雜且運作神祕的私募基金大騙局說得引人入勝，加上高水準的翻譯品質，實是詐欺犯罪作品中的佼佼者。如果這麼精采的作品都無法讓我們從中學點什麼，下一個納克維已在不遠處等著。

（本文作者為國際舞弊稽核師、《財星》五百大公司駐美內部稽核經理、暢銷書《財星500大企業稽核師的舞弊現形課》作者）

作者的話

我們為撰寫本書對一百五十人以上進行了數百次訪談，包括七十位阿布拉吉的前員工、商業大老、政治人物和一位梵諦岡樞機主教。書中出現的人物都以真名示人。另有很多人同意提供資訊但要求匿名，因為害怕惹禍上身。這些人一律稱為員工、主管或其他一般性敘述。

書中引述的人物對話取材自電郵和其他形式的電子通訊、錄影、法庭聽審或依據參與者的回憶重建。我們廣泛使用阿布拉吉眾多訴訟的法庭文件和證人陳述，包括美國政府提起之民刑事訴訟。這些文件都列在書末的註解。

我們聯絡了阿布拉吉這齣大戲的主要角色，請他們表達看法。我們過去曾數次訪問過納克維本人，為撰寫本書再次要求訪問他，但他以「訴訟進行中」為由透過律師拒絕了。他在與美國政府的法律戰中聲稱自己是清白的。

前言

「這是歷史上重要的一刻，我們可以把握這個機會永久性徹底改變無數人的生活。」

一頭銀髮的阿里夫・納克維身材魁梧卻散發著溫柔的魅力，正在發表一生最重要的演說。二〇一七年九月某個晴朗的週一早上，數百名企業領袖齊聚紐約中央公園旁的文華東方酒店（Mandarin Oriental hotel）聽他演講。這是屬於他的時刻，全球菁英的眼睛都盯在他身上，他知道必須在他們腦中留下絕佳的印象。

《紐約時報》和《富比士》關於納克維這位大亨的文章總是讚譽有加。他往來的對象不乏富豪、皇室、政治人物，包括比爾・蓋茲（Bill Gates）、英國查爾斯王子（Prince Charles）、美國前國務卿約翰・凱瑞（John Kerry）等。納克維是聯合國和國際刑警組織（Interpol）權勢很大的基金會理事。

同時間，各國政治領袖正在不遠處的聯合國總部開會，這並非偶然。納克維的目的是說服觀眾，他可以解決人類最大的問題——飢餓、疾病、文盲、氣候變遷、電力短缺等——比此刻在城市另一端集會的政治人物做得更好。

納克維是世界最重要的影響力投資人（impact investors）之一，他的目的是行善兼獲利——幫自己也幫投資人。

兩年前，聯合國宣布了一項極具野心的計畫，目標要在二〇三〇年之前終結全球貧窮，也獲得了教宗方濟各的祝福。這項計畫除了政府與企業已經提供的資源，還需要每年共二·五兆美元資金。

納克維說他可以幫忙。

他是杜拜的私募股權公司阿布拉吉集團的創辦人和執行長。阿布拉吉管理將近一百四十億美元，在全球上百家公司持有股權。納克維要求投資人再拿出六十億美元，阿布拉吉將用來收購與改善貧窮國家的企業。如此他便可以幫助聯合國終結貧窮，同時為他自己和投資人賺錢。

納克維在講台上一邊踱步一邊說：「行善未必得犧牲獲利。我們能在聯合國大會週的第一天第一個早上第一個小時舉行這場會議是很可喜的事。我希望今天結束時每個人離開這裡後，就開始影響周遭的人，一整個星期裡努力讓大家不談戰爭、瘟疫和各種負面的事，而是談如何用心運用影響力投資激發正能量。」

金融改革是必要的，而納克維要當改革的領頭羊。他不只要運用資本主義為富人賺錢，還要終結窮人的痛苦。

納克維以讓人放心的平靜聲音說：「我們要成為一盞明燈，希望大家加入我們的行列。機會就在這裡，就在此刻，要靠我們好好把握，大家一起來建設更美好的世界。」

群眾爆出如雷掌聲。

這是很精彩的表演，但納克維手機裡的訊息卻訴說非常不同的故事。演講前六天，對納克維忠誠不二、虔誠的回教徒員工拉菲克．拉卡尼（Rafique Lakhani）發電郵給老闆。拉卡尼的工作是管理阿布拉吉的現金，他在電郵中告訴納克維他很焦急，因為公司沒錢了，完全沒有錢可以兌現在貧窮國家投資醫院的承諾。

納克維在台上的陽光樂觀背後隱藏極混亂的問題。表面上納克維經營一家成功的投資公司，能夠改善幾十億人的生活，其實他正在主導全球性的犯罪陰謀。阿布拉吉帳戶空空，因為早已被他A走。納克維從公司拿走超過七．八億美元，濫用投資人交給他的錢──包括蓋茲基金會（Bill & Melinda Gates Foundation）、美國銀行、英美法政府等等。

現場觀眾並不知道，阿布拉吉這時已瀕臨破產，負債超過十億美元。

納克維是誰？

納克維是所謂的「頭號人物」（Key Man），這是私募股權公司給最重要主管的稱號，在納克維的狀況下意義更重大，因為他自稱要解決人類的種種問題。他是阿布拉吉極富個人魅力的領導者，提出的願景讓很多投資人信服。人們願意拿錢給阿布拉吉管理就是看在他的份上，託付給他的資金高達數十億美元。一位崇拜他的投資人將他比做《不可能的任務》（*Mission: Impossible*）系列電影中的湯姆克魯斯（Tom Cruise）。

阿布拉吉是一部金錢機器，募集一系列基金，在亞、非、拉丁美洲各地投資公司與醫院。納克維和世界各地有錢有勢的人做生意，有時搭私人飛機，有時乘坐瑞斯塔遊艇（Raasta），這部四十七公尺長的超級遊艇以柚木製作甲板，裡面採裝飾藝術設計。瑞士山區度假勝地達沃斯（Davos）每年舉辦世界經濟論壇（World Economic Forum），他也是常客。

納克維童年在英國舊殖民地巴基斯坦（Pakistan）度過，崛起成為菁英階層信賴的圈內人，正是冷戰結束後全球化趨勢大爆發應運而生的人物。從網際網路到恐怖主義，新的趨勢讓人與人關係更密切，納克維讓西方的投資人相信，他是帶領他們探索遙遠地區的最專業夥伴。

新的一千年伊始全球貿易日趨興盛，納克維意識到他可以遊說投資人與政治人物，透過刺激經濟發展來幫助社會，同時創造優於市場的獲利，而這一切都可借助他的交易能力辦到。

二〇〇一年九一一攻擊後，納克維說服西方政治人物他是他們的盟友，可以幫助他們在恐怖主義根深柢固的脆弱國家創造就業，促進中東穩定。

各國富豪及其千禧世代的繼承人紛紛找上納克維幫忙，他們熱烈擁抱影響力投資的觀念，因為這讓過去一味講求獲利的做法披上自我感覺良好的外衣。

當中國致力擴充經濟實力，為亞洲舊絲路沿途的國家注入新生命，納克維則是引導西方的企業主管，到那些甚至在地圖上都不太找得出來的城市探索商機。

微軟創辦人比爾・蓋茲幫助納克維設立十億美元的基金，改善貧窮國家的醫療保健，世銀與英美法政府也和蓋茲基金會一起投資這項開創性的基金。

納克維的職業生涯一路贏得很多讚賞。由諾貝爾獎得主組成的委員會頒給他奧斯陸企業促進和平獎（Oslo Business for Peace Award）。美國學界預測，到二〇二〇年他可能成為巴基斯坦優秀的首相，帶領多災多難的家園走向繁榮。

二〇一一年曾有學者寫到：「納克維是白手起家、極富個人魅力的富豪，也是新興市場最成功的投資人之一，人脈極廣。他很重視教育和自立自強，加上他那套靠自己努力成功的個人論述、無懈可擊的聲譽，又特別講求公平正義，因此很能贏得別人的共鳴。」

調查的起源

二〇一八年一月納克維在紐約發表演說四個月後，我們收到一封匿名電郵。發信者自稱是阿布拉吉的員工，擔憂若公開露面會丟掉工作，甚至遭遇更慘的情況。為了把訊息傳出去，決定和我們聯絡，因為我們是《華爾街日報》（*Wall Street Journal*）的記者，專門報導阿布拉吉這類私募股權公司。

信中說：「公司可能在接受詐欺調查。」阿布拉吉的醫療保健基金有數億美元消失不見。「很可悲，但這是事實。」

其後幾個月我們和匿名者交換了幾百封電郵。我們和阿布拉吉聯絡時，他們說那些指控都是謊言。

阿布拉吉的一位美國主管說：「絕對沒有錢消失，這麼成功的公司為什麼會做這種事？」爆料者常無預警銷聲匿跡，一段時間後又使用新的電郵地址重新出現。四個月後，訊息完全中斷。我們感覺好像失去一個朋友。

如果我們能證明這是真的，這可是天大的新聞。我們為了了解詳情，嘗試和全球各地數十位人士聯繫。我和杜拜的《華爾街日報》同事尼可拉斯・裴瑞西（Nicolas Parasie）合作，訪問了阿布拉吉的員工、投資人和顧問。我們原本從法庭訴訟和公司呈給監管機關的文件（regulatory filings）收集了龐大的資料，加上他們提供的電郵和細節，內容更加豐富。除了電話對談時寫的筆記，還有透過 WhatsApp、Signal、Telegram 與爆料者交換的訊息，我們收集了足夠的拼圖，可以清楚拼出阿布拉吉的狀況。我們和太多人談過話，到後來連阿布拉吉的員工也會打電話給我們了解狀況。

終於我們有了重要的突破。一連串可信賴的消息來源讓我們聯絡上一個人，對方聲稱掌握阿布拉吉進行大規模A錢和詐欺的證據。經過多次電話訪談和嘗試接洽失敗，這個人終於同意在靠近倫敦塔的一間咖啡廳見面（倫敦塔是一座古老的城堡，就位於倫敦金融區的中心）。

那人從旅行袋拿出筆電，打開檔案，顯示阿布拉吉的銀行對帳單、電郵和文件。文件證明詐欺、偷竊、試圖賄賂巴基斯坦首相等不法行為都實際發生了。我們拍下文件，走過倫敦橋到新聞編輯室，一路緊緊抓著證據。二〇一八年十月十六日我們的調查報告刊登在《華爾街日報》的頭版，納克維堅持他沒有做錯任何事。

在機場被逮捕

六個月後，納克維從巴基斯坦搭商務機抵達倫敦希斯洛機場（Heathrow Airport），下機時被英國警察逮捕。警察告知納克維要將他引渡到美國受審，紐約檢察官指控他經營犯罪組織。納克維為了個人利益，以及為了支持他那知名的私募股權公司、備受全球金融菁英擁戴的阿布拉吉而偷竊。

二〇一九年四月被捕那天，納克維帶著兩本巴基斯坦護照，一本聖克里斯多福及尼維斯聯邦（Saint Kitts and Nevis）護照，一本國際刑警組織護照。他告訴警察他很驚訝被捕，因為他搭機前檢查過他的名字是否被列入「紅色警戒」逮捕令，結果並沒有。原來檢方是依據美國專門起訴黑手黨之類的犯罪黑幫而設立的法令起訴他的。

納克維要人們聽到的是資本主義戰勝貧窮，未來戰勝過去的企業故事，是他在華盛頓、達沃斯、杜拜、北京等地一再暢談的全球願景。根據美國司法部的說法，唯一的問題是納克維是騙子和小偷，在野心的驅使下不惜犯法。

多年來納克維如旋風般席捲全世界，蓋茲把錢託付給他，巴菲特和其他富豪歡迎他加入他們的富人專屬慈善家俱樂部，最後納克維卻被控欺騙投資人數億美元，觸犯法令，賄賂官員，一切只為了維持奢華的生活方式。

納克維對外宣揚光明的願景，背後卻隱藏著全球化的黑暗面，充滿政治陰謀、非法海外資金橫流的暗黑世界。

他的投資組合確實好到很不真實，公司多年來其實一直無力償債。他用偷來的錢支撐阿布拉吉，手法就如同伯納德．馬多夫（Bernard Madoff）案件知名的調查員哈利．馬科波洛斯（Harry Markopolos）所說的龐氏騙局再外加槓桿。阿布拉吉集團成了史上最大的企業詐欺案之一，納克維被控違法占用他募集的三．八五億美元基金，可能會被關在戒備森嚴的監獄二百九十一年。

阿布拉吉的員工天真的相信納克維和他那套賺錢兼行善的使命，不知道如何解釋哪裡出了差錯。他究竟是自戀、反社會人格、心理病態或三者兼具，他們也討論不出個所以然。

阿布拉吉一位前主管說：「再沒有一個瘋子或騙子這麼有說服力，他既聰明又邪惡，如此貪婪自私，根本違背他所說的一切。」

阿布拉吉將要倒閉時，納克維告訴同事，他希望離開時能保有三樣東西：「財富、尊嚴和聲譽。」

這不是納克維希望被訴說的故事。但內容真真切切，揭露全球金融界極富盛名的企業原來不過是一則資本主義的童話。

1 來自喀拉蚩的男孩

納克維告訴奧拉揚：「我要離開。」

奧拉揚說：「你很年輕，你可以在這個集團做到任何職位。你喜歡哪個職位？」

「老大，我真正想要的你無法給我。因為我要坐你的位子。」

小男孩驚奇地盯著電視螢幕上顆粒很粗的黑白影像。一九六九年七月，人類第一次踏上月球的畫面穿透大氣層，進入全球六億人的家庭，包括巴基斯坦繁忙的阿拉伯海岸港城喀拉蚩（Karachi）。

納克維心想：「真了不起，我多麼幸運能夠看到這個畫面。」

就像即時見證這段太空之旅的數百萬人，以及事後收看的數十億人，當納克維意識到有人站在月球上回望我們這個世界，他對自己的角色以及所處的環境產生了全新的視角：他不只是生活在房子的四壁之內，或喀拉蚩的街道，或甚至巴基斯坦的平原山巒這樣的範圍而已，整個世界都是他的舞台。

遠在人類登陸月球之前，全球化的浪潮已經在形塑納克維的世界。他的學校位在酷熱的喀拉蚩市，一百多年前由外國人遠從六千多公里外、一個涼爽多雨的島嶼揚帆來此興建（當時他還未出生呢）。喀拉蚩文法學校（Karachi Grammar School）一八四七年由喀拉蚩第一位英國牧師亨利・布雷瑞頓（Reverend Henry Brereton）興建，專為傳教士、商人、軍人的白人子弟提供教育。納克維入讀時，學校已隸屬新獨立的巴基斯坦國，學生多數是像他一樣的本地人。

童年時期

納克維是個聰明狂妄的孩子，五官鮮明，黑髮濃密，問他什麼問題都答得出來。老師感覺他雖討人喜歡，但也容易引起爭議，因為他的性格有很不同的兩種面向。有些學生欣賞他的活潑幽默，但有些學生會因為他不夠體恤別人的心情而受傷。他很會讀書，勇於冒險，不怕衝撞校規。他的名字被校方用金色顏料寫在木板上，表揚成績最好的學生，上面很多名字後來成為政治人物、將軍和企業主。但納克維還要以他的方式在學校留下印記——將名字刻在校鐘附近的石廊（校鐘的位置是這所老學校最具象徵意義的心臟地帶）。果如預期，老師們都很生氣，但這種膽大妄為的行徑，確實讓老師們在納克維離校很久以後還記得他。

納克維學會在波狀鐵皮屋頂下的走廊（稱為棚子）熱情大唱校歌，夏天那裡熱得讓人受不了，冬天倒很適合集會和頒獎。

納克維唱道：「上帝的仁慈代代護佑學校，聆聽我們將光耀的傳統呈獻給祢，幫助我們懷抱純潔理想，不論世事如何變遷。」

巴基斯坦的歷史

英國作曲家的基督上帝在巴基斯坦學生的腦中已被伊斯蘭的阿拉取代，但在他們心中，野心與理想主義依舊熱烈燃燒，就像在殖民時期的學生心中一樣。學校處處可以看到英國人與解散不久的帝國所留下來的精神遺跡。學校管教嚴格，穿長袍的老師會用藤條打不乖的學生，男孩若頭髮長過白襯衫的衣領，會直接被送去理髮店。

上課使用英語而不是本地的烏都語（Urdu），學生熟讀莎士比亞（William Shakespeare）的作品，這位英國劇作家最早將世界描述為舞台，著名的作品如悲劇《馬克白》（*Macbeth*）描寫野心勃勃的將軍，也有喜劇《無事生非》（*Much Ado About Nothing*）。納克維在四齣學校話劇裡演出，擔任戲劇社副社長。

宏偉的石造校舍就在喀拉蚩市中心，旁邊還有英國殖民者建造的壯觀建築。皇后市場的鐘塔就在左近，市場建於一八八〇年代，以印度皇后維多利亞女王為名，原本是英國軍人處決本地自由鬥士的地方，處決方式是用大炮炸得粉碎。

一九四七年八月十四日午夜英國放棄帝國，將這片土地分割成兩個國家：巴基斯坦伊斯蘭共和國和印度共和國。和平主義的政治家甘地夢想建立一個自由統一的印度，涵蓋每一種信仰的人民，這個願景並未實現。巴基斯坦是為回教徒建立的，印度以印度教徒為主。人們徒步、坐牛車、搭火車越過新的邊境——前往或離開巴基斯坦，視其宗教信仰而定——數百萬人在充滿暴力的過渡期中受傷、被強暴或死亡。

納克維的家族也在流徙的人口當中，從北印度搬到喀拉蚩展開新生活。獨立後不久，喀拉蚩的人口大增一倍成為一百萬人，之後繼續快速成長，到二十一世紀達一千六百萬人，幾乎是倫敦人口的兩倍。

英國人留下鐵路、港口、電廠和菁英價值觀。喀拉蚩有一個會員專屬的信德俱樂部（Sind Club），在那裡修剪得整整齊齊的綠色草地上，白人軍官被新的上層階級巴基斯坦人取代，他們一邊啜飲琴通寧酒（gin and tonic），一邊以英語談論商業與政治，把子女送去讀喀拉蚩文法學校，往往瞧不起那些財富與人脈不足以加入這個專屬俱樂部的人。

力爭上游

納克維的父親不是信德俱樂部的會員，但還付得起喀拉蚩文法學校的學費，可以讓子女進入講英語的菁英階層。對多數喀拉蚩人而言，讀這所小學是遙不可及的夢想。但有些父母會認為付這筆學費很值得，因為在這個階級制度很嚴謹的國家，進入富人專屬的學校可以更靠近首相、法官、企業老闆的圈子。

納克維的父親生意失敗，使得納克維和三個姊妹的生活變得更艱難。納克維很好強，父親的失敗傷害到他的自尊。他清楚知道自己和富豪子女的差別。

納克維決心要增進家族的財富。他精進人脈養成術，贏得同學的忠誠支持，在後來的人生路上仍緊緊跟在他身邊。讀喀拉蚩文法學校的瓦希德·哈米德（Wahid Hamid）赴美讀大學時和歐巴馬（Barack Obama）成為朋友，約三十年後在阿布拉吉與納克維密切合作。賈維德·艾哈邁德（Javed Ahmed），在校同為模範生，也是終身好友，後擔任英國糖業公司泰萊集團（Tate & Lyle）的執行長，納克維被捕後便是他提供保釋金讓他出獄。納克維也和撒米爾·范西（Samir Fancy）保持聯繫，此人因母親前次婚姻嫁給阿曼王國的蘇丹而掌握重要的家族關係。范西是學校板球隊長，納克維一直沒有忘記范西沒有選他參加比賽。

喀拉蚩在納克維學生時期是很寧靜的地方。孩子們在沙坑海邊（Sandspit Beach）游泳，在港口附近買冰淇淋。漁夫會說起本地冒險家的故事，好比巴蒂堂兄弟（the Bhatti cousins）從阿拉伯的歐洲人所聚集的地區走私黃金到喀拉蚩。那裡一度稱為海盜海岸（Pirate Coast），今天叫做阿拉伯聯合大公國（UAE），簡稱「阿聯」。走私的黃金太多，以致喀拉蚩的金價會隨著他們運進喀拉蚩的這項貴金屬數量而起落。喀拉蚩的窮人對巴蒂兄弟忠心耿耿，因為他們會提供食物和教育，為了回報，窮人會通風報信，讓他們在警察抓人之前趕快逃離。

報章雜誌上充滿生活多采多姿的菁英故事，納克維的同學都很愛看，好比沙阿卡里姆．海珊王子（Prince Shah Karim Al Hussaini），一般稱為阿迦汗王子（Aga Khan）。這位有錢王子的父親自稱是先知穆罕默德之後，母親是英國貴族。阿迦汗的祖先因信徒貢獻財富而身價不凡。巴基斯坦人對傳聞中阿迦汗的精彩人生與樂善佈施都很佩服，例如他在喀拉蚩興建知名的大學醫院。

學校生活讓納克維滿懷抱負，他要做的不只是在石廊留下印記而已。如同校歌說的，他要像「走過這條路的世世代代……披荊斬棘，出人頭地。」

他決心要把人生的這盤棋下好，成為贏家。

納克維鍛鍊戲劇表演、演講、領導能力，加入辯論社，擔任一般知識組組長，校刊《脈動》（*Pulse*）的總編，學校年鑑《喀校人》（*The Grammarian*）的共同編輯。他是校際演講比賽第二名，贏得報導獎，一九七八年獲選年度最傑出學生。在校最後那年的九月他參加大型辯論比賽，主題是探討社會最有價值的成員。納克維那一隊主張造反者不是破壞的力量，反而能促成改革，最後贏了。根據《喀校人》報導，納克維「主要靠辯論技巧而非內容得分。」

他對於自己的成功從來不會謙虛，自稱在擔任編輯期間改造了《脈動》。他在年鑑裡寫道：「對於熱心的讀者可能表達的稱讚，我們編輯群大方全盤接受。」

納克維永遠是樂觀主義者，常說這世界上有兩種人，一種早上醒來打開窗戶，望著外面，悲觀地說：「我的天，又是另一個早上。（Good God, it's morning）」另一種人打開同一扇窗，樂觀說：「上帝，早安！（Good morning, God!）」

倫敦政經學院

充滿野心的喀拉蚩之子下一步自然是古老的帝國首都倫敦（London）。前英國殖民地許多條件優渥的孩子都會走上這趟旅程，一九七九年，十九歲的納克維也來到倫敦政經學院（London School of Economics）讀書。在英國的生活讓他警醒過來，體認到世界上巨大的貧富差距。納克維在喀拉蚩算是相對富裕家庭的孩子，在英國昂貴許多的首都卻過著拮据的生活。和他一樣的巴基斯坦學生不論到那裡都用走的，以便省下搭巴士或倫敦地鐵的錢。

納克維對自己的優異成績很得意，這點讓他在面對種族歧視時能有餘力反擊。另外他會表現出一些不太嚴重的叛逆行為，像是在公共休息室抽菸（還因此被罵）。

納克維跟著一個專攻俄羅斯經濟的英國教授學習，研究共產主義。共產主義的理想是要改善窮人的生活，不至於被全球化拋在後面。當時美俄之間的冷戰愈趨緊張，巴基斯坦軍事獨裁者在美國的協助下，為鄰近的阿富汗聖戰士（Mujahideen fighters）提供武器，力圖趕走占領的俄軍。其中有一位名人與阿富汗人一起對抗俄國，就是賓拉登（Osama bin Laden）。

納克維在倫敦交了不少朋友，為他的全球人脈網奠立更寬廣的基礎，對他的人生幫助很大。另外他也找到真愛，愛上以前也是讀喀拉蚩文法學校的華伊札．瓊德里加（Fayeeza Chundrigar）。華伊札與巴基斯坦前首相有親戚關係，巴基斯坦的瓊德里加路（Chundrigar Road）就是以他為名，這條路的重要性相當於華爾街。華伊札是認真的學生，自稱很關切貧窮的同胞，對金融很有興趣，後來在巴基斯坦的國際商業信貸銀行（Bank of Credit and Commerce International）工作。兩人畢業後於一九八二年結婚。

開始投資之路

納克維的首要之務是變有錢，但當時是一九八〇年代初期，一個年輕的巴基斯坦人在倫敦的金融區（稱為城區：the City）沒有多少發展機會。金融區仍然很傳統守舊，基本上只有出身英國私校（如伊頓公學〔Eton College〕）的富裕白人才能進入。首相柴契爾夫人（Margaret Thatcher）的改革促使金融區對國際競爭與外籍工作者開放，但當時這股風潮還未真正確立。

一九八五年十月納克維在倫敦的安達信會計師事務所（Arthur Andersen）接受訓練，在《金融時報》（*Financial Times*）看到巴基斯坦有一份很棒的工作在徵人。英國投資銀行摩根建富公司（Morgan Grenfell）、美國的顧問公司博思艾倫公司（Booz Allen Hamilton）和巴基斯坦金融委員會（Pakistan Banking Council）在喀拉蚩聯合設立新的顧問公司金融與管理服務（Financial and Management Services），要徵求充滿活力和新點子的巴基斯坦專業人士，必須具備國際經驗與資歷，而且想要回國工作。納克維應徵後錄取了。

顧問公司的英國經理覺得納克維富有魅力、聰明、活力充沛，但巴基斯坦同事看到他的另一面性格。納克維對你有所求時很友善，若不需要你時則很無情。同事形容他好鬥又自以為是，好戰又自大，確信自己理應得到特殊待遇。其後因辦公室謠傳他在英國沒有完成所有的會計考試，他以喀拉蚩阿瓦里塔飯店（Avari Towers）為居住地的顧問生涯因此結束。倫敦寄了一封信到公司，證實他沒有合格資歷，不久納克維便離職了。

之後他轉移陣地到喀拉蚩高級的克里夫頓區，為費洛茲．史洛夫（Firoz Shroff）工作。史洛夫是房地產開發商，也是阿迦汗的伊斯瑪儀派追隨者（Ismaili followers）。伊斯瑪儀派是出名的精明生意人，史洛夫就很典型，他認為認真工作的意思如同英國諺語說的——「珍惜每一分錢，積少成多」。史洛夫告訴納克維，一塊香皂和一條牙膏他可以用半年，但納克維對老闆的節儉不是很認同。

史洛夫喜歡納克維，認為他很聰明，但不久就發現他的一些特質讓他不安。納克維很自大，想要舉債進行交易，但對史洛夫而言，債務就像毒品，自大則是疾病。他覺得納克維似乎立志要證明，他可以比巴基斯坦主要的產業家族更成功、更富有——例如達伍德（the Dawoods）、阿達姆吉（the Adamjees）和阿加．哈桑．阿貝迪（Agha Hasan Abedi），後者正忙於將華伊札服務的國際商業信貸銀行建造成全球企業。

史洛夫告訴納克維：「祝你好運，我不想要比任何人更好，寧可低調不被注意」

史洛夫思考納克維野心會這麼大，一定是在學校發生過什麼事——他急切地要爬得更高，好讓喀拉蚩文法學校的同學刮目相看。

納克維在史洛夫那裡做了幾個月後跳到美國運通（American Express），短暫在這家美國信用卡公司的喀拉蚩辦公室工作。

小池養不了大魚

一九九〇年出現一個大好機會，他應徵進入沙烏地阿拉伯的奧拉揚集團（Olayan

Group）。這家公司是沙烏地一個富裕家族所有，在這個靠石油致富的伊斯蘭國家廣建事業，涵蓋消費產品、物流和金融。在奧拉揚工作能開啟通往中東各地重要人脈的門戶。

奧拉揚的總裁是巴基斯坦人因蒂亞茲・海達里（Imtiaz Hydari），他是從基層一步步爬上去的，納克維在他心中留下很正面的印象。三十歲的納克維聰明又能言善道，正向得很具感染力，海達里覺得是難得的人才，決定聘用他擔任商業分析師。海達里後來形容納克維具遠大的野心和相匹配的自負。

當世界在享受冷戰結束的和平紅利，更因科技革命而加速繁榮發展，納克維搬到沙烏地的首都利雅德（Riyadh）。那裡集結各國的工作者，他因此有機會認識野心勃勃的印度人、黎巴嫩人、巴勒斯坦人、埃及人、歐洲人和美國人。

納克維的工作包括定期和成就過人的富豪老闆蘇里曼・奧拉揚（Suliman Olayan）開會，但不久就愈來愈煩躁不安。對年輕的納克維而言，光是為有錢有權的人工作還不夠，因為他自己想要變得有錢有權。

有一天納克維告訴奧拉揚：「我要離開。」

根據納克維關於那次談話的敘述，奧拉揚說：「我覺得你有些太放肆了。你很年輕，你可以在這個集團做到任何職位。你喜歡哪個職位？」

「老大，我真正想要的你無法給我。」

奧拉揚怒問為什麼。

「因為我要坐你的位子。」

奧拉揚前主管扎希・庫里（Zahi Khouri）說：「他野心太大了，當員工讓他太委屈，小池子養不了大魚。」

在利雅德的一場撲克牌局，納克維問現場一群有錢的巴基斯坦人要不要資助他開公司。起初他們沒拿他當一回事，當玩笑看。一個玩家勢利眼地認為納克維的穿著太寒酸，不足以擔當他想要在金融界扮演的大咖角色，但納克維堅持不懈，最後他的計畫終於說動另一個玩家伊扎特・馬吉德（Izzat Majeed）。他是巴基斯坦金融家，為沙烏地商人阿布杜拉・貝索登（Abdullah Basodan）管錢，後者又與沙烏地富豪哈立德・賓馬哈福茲（Khalid bin Mahfouz）有關聯。

一個巴基斯坦人要在沙烏地阿拉伯開公司是不可能的，因為只有沙烏地人可以管控公司，而且必須會說阿拉伯語，納克維不會。此外，巴基斯坦人在那裡常被瞧不起，因為巴基斯坦是大量輸出貧窮勞工的國家。

於是在一九九四年，納克維跨越國界進入阿聯，這個以前被稱為「海盜海岸」的沙漠國。

城市國家杜拜的統治家族將這裡改造成全球貿易與金融中心，很歡迎外國人。杜拜的商業用語是英語，納克維可是說得比很多英國人還道地。

納克維帶著五萬美元積蓄，創立自己的投資公司圓頂集團（Cupola Group），說服撲克玩家馬吉德投資。（他後來告訴別人，他抽獎抽到汽車，賣掉後才有五萬美元。）馬吉德帶進他的沙烏地客戶貝索登。

納克維展開一連串規模不大的投資，大部分都不成功。他在杜拜建立信用卡工廠，買下西方公司的本地加盟店，如星期五連鎖餐廳（TGI Fridays）。他創辦一份以海外巴基斯坦人為讀者群的雜誌，由他的一個姊妹擔任編輯，在巴基斯坦拉哈爾市（Lahore）投資超市，巴基斯坦國家板球隊知名的前隊長伊姆蘭汗（Imran Khan）也有參與。

儘管成績平平，納克維卻以閃電式的公關活動和豪華的年度舞會，在杜拜創造超乎公司規模的宣傳效果。一位賓客回憶：「一切看起來非常非常華麗。」

收購英之傑

一九九八年夏天，納克維到倫敦和海達里見面，海達里那時也已離開奧拉揚。他告訴納克維有一個很棒的機會，有一家大英帝國時期創立的公司——英之傑（Inchcape），專門在倫敦和印度之間往返運送商品，現在要賣掉中東的雜貨店與酒類連鎖，專注經營主要事業——汽車銷售。

英之傑的雜貨與酒類事業是賺錢的，年營收超過六億美元，但潛在競標者（包括奧拉揚）都因一個問題不打算出價：英之傑在中東的事業有超過上百個本地的阿拉伯合夥人，要和所有的人達成併購協議不可能。而且，這些阿拉伯合夥人想要自己買下英之傑事業。

奧拉揚看到的是複雜，納克維卻看到機會。

海達里試著找尋願意出價的買家，納克維對他說：「這正是我尋覓的機會！你可以讓我約略知道需要具備什麼條件嗎？」

海達里答：「一．五億美元。」

海達里知道納克維的財力相距甚遠，但納克維說他會回杜拜尋找投資人。海達里給他一週的時間籌錢。

結果納克維花了好幾週，但終於從沙烏地投資人貝索登那裡拿到二千七百萬美元。接著他回倫敦見澳紐建利銀行（ANZ Grindlays）的人，他們同意貸款六千萬美元，必須以納克維計畫收購的英之傑資產抵押。

納克維離一．五億美元的目標還是有段距離，一直要求海達里幫忙。納克維打電話給這位好友，稱他是「chota bhai」，這句烏都語的意思是「小弟」。海達里稱這個詞是「東方文化常用的情感勒索」，因為一旦拿出家人關係做為訴求，就是暗示有義務幫忙。納克維的不屈不撓有了回報，海達里決定和納克維一起打拚，說服英之傑接受無準備金的一．五億美元出價。英之傑的主管不太放心地接受了。他們對納克維的資金來源有疑慮，其中一人後來私下形容他是「迷人的騙子」。

英之傑的阿拉伯合夥人組成的另一個競標集團也出價。成員包括中東一些最有勢力的家族，但他們出的價錢低於納克維。

最後由納克維得標。接著他得想辦法付錢。

得知納克維勝利後，英之傑的阿拉伯合夥人大怒，竟然輸給聽都沒聽過的巴基斯坦新創公司，簡直是奇恥大辱。他們群起反叛，拒絕和納克維協商。

納克維將情勢轉為對他有利，利用他們的叛變當做和英之傑談判的籌碼。他要求一．五億美元要打折，而且要分期付款。英之傑的主管急於擺脫這份事業和惱怒的阿拉伯合夥人，減價為九千八百五十萬美元，還讓納克維分期付款。

納克維的資金還是不足，他接下來的做法顯示出罕見的交易天賦。他提議將部分英之傑事業以一千八百萬美元賣給阿拉伯合夥人，而他自己甚至還沒有持有英之傑。結果阿拉伯人同意了，付了錢，納克維拿這筆錢付第一筆款項給英之傑。

因為阿拉伯合夥人的反對，要經營雜貨店和酒類連鎖顯然不可能，於是納克維改變策略，決定將資產分割，兩年內賣掉大部分，總售價遠大於各部分加起來。償還澳紐建利銀行的貸款後，他還獲利七千一百萬美元。

納克維的成功傳遍杜拜的宮廷、俱樂部和餐廳，阻擋他的阿拉伯人不得不敬重他。有些人成為他後來事業的投資人。納克維買不起一家公司卻大膽收購，結果成功了。他工作認真，思考靈活，這些都有了回報。

此時他才四十出頭而已，運用新的財富在倫敦富裕的南肯辛頓區（South Kensington），遠離博覽會路（Exhibition Road）的高級住宅區買下大公寓。范西是喀拉蚩文法學校前板球隊長（納克維相信小時候就是他不讓自己比賽的），在同一棟建築也有公寓，地點靠近阿迦汗宮殿般的伊斯瑪儀派中心（Ismaili Centre）。納克維的倫敦宅邸四周環繞宏偉的維多利亞建築，就像他們在喀拉蚩讀書時一樣。納克維走在鄰近的海德公園時會看到高聳的阿爾伯特紀念亭（Albert Memorial），那是維多利亞女王建來紀念丈夫的，裝飾有殖民地人民的雕像。

納克維說：「上帝對我很仁慈，讓我擁有全球化帶來的所有好處。」

來自喀拉蚩的男孩在倫敦留下了他的印記。

2 — 杜拜，閃耀的綠洲

當別人看到混亂與複雜，納克維再次嗅到商機。
飛機撞擊紐約雙塔之後不到二十四小時，
納克維與甘杜爾簽訂保密協議，探討併購亞諾士的事宜。

杜拜（Dubai）是納克維追求夢想的理想據點。杜拜位處阿拉伯沙漠的海岸，原本是貧窮的海濱小鎮，居民不是潛水撈珍珠就是捕魚維生，二〇〇一年是轉捩點，杜拜將從此轉變成今日高樓櫛次鱗比、公園綠草如茵、公速公路寬達六線道的未來都會城。上上一代的海盜和商人駕著木帆船載運貨品和違禁品，橫越阿拉伯海到喀拉蚩甚至更遠，他們的兒孫輩現在因商業活動爆發賺了大錢。杜拜成為全球金融中心，從亞洲、非洲和西方流入大量資金，有的進行合法的投資，但也有的是犯罪與貪污的非法所得。

比帝國大廈高出一倍的哈里發塔（Burj Khalifa）和外海著名的棕櫚型島嶼還未開始興建，但形似巨帆、三百二十公尺高的帆船飯店（Burj Al Arab）已預示未來的發展規模。杜拜的繁榮仰賴人造的深水港、自由貿易區、世界級的機場以及評價很高的阿聯酋航空（Emirates airline，統治者酋長家族所有）。

杜拜野心勃勃，賣力要超越巴林和卡達，成為舉世公認的中東商業中心，以及連結東西方的重要樞紐。動機很簡單：杜拜欠缺石油，而石油是那個地區龐大財富的來源。統治者穆罕默德・賓拉希德・阿勒馬克圖姆（Sheik Mohammed bin Rashid Al Maktoum）決心營造一個讓人可以努力工作、用力玩樂的友善環境，將杜拜建造成富裕之城。杜拜張開雙臂歡迎西方的高階主管及其家人，酒類在先知穆罕默德居住的阿拉伯半島向來是禁忌，在杜拜卻是允許的——甚至有妓女在酒吧和飯店等候客人。

杜拜是各種國籍的大熔爐。有納克維這種擁有大學學歷的亞洲人，也有來此追求金融、教育、醫療保健等賺錢事業的歐美人士。另一方面，成千上萬貧窮的巴基斯坦人和印度人在建築工地的惡劣環境辛苦工作，來自菲律賓的貧窮女移工當女傭煮飯打掃。外國人是本地人的八倍之多。

納克維成了本地的一則傳奇。關於他的財富來源謠傳很多八卦——有人說他早期的投資靠的是巴基斯坦政客和毒品買賣——但他賣掉專門提供杜拜食品和酒類的英之傑事業後，毫無疑義成功賺了很多錢。納克維這輩子第一次真的發了大財，但他並不滿足。他不確定接下來要做什麼，便去找基托．德波爾（Kito de Boer）尋求建議。這個高大親切的荷蘭人成立美國管理顧問公司麥肯錫（McKinsey & Company）的中東分支。納克維和德波爾兩人的老婆同樣熱愛藝術和室內設計，因而成了好友。

槓桿收購

德波爾大力主張透過推動商業，促進開發中國家走向現代化。他眼中的杜拜是吸引新興市場新一波企業家的商業中心，他可以將這批人變成客戶，帶來豐厚的獲利。但這些地區需要資金和專業技術進入，才能幫助新公司成長。

納克維問德波爾：「我要扮演什麼角色？」

德波爾肯定納克維有能力靠買賣公司賺大錢，他建議納克維成立私募公司。

一九八〇年代，最早開展私募股權事業的是KKR、黑石（Blackstone）和凱雷集團（Carlyle Group）一類美國投資公司。他們想出一套方法，自己出很少的錢就可以買下公司。做法是拿購買的標的公司當擔保品借款或槓桿操作，以此做為收購的資金。從收購的公司獲利後，再拿錢去償還貸款，這種方式稱為「槓桿收購」（leveraged buyouts）。

美國私募創辦人成了知名的億萬富豪，在商業界很有名——例如創立ＫＫＲ的亨利．克拉維斯（Henry Kravis）和表親喬治．羅伯茲（George Roberts），黑石的創辦人之一史蒂芬．施瓦茨曼（Stephen Schwarzman），凱雷集團的創辦人之一大衛．魯賓斯坦（David Rubenstein）。隨著財富與影響力日增，他們會聘請前任總統、首相、將軍為他們工作。私募公司曾經掌控世界一些最有名的公司，包括希爾頓飯店（Hilton Hotels）、戴爾電腦（Dell）、漢堡王（Burger King）等。社會上對私募大亨的觀感通常不太好，工會和左翼政治人物經常指控他們拆賣資產（asset stripping）、逃漏稅、為降低成本和增加個人利潤裁員等。德國一位政治人物稱他們是「蝗蟲」。

但在以賺錢為職志的杜拜，很少聽到這類批評，事業成功是唯一重要的事。納克維現在有誇口的本錢，因為他透過英之傑交易完成了中東有史以來第一樁槓桿收購。

杜拜到處開起餐廳，提供世界各國的佳餚。納克維到日本餐廳Sho Cho吃飯，這家餐廳開在杜拜波光粼粼的水岸，國際住民最愛光顧。他在那裡認識許多同樣野心勃勃的併購交易師（Dealmaker）。其中很有名的一個是修里希．薩拉夫（Shirish Saraf），一個說話很快的印度年輕人，熱愛派對、女人和運動。薩拉夫精力充沛，笑容燦爛，身材健碩、頭髮滑順、鷹勾鼻。他帶領收購的中東公司包括快遞公司Memo Express。

納克維和薩拉夫很快成為好友，反映出杜拜的一項特質——人們縱使來自被衝突撕裂的地區，這個城市也能讓他們克服長期以來的對立，攜手合作。薩拉夫是驕傲的印度教徒，家族來自印度北部山區喀什米爾（Kashmir），印巴兩國不時打仗爭奪該地的控制權。

薩拉夫和納克維在杜拜結成好友，因為同樣熱中交易和賺錢。此外他們發現兩人的背景很相似，都是讀英國殖民者在自己國家興建的菁英學校，薩拉夫讀拉賈斯坦邦（Rajasthan）的梅約學院（Mayo College，該校創辦人希望建成印度的伊頓），之後到英格蘭讀查特豪斯公學（Charterhouse School）。薩拉夫和納克維都畢業於倫敦政經學院，同樣著迷板球和莎士比亞。兩人一起喝酒、開玩笑，腦力激盪要收購哪家公司。薩拉夫很欣賞納克維的宏大計畫和瀟灑風采。他認為有些人將納克維的狂妄自負誤解為傲慢，他就喜歡納克維這一點，因為他覺得別人有時候對他也有同樣的誤解。

薩拉夫常到納克維在杜拜的家作客。他覺得納克維的妻子華伊札很迷人，很老實。納克維夫妻熱情又有格調，親切不俗氣。納克維對待薩拉夫如同親弟，介紹彼此給自己的父母。薩拉夫的父母對巴基斯坦人懷有戒心，但很快就喜歡納克維。兩個併購交易師同意要想辦法合作。

納克維為了在杜拜拓展人脈，特別去參加青年總裁協會（Young Presidents' Organization）。這個由執行長組成的組織一九五〇年創立於紐約的羅徹斯特（Rochester），拓展到世界各地，傳播美國人的創業精神。納克維成為阿聯分會的主席。

納克維在青年總裁協會第一次遇到法迪．甘杜爾（Fadi Ghandour），事後證明他是重要的人脈。這位來自約旦的高瘦企業家是亞諾士（Aramex）創辦人，這家快遞公司被稱為中東的聯邦快遞。甘杜爾看起來像冷靜的教授，其實個性很熱情。納克維在一次培養團隊精神的練習中認識甘杜爾，兩人必須假裝墜機後困在山頂，納克維扮演受傷的乘客，甘杜爾理應幫助他。甘杜爾告訴練習角色扮演的其他成員：「我們直接殺了他吧，下山時會需要肉。」他還開玩笑說納克維的身材很結實，這很合納克維的機智幽默，兩人成了好友。甘杜爾逐漸視納克維為阿拉伯同胞，而不是非我族類的巴基斯坦人——照甘杜爾的說法，就是「自己人」。

甘杜爾最能代表德波爾所謂改寫局面的那種中東企業家，納克維希望投資他的公司。甘杜爾於一九八二年創立亞諾士快遞（Aramex）。在那之前，從紐約或倫敦寄信到中東極困難，因為國營的郵政服務很不可靠，又沒有其他替代選擇。甘杜爾嗅到商機，認為可以開一家能提供實際幫助又可賺錢的公司。即使在戰火中，他也能夠將信件寄到埃及、土耳其、黎巴嫩（Lebanon）、敘利亞（Syria）以及被占領的巴勒斯坦（Palestine），送達人們的住家和辦公室，儼然成了這方面的專家。在一九八〇年代黎巴嫩血腥內戰期間，雙方會停火讓亞諾士的貨車通過，一九九〇年海珊（Saddam Hussein）入侵科威特（Kuwait）時，他的公司繼續送信到科威特。必要時甘杜爾的員工會利用驢子翻越崎嶇的山路送達信件。

甘杜爾的家族史深受戰爭與革命影響，因此他知道機會與災難總是相伴而來。他的父親在黎巴嫩參與政變失敗，逃離海外，因創立約旦的國家航空公司致富。

甘杜爾童年在約旦（Jordan）度過，之後到美國就讀喬治．華盛頓大學（George Washington University）工程系，回國後與一個美國朋友合創亞諾士航空貨運，簡稱亞諾士。亞諾士爭取到美國公司空運快遞公司（Airborne Express）和聯邦快遞（Federal Express）在中東的郵件與包裹業務。甘杜爾從美國客戶那裡學會如何建立堅韌的事業。

一九九七年，亞諾士成為第一家在紐約那斯達克交易的阿拉伯公司。但儘管亞諾士的獲利年年成長，股價表現並不佳。美國的股市投資人對於如此暴露於中東風險的公司懷有戒心。亞諾士自己也承認，他們面對的挑戰包括被徵收、國有化、戰爭、叛亂、恐怖主義和內部動亂。

納克維遇見甘杜爾時，這位約旦企業家正要將亞諾士賣給美國一家大型快遞公司，雙方已經在洽談了。納克維滿手現金，正要尋找新的交易標的，亞諾士恰恰符合條件。他認為亞諾士最好由真正了解它、相信它的人擁有——也就是來自中東，對中東的公司沒有偏見的人。

收購亞諾士

二〇〇一年九月二日，納克維和甘杜爾討論收購亞諾士的事。九天後，中東恐怖分子駕機撞進紐約雙塔，從此改變世界。這場攻擊嚇跑了亞諾士的美國買家。美國人向來想到中東就聯想到戰亂，當中東的恐怖緊張情勢讓紐約街頭沾滿鮮血瓦礫，人們心中的恐懼和不信任感更是急速飆高。

當別人看到混亂與複雜，納克維再次嗅到商機。此時正是收購亞諾士的最好時機，因為那斯達克不是適合阿拉伯公司生存的地方。飛機撞擊紐約雙塔之後不到二十四小時，納克維與甘杜爾簽訂保密協議，探討併購亞諾士的事宜。當美國的戰爭機器開始因應恐怖攻擊動起來，納克維則是準備好大展鴻圖。

納克維聽從德波爾的建議，計畫成立私募公司，從本地的富裕家族下手，籌措收購亞諾士與中東其他公司的資金。納克維的時機抓得很好。富裕的阿拉伯人擔憂在美國不再受歡迎，即使沒有涉及不法，在美國的帳戶也可能被凍結，於是這些富人決定把錢移回距離家鄉近一點的地方投資。投資中東私募基金突然變得很有吸引力。

儘管條件很有利，納克維仍然欠缺優異的資歷可以籌到足夠的錢買亞諾士。而且他在美國沒沒無聞，他的公司圓頂也沒有接受監管。當一個來自杜拜、神祕的巴基斯坦併購交易師要競標亞諾士，對美國投資人和監管機構而言，有太多值得警戒的地方。

德波爾在納克維身上看到世界級投資者的特質，說不定會成為中東的亨利．克拉維斯（KKP私募基金創辦人）或史蒂芬．施瓦茨曼（黑石集團創辦人）。德波爾建議納克維和阿里．西哈比（Ali Shihabi）合作，這位沙烏地商人擁有納克維沒有的資歷。西哈比的出身很好——他是一家沙烏地銀行的董事長，不論是在沙烏地阿拉伯（Saudi Arabia）的首都利雅德穿著飄逸的傳統長袍或穿西裝出入華盛頓，都一樣怡然自得。西哈比的父親是沙烏地（Saudi）外交官，曾任聯合國大會主席，母親是挪威人。

中東某些圈子會明確依國籍區分階級。伊斯蘭最神聖的國度沙烏地阿拉伯居最高位置，巴基斯坦接近底層。德波爾認為，西哈比之於納克維，正好是以陰補陽。

西哈比在杜拜有一間投資公司，叫做拉斯馬拉合夥公司（Rasmala Partners），投資人包括沙烏地皇室成員和德國最大最有聲望的金融機構——德意志銀行（Deutsche Bank）。拉斯馬拉由英國金融服務總署（Financial Services Authority）監管，這是金融業最主要的全球性監管組織之一。

西哈比和拉斯馬拉可以提供納克維競標亞諾士所需的績優投資人和監管機構的核可，納克維則能滿足西哈比的一項需要——辨識好生意的精準直覺。西哈比自知不是最高明的併購交易師，倒是比較善於和投資人培養關係和管理事業。

納克維和西哈比同意合作，透過拉斯馬拉競標亞諾士。納克維另外拉進三個人，薩拉夫、海達里，以及一個叫做薩爾曼・馬赫迪（Salman Mahdi）的印度併購交易師，形成新的夥伴關係。裡面有兩位巴基斯坦人、兩位印度人和一個半沙烏地半挪威人，充分反映杜拜的精神。他們計畫從美國投資人那裡買回一位約旦企業家的公司，幫助它在中東蓬勃發展。甘杜爾同意和拉斯馬拉一起投資，若收購成功，繼續管理亞諾士。

西哈比擔任拉斯馬拉的董事長，掌控財務、法務和法令遵循（compliance）部門。納克維成為拉斯馬拉的常務董事（managing director），負責交易協商。

西哈比從朋友那裡聽到一些負面的評價，警告他和納克維一起做生意是犯下大錯，因為這人不可信賴。但西哈比有信心他可以從納克維的優點獲益，同時控制好他的缺點。納克維告訴西哈比，人們會對他的名聲有疑慮，一部分是因為把他和另一個史瓦勒・納克維（Swaleh Naqvi）搞混了，那個銀行家在一九九〇年代國際商業信貸銀行倒閉時被以詐欺罪名定罪。納克維和那家銀行毫無關係，只不過他的妻子在那裡工作過，但和史瓦勒沒有關係。

納克維那個愛跑趴的印度夥伴薩拉夫告訴本地的阿拉伯朋友，他們計畫成立新的私募公司，朋友都笑了，說這麼宏大的事業絕不是幾個巴基斯坦人和印度人搞得出來的。

競標亞諾士完全不同於納克維以前嘗試過的事。要收購美國公開上市的公司是出了名的困難，因為必須符合一連串的財務與法律規定，以確保股東獲得公平的待遇。監管機構必須確信買家信譽無虞，資金來源都合法。

在杜拜中心包含兩座高樓的阿聯酋大廈（Emirates Towers）辦公室，拉斯馬拉團隊草擬收購細節。西哈比準備法律文件，運用人脈籌措貸款，耗費的時間比原先預期的更久，因為銀行對於貸款給這樣來源各異的奇特團隊有些戒心。但西哈比終究取得一家約旦銀行的貸款——他的沙烏地投資人是銀行的股東之一。

此時的中東正處於轉折點。戰爭將爆發，全球化的巨浪正緩緩滲進這個對西方根深柢固不信任的區域。

五個合夥人

二〇〇二年一月九日，五個合夥人在納克維的杜拜住家聚餐。一邊享用辛辣的印度香飯，一邊興奮地討論未來的事業。納克維拿出一支筆，在一張紙上草草寫下他所謂拉斯馬拉的合夥章程。最高指導原則是尊重、信任和一人一票。他寫下規則：「不指責別人，絕對坦白，不在公開場合或報章雜誌表達歧見。」

納克維樂觀地寫下：「人人為我，我為人人。」引述法國小說家大仲馬（Alexandre Dumas）的三劍客精神。最後他又補充一句：「若有違上述原則，不論位階，其他合夥人都可訓他一頓。」

五位合夥人都在紙上簽字，隔日，他們在紐約宣布將投入六千五百萬美元收購亞諾士。

3
阿布拉吉，原意「我們是統治者」

納克維：「如果你相信你能在水上行走，你周遭的人就會相信你可以。」

計畫收購亞諾士的新聞曝光後，納克維、西哈比、薩拉夫、海達里和馬赫迪發現他們置身於風暴中心，銀行家、律師、監管機構、記者全部都提出關於交易案的急迫疑問。在壓力下，納克維和西哈比的關係開始生變。西哈比對納克維認識更深後開始感到擔憂，共事愈久，擔憂愈深。

首先是一些小事情，像是納克維堅持搭乘飛機頭等艙。接著西哈比開始懷疑納克維是否有人格異常。

黑幫心態

有一天納克維對他說：「你的身高讓我有威脅感。」

他覺得納克維似乎總是想要誇大自己的重要性。例如與皇室沾親帶故的人非常多，只因為西哈比的少數投資人是其中成員，他便對外聲稱他的公司代表沙烏地的皇室。這或許是精明的行銷手段，但西哈比認為有點太過頭了。

有一天，納克維和西哈比一起研究文件，納克維談起他的團隊有個巴基斯坦成員。

納克維說：「這傢伙至死都會對我忠誠。」

西哈比問：「你如何讓他對你這麼死忠？」

納克維答：「他在美國被控強暴，之後棄保潛逃，我在巴基斯坦幫他弄到護照，在杜拜雇用他。」

這個人的忠誠竟然讓他感到驕傲，西哈比嚇壞了。西哈比心想，這根本是黑幫心態，與他喜歡誇耀自己多會掌控他人的行事作風很一致。納克維還說他會讀心術，誇口可以把人控制得死死的，包括巴基斯坦軍隊的一個資深軍官。

沒多久，納克維和西哈比一天到晚吵架。對西哈比而言，最後一根稻草發生在二〇〇二年夏天，納克維收購英之傑時協助出資的沙烏地投資人貝索登和西哈比聯絡。貝索登非常憤怒，他說收購案結束後納克維以欺騙手法占他便宜，欠他數百萬美元。他要告納克維詐欺。貝索登沒有從收購案得到利潤，他聽說納克維過得很奢華，還在倫敦購買昂貴的房地產。

和貝索登談過後，西哈比詢問納克維，想要聽聽他的版本。納克維說其中有誤會，他正在解決。西哈比對這個回答不滿意，深信貝索登說的是實話。

納克維和薩拉夫也愈來愈不和。

為了建立拉斯馬拉合夥事業以便競標亞諾士，薩拉夫和其他人匆促入股西哈比的公司，當然也同時收購了西哈比先前的投資項目。但因為時間倉卒，薩拉夫覺得入股之前沒有充分分析這些項目的品質，現在仔細研究後認定根本毫無價值。他很生氣西哈比沒有在他和其他人入股拉斯馬拉前提醒他們。有天晚上，薩拉夫在阿聯酋大廈的辦公室質問西哈比，要求退錢給他。

依據薩拉夫的說法，西哈比回答：「買者自慎（Caveat emptor）[1]。」

1 編按：Caveat emptor 是拉丁語，其意為「買者自慎，買家應當在下單之前檢查仔細，為自己的消費負責，賣家概不負責。」

薩拉夫大怒道：「用這種方式開啟合夥事業合適嗎？」

西哈比拒絕退錢。

有天深夜，薩拉夫走出辦公室搭電梯下去。他走進溫暖的阿拉伯之夜，巧遇在大樓前等待門房幫他把車開過來的納克維。薩拉夫向納克維大吐苦水，抱怨西哈比的不是，說他準備退出拉斯馬拉。

薩拉夫說：「我受夠了，我寧可創立自己的公司。」

「你準備丟下你的錢不管？」納克維問。

「沒錯。」他已投入大約三十萬美元的積蓄進拉斯馬拉。

納克維無法抑制地開始哭了起來。他們幾個月前才那麼充滿熱情建立起來的合夥事業竟然就要拆夥了。納克維無法和西哈比共事，現在薩拉夫又要離開。納克維將頭靠在薩拉夫肩上哭泣起來。

有天晚上納克維和西哈比討論事情時也哭出來，西哈比從來沒有見過一個成人哭得這麼難過，試著擁抱安慰他。他不知道該如何對待納克維。他以為可以管理這位聰明但變化難測的夥伴，但事實證明這是不可能的。二〇〇二年八月，西哈比發電郵給納克維，表明他受夠了他的空頭支票。

納克維，我現在面臨一個問題：經過九個月的合作、許多承諾、情緒激昂的談話，我發現還是很難信任你。

儘管我非常想要信任你，想要讓合夥關係成功維持下去，還是無法做到。你對我不夠坦誠，碰到困難時，你的作風不是直接處理，而是偷偷摸摸的或透過代理人。一切的一切已經超乎我能承受的範圍了，包括你「過去的紀錄」，你的永遠缺乏安全感，無法大度地接受我對事業的貢獻，簡直到了病態的地步，尤其當你覺得可能會醜化你的形象時。

我冒著個人的聲譽可能受損的不小風險，公開表達對你的支持，在拉斯馬拉卻必須不斷提防你。

納克維，我很喜歡你和你的家人。你可以把我當做蓄意阻撓你的笨蛋，另謀出路，也可以當我是休戚與共、誠懇率直的朋友與盟友。你聰明又充滿活力，同時卻也有嚴重的缺點。你可以讓我幫助你，秉持百分之百的誠實、坦率、實事求是與我相處，否則我們就分道揚鑣吧！

結果兩人分道揚鑣。

西哈比離開，納克維和其他人繼續合作。西哈比拿回拉斯馬拉的所有權，納克維掌控他們為了收購亞諾士所籌備的資金。雖然納克維和西哈比的合夥關係結束，這對納克維的幫助很大，提供他收購亞諾士所需的資歷。一位銀行家後來告訴西哈比，拉斯馬拉洗白了納克維的名聲。納克維誓言絕口不再提起拉斯馬拉，若是被迫提起，總是以「以前待過的一家無名小公司」稱呼這個合夥事業。

阿布拉吉名稱的由來

納克維這時透過還沒有名稱的私募股權基金掌控亞諾士。合夥人對阿布拉吉（Abraaj）這個名字是誰想出來的有些爭議。納克維說要歸功於馬赫迪，薩拉夫則說有天早上他去上班，開著新的奧迪 A 8 抵達公司時產生了靈感，因為門房歡迎他進入阿聯大廈時說的是阿拉伯語 Abraaj Al Emarat，阿布拉吉在阿拉伯語的意思就是「塔」。薩拉夫說他和納克維討論，納克維先從阿拉伯語再依烏都語的意思考慮其意義。字頭的 *Ab* 在烏都語指「現在」，raj 指「統治」，所以 ad raj 可以譯成「我們是統治者」。

不久海達里和馬赫迪追隨西哈比的腳步離開，留下三項急迫的任務，納克維和薩拉夫必須完成任務才能讓阿布拉吉順利運作：必須雇用工作團隊；找投資人籌錢收購更多公司；幫助甘杜爾擴展亞諾士，五年內賣掉，大賺一筆。這三個目標都必須達成才能成功。

薩拉夫拉攏他認識的不少富裕的酋長和商人投資，對阿布拉吉的創立扮演很重要的角色。納克維在那個地區搜尋新的員工和投資機會時，憑著強大的自信贏得不少盟友。

年輕的約旦人海杜恩・哈吉・哈珊（Khaldoun Haj Hasan）離開無趣的阿聯政府投資基金，加入阿布拉吉，納克維告訴他：「如果你相信你能在水上行走，你周遭的人就會相信你可以。」

還有賈法（Jafar）家族同意投資阿布拉吉，該家族的一個成員曾經是伊拉克（Iraq）海珊政府核武政策的顧問。另一個投資人是法哈德・艾爾－拉強恩（Fahad al-Rajaan），他負責管理科威特政府資金雄厚的退休基金，社會保障公共機構（Public Institution for Social Security）。與艾爾－拉強恩的關係證明對納克維非常寶貴，因為科威特退休基金在其後幾年裡投資阿布拉吉超過七億美元。艾爾－拉強恩後來被控盜用他領導的退休基金，遭科威特法院缺席判決[2]。

這些新投資人投錢給掌控亞諾士的阿布拉吉基金，取得亞諾士快遞公司的股權，並提供新收購案的資金。

阿布拉吉採取的是私募股權的標準話術。他們向投資人收取大約二%的年費，利用這些錢收購事業，然後加以整頓。阿布拉吉保留賣出公司的二〇%獲利，理論上應該將其餘的獲利分

2 編按：缺席判決是法律用詞，意指當事人其中一方（通常是被告），合法送達告知出席，卻無故不到場、不出席，也不提供訴訟的意見或證據，法官可能會認為訴訟案件憑原告說詞或證據已經足夠，就會下判決，這種判決結果通常對未出席者不利。

給投資人。

中東的政府、皇室、商人承諾投資阿布拉吉數百萬美元。納克維和薩拉夫的初次籌資因油價上漲而大豐收，因為那些投資人很多都是靠生產與銷售石油賺錢，二〇〇三年美國入侵伊拉克使得油價上漲，他們的銀行帳戶也跟著賺飽。

美麗新世界

二〇〇三年六月納克維和薩拉夫完成籌資，飛到約旦參加世界經濟論壇會議。在死海旁的會議中心，納克維發現了串聯商機的美麗新世界，因為有許多投資人和政治人物在此齊聚一堂。與會者包括美國國務卿柯林・鮑威爾（Colin Powell），聯合國祕書長科菲・安南（Kofi Annan），約旦王后拉尼婭（Queen Rania）。他們討論企業可以如何協助解決中東的問題，例如失業與長期缺水。納克維對金錢和政治的組合非常感興趣。他在會議中奔走，招攬與會者加入，鼓吹支持阿布拉吉。沒多久他和薩拉夫為阿布拉吉的第一檔基金籌得一・一八億美元。

納克維和薩拉夫很多時間一起工作，情誼更加鞏固。中午在杜拜的辦公室會一起吃華伊札送去的巴基斯坦餐點，薩拉夫到英國首都時會住在納克維的倫敦住家，後來自己也買了相距不遠的南肯辛頓公寓。兩人超級喜歡競爭，主要的娛樂就是互相打賭。搭機出差時會玩「超級大富翁」（Who Wants to be a Millionaire）和「常識問答」（Trivial Pursuit）之類的遊戲，賭注可以累積到數百美元。甚至連莎士比亞都可以拿來賭。

薩拉夫說：「我問你五句獨白，你必須說出出自哪一齣劇的哪一幕哪一場。」

納克維答：「那有什麼問題。」

薩拉夫帶著祕書紀芝蘭．葛涅茲（Ghizlan Guenez）進阿布拉吉，一個非常能幹的阿爾及利亞女子。納克維很欣賞她，想要她當自己的祕書。

薩拉夫輕鬆地說：「兄弟，你讓我去度假，就讓你如願。」

結果真的如他所願。阿布拉吉成立初期，訪客都會驚豔於紀芝蘭的美，驚訝納克維如何能專心完成任何工作。

納克維和薩拉夫超愛競爭，這種關係也滲入阿布拉吉的企業精神，公司共同休息室的撞球檯成了高賭注的比賽場所。納克維撞球打得很差，愈輸愈多，後來對比賽的熱情便消散了，便決定禁止賭撞球。薩拉夫和年輕的約旦人哈珊偷偷地繼續比賽。有天晚上，兩人陷入不加碼就認輸的惡性循環，最後哈珊贏了數千美元。

幾年後哈珊回想，薩拉夫想到可以耍花招賴掉賭債。薩拉夫告訴納克維他們的大筆賭注，以為納克維會說不必還，因為他已禁止賭撞球。納克維將兩人叫到辦公室，告訴他們所有的債務都必須清償，但因兩人違反禁賭令，一部分錢由他代表公司收下。

哈珊說：「兩人都喜歡以玩笑的方式要證明比對方聰明，他們是併購交易師，很喜歡賭，很愛競爭。」

這種好競爭、愛支配別人的大哥作風也滲透到阿布拉吉很多員工的私生活。一個資深主管談到早期的心態：「我們賣力工作，也賣力擁有性愛。」

阿布拉吉很快買下阿聯一間水處理公司、阿曼的一間保險公司、卡達的一間金融服務公司、約旦的一間網路公司。這四家公司很快被賣出，得款八千一百萬美元，賺了兩倍多。

早期有一樁收購案特別富爭議性。阿布拉吉從納克維創立的圓頂公司買下黎巴嫩的 Spinneys 連鎖超市。這筆交易是警示訊號，因為納克維既是買家又是賣家。他有責任保護阿布拉吉投資人的利益，但因為他是把自己的公司賣給他們，他也有誘因要盡量幫自己多賺點錢。他先前貸款付錢給圓頂的憤怒股東貝索登，這時拿賣掉 Spinneys 的錢償還貸款。當西哈比聽說納克維將 Spinneys 賣給阿布拉吉，非常震驚。

他告訴妻子：「這傢伙總有一天會搞到入獄。」

在亞諾士，甘杜爾正擬定龐大的重整計畫，希望運送到中東沙漠城市的信件能增加數百萬件。他仍擁有大約四分之一的亞諾士股權，就和納克維一樣有強烈的動機要讓公司成功。為了提供員工誘因，甘杜爾和納克維做了明智的決定，將大約一〇％的股權分配給員工。如果公司愈做愈好，員工也會跟著獲益。

納克維和甘杜爾將亞諾士的總部從約旦的安曼省（Amman）搬到杜拜，好利用杜拜的大型機場以及遍及世界各地的飛航網。他們在杜拜建立五百萬美元的處理中心，透過收購規模較小的競爭對手擴充版圖，包括從薩拉夫和他的投資人那裡買下 Memo Express。

二〇〇三年，甘杜爾設計一套信件與包裹的專屬追蹤系統，讓亞諾士得以充分掌握自己的命運。在那之前，亞諾士倚賴的是西雅圖的空運快遞公司提供的追蹤系統，但二〇〇三年DHL買下空運快遞，不再讓亞諾士使用該系統。

甘杜爾聘用阿拉伯的軟體工程師建立這套新的追蹤系統。接著他在倫敦召開會議，提供該系統給全球另外四十家先前仰賴空運快遞的公司。他們接受了。這套系統很成功，讓亞諾士能夠掌控全球快遞網絡。

亞諾士在阿布拉吉旗下快速成長，四年內營業額增加一倍成為二．三二億美元，獲利二千萬美元，成長了三倍，證明納克維想要在中東建立全球企業的野心是可以實現的。納克維志得意滿。

他告訴投資人：「全球化並不是西方的詞彙，我們也可以讓高品質的公司走向全球，而不只是接收福特（Ford）、雀巢（Nestlé）或豐田（TOYOTA）的經營哲學。」

他對亞諾士的投資在二〇〇五年有了回報，阿布拉吉在杜拜股市賣出亞諾士的股權，得款八千六百萬美元，等於是投資金額一千五百萬美元的五倍多。有了這次的成績，納克維很快籌得五億美元，做為阿布拉吉二〇〇五年的第二檔私募基金。

但獲利的不只是富裕的投資人。數百名員工擁有認股權，也分得一千四百萬美元。員工拿這些錢買房子，繳孩子的學費。在這個地方，追求好生活的傳統方式都是靠遺傳或政府的特別照顧，阿布拉吉率先開啟一條為員工創造福祉的新道路。

賣掉亞諾士後，納克維和甘杜爾仍然很親近，甘杜爾還成為阿布拉吉的董事。兩人在中東積極鼓吹私募股權，在商業會議中熱烈暢談亞諾士和阿布拉吉是成功的典範。他們爭取媒體傳播他們的訊息，一位特別具影響力的記者聽進去了。

媒體的寵兒

湯馬斯．佛里曼（Thomas Friedman）專為《紐約時報》撰文，是全球化的權威。在《世界是平的》（*The World Is Flat*）一書中對亞諾士讚不絕口，書中探討隨著企業的全球擴張，加上網路的普及，為開發中國家的創業者創造出前所未有的機會。

佛里曼寫到：「這個例子值得用一千種理論來探討，充分展現一家自立自強的阿拉伯公司如何發揮阿拉伯人的智慧和創業精神，在世界的舞台上做出一番成績。」

眼見阿布拉吉為亞諾士員工創造財富，這位美國記者看到非常重要的意義，認為這可以扭轉中東惡名昭彰的恐怖主義形象。

他寫道：「亞諾士的三千名員工只想要運送有助經濟成長、讓阿拉伯人過上好生活的包裹——而不是自殺炸彈——這絕非偶然。只要再給我一百個像亞諾士這樣的例子，我就可以給你不同的脈絡和論述。」

4 — 大表演家

為了讓投資人眼睛一亮，他找來名人助陣。巴茲．艾德林（Buzz Aldrin）第二個漫步月球的人，與阿布拉吉的投資人共餐，美國前總統比爾．柯林頓（Bill Clinton）和他們對談。蒂娜．透納（Tina Turner）為納克維和他的投資人獻唱。

納克維能游走世界各地，進出豪華飯店的宴會廳，在幾百場金融會議中自信滿滿地演說，靠的是在學校及出社會以來培養的表演與辯論技巧。這些精心安排的聚會就像一種企業劇場，納克維則是主角。若能在這些場合抓住觀眾的注意力，就能「解鎖」幾十億美元的投資金額，而納克維那一套冠冕堂皇的說詞通常都能讓人從瞌睡中醒來。

「請看看，亞歷山大大帝（Alexander the Great）、成吉思汗、牛頓（Newton）、愛因斯坦（Einstein）、馬克斯（Marx）和沃爾瑪（Walmart）的創辦人山姆・華頓（Sam Walton）、洛克菲勒（Rockefeller）、奧拉揚（Olayan）、比爾・蓋茲，他們有什麼共同點？」納克維問投資人。「他們都敢公開表達與所屬組織不同的意見，勇於冒險，最後才會有偉大的成就。他們都是促成改變的人。」

他搭乘他的灣流噴射機（Gulfstream jet）從一個城市飛到另一個城市，飛機尾翼有客製化的M-ABRJ字樣。有時搭遊艇從一個港口到另一個港口，和那些幫助他累積財富的新投資人見面。有一年，世界經濟論壇在摩納哥（Monaco）的隱居酒店（Hotel Hermitage）舉辦超級富豪家庭的聚會。納克維決定自己來一場表演，邀請一些與會人士到他停泊在摩納哥港口的船上喝雞尾酒。賓客登船後，納克維驕傲地指著船尾飄揚的巴基斯坦國旗——深綠底色上有白色的新月和星星。其中一位賓客是《經濟學人》（*The Economist*）記者馬修・畢夏普（Matthew Bishop），他寫了一本書《慈善資本主義》（*Philanthrocapitalism*），談富人如何利用財富的力量拯救世界。

納克維很會談生意，但說故事的才能更厲害。他把自己比成辛巴達，阿拉伯民間故事《一千零一夜》（*Thousand and One Nights*）裡的神祕冒險家，到遙遠的地方尋寶，遭遇各種怪獸。

在金融業，會說動人的故事一向很有助於吸引注意力和資金——但事後若證明故事是虛構的，結局通常很不好。全世界有成千上萬的基金經理人讓投資人挑選，若不是具備相當的說服力，投資人怎麼會選上由一個默默無聞的局外人所領導的公司，更何況還是來自以貪腐聞名的地區。

隨著新的投資人和利潤豐厚的交易為阿布拉吉帶來資金，納克維運用新的財富找到門路，得以更深入結交全球的菁英階層。過去，隸屬某些家族或宗教團體是很重要的地位表徵，現在不同，要進入二十一世紀的全球金融貴族圈，只要掌控大把金錢就能買到門票。

納克維投入大量資金在阿布拉吉的公關活動上。他在講台、螢幕、報章雜誌上，對銀行家和學術人士大談他的投資技巧，讓人覺得他是可靠的嚮導，可以帶領他們進入陌生的地方，發掘難以計數的財富。他的故事將那些在西方帝國的踐踏下黯然失色的貧窮開發中國家，重新塑造成充滿活力與商機的地方。

找來名人助陣

為了讓投資人眼睛一亮，他找來名人助陣。第二個漫步月球的人巴茲・艾德林（Buzz Aldrin）與阿布拉吉的投資人共餐，美國前總統比爾・柯林頓（Bill Clinton）和他們對談。在杜拜的一場派對，蒂娜・透納（Tina Turner）為納克維和他的投資人獻唱。當這位美國流行樂傳奇引吭高歌《無人能比》（Simply the Best）時，賓客們啜飲冰酒吧[3]所提供的上等香檳酒，看著冰慢慢融化入阿拉伯海邊的沙子，一邊欣賞火焰舞者表演，享用來自古巴的捲煙手遞到手上的雪茄。

納克維舉辦派對的新聞，經由杜拜的八卦社交場合流了出去。他倒是不介意，因為納克維不像很多私募股權大亨不喜曝光、寧可低調享受財富，納克維熱愛媒體的注意——當然，要依照他的方式曝光。《金融時報》前記者寫了一本書《沙漠資本家》（*Desert Capitalists*），將納克維描述成中東私募股權業的開創者。有些商業雜誌的編輯會頒獎給他、在文章中頌揚他，換取阿布拉吉刊登廣告和贊助會議的支出，更使得納克維在商業界的名聲愈來愈響亮。

納克維很大部分是靠炫耀式的慈善活動維持排場。不論這一招是從阿迦汗四世（Aga Khan）或西方富豪或喀拉蚩劫富濟貧的黃金走私客那裡學來的，納克維體認到慈善很重要，更是表徵地位和影響力的重要方式。

他成了藝術贊助者，也會資助杜拜每年最富聲譽的展覽。他頒發讓人羨慕的十萬美元年度大獎給年輕的藝術家，透過收購得獎的作品累積龐大的收藏量。

3編按：這裡指的冰酒吧（an ice bar）是酒吧裡，無論牆壁、地板、桌椅，都是用冰塊打造而成，室內保持在負六度C的低溫，這在沙漠地區杜拜來說，是極其奢華的娛樂場所。

他在杜拜建造清真寺，支持統治者穆罕默德．賓拉希德酋長（Sheik Mohammad bin Rashid）的慈善計畫。他的這些作為在被酋長公開表揚時獲得回報。有一次經過刻意安排，納克維在杜拜的高級餐廳與投資人共餐時與酋長巧遇。當賓拉希德酋長和納克維打招呼時，就是非常公開地表達皇室的認可。

納克維捐贈數百萬美元給世界各地的大學，包括美國的約翰霍普金斯大學（The Johns Hopkins University）和倫敦政經學院，後者還以阿布拉吉為名設立教授職位。

納克維夫妻跟隨富豪慈善家蓋茲夫婦的腳步，創立一億美元的慈善組織，和平基金會（Aman Foundation），致力改善巴基斯坦的醫療保健與教育。

榮譽隨之上身。巴基斯坦頒給納克維卓越獎（Sitara-i-Imtiaz,or star of excellence），那是該國頒給平民的最高榮譽。查爾斯王子也歡迎納克維夫婦加入他的慈善組織之一——英亞信託基金（British Asian Trust）。

皇室、藝術家、太空人、學術界人士對納克維而言就像耀眼的孔雀羽毛——一場設計來眩人耳目的精彩展示。若有任何人因為他的展示太俗麗而心存懷疑，看到納克維的謙虛也會放下心來。他最喜歡一再重複那句話：「今日的孔雀是明日的拂塵。」（Today's peacock is tomorrow's feather duster.）

他的招搖擺闊是在玩一種心理花招。人們看到聽到納克維花費數百萬美元，就會相信他極度有錢極度成功——比實際狀況更有錢更成功。盛大的排場證明他的實力和影響力，但有些人確實好奇他怎麼負擔得起這一切。有一位員工負責安排這種以酒精助興、有時一次連開數日的百萬美元派對，便開玩笑說，納克維搖一搖阿布拉吉這棵搖錢樹就有錢付了。

另一個員工說：「你會認為他比上帝更有錢。」

世界經濟論壇大會

世界經濟論壇大會每年一月在瑞士阿爾卑斯山滑雪勝地達沃斯（Davos）舉辦。會議是全球菁英的神經中樞，東西方的億萬富豪和政治人物在此聚會。達沃斯是正在興起的全球化精神的最重要溫床——高尚的公共論述和閉門交易都在這裡頭進行。表裡不一已經成為論壇的基本特質。一張門票價值數千美元，人員進出由武裝警衛嚴密控制。但論壇創辦人克勞斯・施瓦布（Klaus Schwab）卻堅稱，他們的目標是改善世界上每個人的生活，而不只是付得起票價的超級富豪。

大老闆在前台發表堂而皇之的宣示給大眾聽，然後在租金數千美元的飯店套房裡和政治人物討價還價，談成的祕密協議可以為他們帶來豐厚的利潤，協議結果也會形塑人類的未來。

納克維簡直如魚得水。

他每年一定會參加達沃斯會議，投資數百萬美元把自己和阿布拉吉推舉到最醒目的位置。他聘請法國人佛萊德・席克瑞（Fred Sicre）擔任世界經濟論壇主管，確保他花了錢能得到最大的曝光。

這裡面存在一種共生關係。納克維得以進入達沃斯的人脈網，達沃斯也得以運用他的人脈。達沃斯幫助納克維建立信譽，提供新的資金來源，納克維則幫助達沃斯的與會者認識幾乎一無所知的開發中國家，因為那裡蘊藏數十億位潛在新顧客。納克維很積極賣力耕耘，以這些新市場的可靠代表自居，有系統地融入菁英階層。他熟諳菁英階層的語言：錢。

西方的老闆和投資人對納克維提供的投資機會很有興趣，新的一千年剛開始，正當美軍在阿富汗（Afghanistan）和伊拉克作戰，他們思考的是如何在新興市場擴展事業，包括硝煙味較低的中東和亞洲國家。印度（India）、巴基斯坦、約旦、土耳其、埃及等國的人口快速增加，西方人想要進入這個市場。納克維以他們的夥伴自居，他的話術很簡單，新興市場多數人都非常貧窮，但購買力正快速提升，經濟發展一片繁榮。

賺錢也能行善？

一種流行的新商業理論讓納克維的話術更有說服力。簡單的說，這套新觀念認為投資不只能賺錢，也可以行善。印度學者普哈拉（C. K. Prahalad）大力宣揚這套理論。二〇〇四年他寫了一本書，《金字塔底層的財富》（*The Fortune at the Bottom of the Pyramid*），對這個觀念的闡述影響深遠。普哈拉的觀念散播到各大學和政府，獲得全球商業領導者的熱烈支持，包括荷蘭人保羅．波曼（Paul Polman），波曼原本考慮受訓成為牧師和醫生，後來卻成為消費品製造商聯合利華的執行長。

新興市場在西方人心目中惡名昭彰，充斥飢餓、戰爭和貧窮。賺錢同時行善的新理論對西方老闆很有吸引力，如此便可合理探索這些市場，又可免於剝削的指控。

根據這套理論，商業領導者比政治人物更適合解決貧窮問題。開發中國家的政府沒有足夠的稅收可以興建學校、醫院、運輸與通訊網，因此可以由投資人來提供這些服務（同時還能賺錢）。在貧窮到無法獲利的地方，富豪慈善家則可介入，運用他們的商業技巧，設計出比任何政府做得更好的社福計畫。

納克維一天到晚談如何改善世界，相信他的論點會讓你感覺很好，因為他自詡為「推動變革的人」（agent of change），來自一個需要幫助的國家。在達沃斯，他不論是在講台上或闢室商談時的表現總是充滿熱情，鼓舞人心。

納克維在達沃斯和數十個類似的會議結交朋友，鞏固友誼，緩慢但穩定地擴展人脈，他的人脈網包含柯林頓夫婦、蓋茲和德意志銀行的高階主管如安蘇．詹恩（Anshu Jain）。

德意志銀行加入

詹恩扮演很重要的角色。

他是持有英國護照的印度人，服務於德國銀行，這樣的背景剛好是全球化風潮創造出來、達沃斯大力頌揚的典型跨文化高階主管。他是德意志銀行所屬投資銀行的最高主管之一，可以幫助阿布拉吉取得數十億美元的資產和貸款，牽線認識世界各地很有幫助的商界人士。

詹恩熱愛板球，納克維就是透過這一點，找到機會深化和這位銀行家的關係。二〇〇六年達沃斯論壇結束之後數日，納克維以私人飛機載詹恩到巴基斯坦觀賞印巴國際板球賽。即使在最好的時候，這趟旅程對印度人而言也很危險。印巴打過四場戰爭，不過幾年前兩軍還在邊界集結，但詹恩很想看這場比賽。他們在喀拉蚩降落後，納克維領著詹恩到國家體育館（National Stadium）的包廂，介紹他認識當地的商業領導者。

那場比賽巴基斯坦贏了，大家都看得很開心，但不久之後就可明顯看出，在那個國家做生意是多麼危險。薩拉夫同樣冒險到巴基斯坦看那場比賽，他到拉合爾市（Lahore）時，和一群掄著棍棒的憤怒群眾吵起來——他們在抗議丹麥（Danish）報紙的一則漫畫，將穆罕默德先知描繪成頭巾裡藏著炸彈。薩拉夫以為他死定了，所幸最後逃離憤怒的群眾，從此不曾再回到巴基斯坦。

巴基斯坦吸引很多西方銀行家，超過一．五億的人口可以創造很有價值的市場，但基本上無法進入，除非有納克維這種朋友協助：一個自己開公司的中間人，能夠幫助你投資，在這個穆斯林大國收購公司和進行各種計畫。

喀拉蚩板球之旅可望為納克維和詹恩帶來互利的商機，這恰恰反映出達沃斯菁英最喜歡培養的那種雙贏關係。

納克維從西哈比的拉斯馬拉公司承接了一個重要的投資人——德意志銀行。納克維和西哈比分道揚鑣後，大力遊說德意志銀行繼續投資。拉斯馬拉的第五位合夥人馬赫迪和詹恩同時間讀德里大學，馬赫迪離開阿布拉吉後加入德意志銀行。西哈比說他警告過德意志銀行不要和納克維往來，告知他們貝索登指控納克維試圖詐欺的事，但德意志銀行不聽。西哈比懷疑納克維已事先告訴詹恩不要聽信，因為這類的批評者都是種族主義者，不喜歡印度人也不喜歡巴基斯坦人。

西哈比說：「納克維面對印度和巴基斯坦群眾時，他扮演的是窮人的角色，勇敢面對偏見，奮鬥成功。他很常用的說詞是『我們都飽受歧視——阿拉伯人、美國人、英國人都是種族主義者。』」

一躍成為全球金融一軍

喀拉蚩板球賽之後不久，明顯可以看出德意志銀行對阿布拉吉的支持非常重要。二〇〇六年六月，納克維聘用野心勃勃的埃及年輕併購交易師瑪斯塔法・艾鐸－維杜（Mustafa Abdel-Wadood）——他想要聘用他已經很多年了。

納克維在世界經濟論壇第一次碰到艾鐸－維杜時就告訴他：「我深信優秀的人才都應該一起合作。」

納克維的鍥而不捨終於有了回報，艾鐸－維杜同意放棄在埃及銀行 EFG Hermes 薪水很好的工作，跳槽到阿布拉吉。他是埃及外交官之子，生活優渥，從小就和埃及的上流社會往來，大學在開羅就讀，之後到華盛頓的喬治城大學（Georgetown University）完成企管碩士學位，更加拓展人脈。艾鐸－維杜有個朋友是阿聯野心勃勃的年輕人，名叫尤瑟夫・艾爾・歐泰巴（Yousef Al Otaiba），後來成為阿聯駐美大使。

艾鐸－維杜親切又聰明，善於發揮與生俱來的好條件。早期為埃及的富豪薩維里斯（Sawiris）家族工作，幫助他們在非洲建造龐大的電信王國。如此累積了第一筆財富後，他成立自己的公司，但很快把它賣掉。接著加入 EFG Hermes，帶領他的投資金融團隊，然後搬到杜拜成立分支。這份工作做了將近三年後，他厭倦了管理職務，很想再回去交易。

收購一家埃及投資銀行

納克維沒什麼經驗帶領很大筆的投資，對埃及市場也不太了解，但他想要買埃及投資銀行EFG Hermes，有了艾鐸－維杜加入，這不是不能辦到。對艾鐸－維杜而言，投資EFG Hermes是好好表現爭取升遷的機會，可以向新老闆證明他的才能。艾鐸－維杜集合阿布拉吉的主管組成一個小團隊，擬定收購計畫。他負責搞定埃及的法規和政治阻礙，那是納克維這樣一個不會說阿拉伯語的巴基斯坦外來者很難協商成功的。

不過阿布拉吉首先必須籌到足夠的現金才能收購。

為了避開杜拜難耐的酷熱，二〇〇六年夏天納克維和薩拉夫都躲在倫敦。有天晚上在靠近哈洛德百貨公司（Harrods department store）的文華東方酒店的酒吧，兩人討論如何籌錢收購那家埃及銀行。

兩人在餐巾紙上寫下他們認為可能願意出資的投資人姓名。他們希望很快速籌到錢，最簡單的方式就是賣掉阿布拉吉的股份，而不是籌措新資金。

納克維寫的是德意志銀行。

薩拉夫寫的是花旗（Citibank），他認識那裡的一個資深銀行家，和他一樣讀印度的梅約學院。兩人分別打電話給自己的人脈。德意志銀行、花旗和一些富裕的中東人同意投資約五億美元，換取阿布拉吉的一半股權。

二〇〇六年七月納克維拿了這些錢，以五・〇五億美元買下 EFG Hermes 四分之一的股權。事實證明他撿到便宜。EFG Hermes 在黎巴嫩的業務量很大，以色列入侵黎巴嫩後股價大跌。當以色列的火箭彈狂轟黎巴嫩時，阿布拉吉是唯一敢冒風險的投資人。納克維剛開始的計畫是逐步將阿布拉吉和 EFG Hermes 合併為中東的投資銀行，承攬貸款和各種事業的諮商業務，就像高盛集團（Goldman Sachs）一樣。但納克維和 EFG Hermes 的領導者合不來。隨著這家埃及銀行的股價在二〇〇七年開羅股市大漲，納克維決定改變策略。才收購完一年多一點，他決定以十一億美元的代價把股權賣給杜拜酋長穆罕默德所有的一家小公司，賺了一倍。

龐大的獲利讓納克維一下子晉升全球金融業的一軍。他付給投資人六億美元分紅，自己有五億美元可以大展身手。二〇〇七年阿布拉吉出售的幾筆投資都很成功，這是其中最大筆的。其他交易包括 Arabtech 的股權，杜拜宏偉的哈里發塔就是這家營建公司蓋的。

波斯灣併購王

納克維創立阿布拉吉五年後，這時身價已超過百萬不知多少倍了，儼然成為媒體寵兒。金融界重要期刊《機構投資人》（*Institutional Investor*）在長篇報導中，為納克維冠上「波斯灣併購王」封號。北美和歐洲很多有錢的投資人還會讀到更多關於納克維的報導，這是第一篇。

但大約這時候，薩拉夫注意到這位老友有個讓人不安的改變。納克維相信 EFG Hermes 交易的成功都是他一人的功勞。他不再聽薩拉夫的意見，開始要求薩拉夫表現出他不願表現的順服。薩拉夫以為兩人在阿布拉吉是合夥人，納克維的看法顯然不同。

「我開始明白對他而言根本沒有真正的友誼，一切都是棋局，我們都是棋子。他需要你時就會對你施展魅力，不需要時棄之如敝屣，這就是他的作風。」

二〇〇七年夏天薩拉夫在杜拜觸法被捕入獄幾天。薩拉夫說他是因為小車禍被捕，但杜拜瘋傳謠言，說他玩得很兇，生活豪奢，終於惹禍上身。

薩拉夫決定離開阿布拉吉，以數千萬美元的代價將他的股份賣給納克維。

薩拉夫走後，納克維全權掌控阿布拉吉。在五位原始合夥人當中他是最後留下來的人，再也沒有人能指出他的錯誤——原本那是薩拉夫的工作。現在納克維身邊都是唯唯諾諾的人，聽命行事，決不質疑。他指派一九九〇年代以來就為他工作的連襟瓦克．西迪克（Waqar Siddique）負責風險管理。

薩拉夫另外創立自己的公司，向投資人介紹自己時，都說是阿布拉吉的共同創辦人。但納克維決定要將薩拉夫從阿布拉吉的歷史抹去，就像拉斯馬拉合夥協議中曾被他稱為地位平等的其他三人一樣。

薩拉夫的公司收到納克維一位新員工的電郵，抱怨薩拉夫不該自稱為阿布拉吉的創辦人。文中寫道，這不是事實，且可能損及納克維和阿布拉吉的聲譽，薩拉夫只是阿布拉吉早期的一個員工，不是創辦人。

薩拉夫大怒。要反證這個指控很容易，因為納克維多次在文章裡敘述薩拉夫是共同創辦人。薩拉夫感覺被利用被背叛。他為阿布拉吉籌到數億美元，完成多筆交易，幫公司創造優異的成績，納克維就是用這些成績來推銷阿布拉吉的。

薩拉夫離開阿布拉吉幾年後，再次與那個曾經被他當做大哥看待的人見面。這時納克維已搬到杜拜高級的阿聯酋山莊（Emirates Hills）裡宮殿般的門禁新豪宅，那一帶被稱為杜拜的比佛利山莊，居民多是來自世界各地的富豪。辛巴威（Zimbabwean）強人羅伯・穆加比（Robert Mugabe）的家人就住在那裡，另外還有因貪汙罪被判刑而逃到海外的泰國（Thailand）前首相戴克辛・欽那瓦（Thaksin Shinawatra）。

納克維新房子的設計靈感似乎來自印巴豪宅（Haveli mansions），很有品味地融合傳統與現代的建築風格，中央保留附有噴泉的院子，房子環繞院子建立。這裡收藏了來自亞非與中東豐富的藝術品，高高的牆壁裝飾黎巴嫩、敘利亞、印度、巴基斯坦的華麗設計。

這次會面很簡短。

薩拉夫大聲指責納克維身邊只雇用奉承他的人，因為難忍愚蠢的痛苦，只能仰賴驕傲自大當做麻醉劑。

薩拉夫說：「你讓我想到一隻公雞，誤以為太陽每天升起是為了聽牠唱歌。」

訪問間見真面目

我們第一次訪問納克維，是二〇〇七年他賣掉 EFG Hermes 獲得龐大利潤的幾個月後。賽門．克拉克（Simon Clark）從倫敦飄洋過海五千多公里到杜拜，在阿布拉吉總部那棟閃耀的高樓裡訪問納克維。納克維是白手創業的最佳範例，從這個城市冒出頭躍上全球舞台，我們要做杜拜興起的專題報導，當然要訪問這號人物。幾週前就安排好訪談了，沒想到克拉克走進他的辦公室時，納克維卻拒絕受訪。克拉克大為驚訝，重要的訪談沒成就要空手回倫敦，實在太丟臉了。他轉頭對陪同前去的攝影師說，乾脆直接進行下一場好了，訪談對象是杜拜酋長的重要顧問。

納克維問：「你要去見他？」

克拉克答：「現在就要去了。」

納克維說：「我們坐下來談談吧！」

納克維開始展現他的魅力，敘述他的成功故事。知道克拉克下一個訪談對象促使他改變心意，想到能和重量級人物搭上線，顯然對納克維無比重要。

這場訪談也讓我們更近距離看到納克維的世界存在多嚴重的不平等。他的辦公室俯瞰一處建築工地，那裡有移工在艱困的環境工作，頂著烈日建造摩天大樓的那些勞工隸屬於當地最大的營造廠之一，阿布拉吉也持有股份。訪談後，克拉克走到一處塵土飛揚的建築工地，世界最高大樓將在這裡平地而起。他訪問來自巴基斯坦和印度的溝渠挖掘工，這些人處於杜拜社會最底層，他想要寫一篇文章兼論這個城市最富有與最貧窮的住民。挖溝工住在擁擠的宿舍，由仲介安排杜拜的工作和交通費，很多人因此積欠仲介龐大的債務。

克拉克曾在巴基斯坦當老師，對於納克維和許多建築工人的家鄉，那個美麗混亂的國家非常感興趣。巴基斯坦的菁英階層極度腐敗，但多數民眾很友善，即使自己沒什麼錢或食物，也總是熱情招待客人，讓人產生謙卑之感。

納克維喜歡給記者的印象是：他在杜拜能這麼成功，代表未來很有希望，不只對他本人，對所有的巴基斯坦人以及亞非拉丁美洲所有開發中國家努力向上的人來說，都是如此。但儘管納克維對於建立更公平、更美好的世界做了許多承諾，克拉克發現他異常執著於地位、權力和掌控。他的文章不只敘述納克維的故事，也敘述挖溝工人的故事。杜拜並非對每個人而言都是財富之都。

薩拉夫離開阿布拉吉後，納克維大肆增聘了數十名來自各地的員工——黎巴嫩、土耳其、印度、伊朗、巴勒斯坦、約旦、敘利亞、美國、英國、義大利——儼然是金融界的聯合國。納克維自詡為正直有抱負的人，讓新員工留下深刻的印象。艾鐸－維杜對老闆充滿敬畏，開羅發生過的一件事讓他特別難忘。艾鐸－維杜和納克維要協商以一五．九億美元出售阿布拉吉最大的投資項目之一，埃及肥料公司（Egyptian Fertilizers Co.），給納塞夫．薩維里斯（Nassef Sawiris），薩維里斯家族是艾鐸－維杜的老東家。

納克維和艾鐸－維杜住四季飯店，退房時艾鐸－維杜注意到納克維是刷個人的信用卡。艾鐸－維杜表示可以刷他的公司信用卡，但納克維拒絕，納克維說他自己的花費從來不使用阿布拉吉的錢。

艾鐸－維杜很驚訝。納克維展現的財力讓他印象深刻，雖然他認為阿布拉吉應該負擔納克維的差旅費。「這樣不對，但好了不起。」

錢，從這個帳戶移到另一個帳戶

納克維高超的表演能力背後隱藏著阿布拉吉較黑暗的一面。阿布拉吉財務的內部作業對多數員工是一個謎。他們有一個神祕的財務部門深深隱藏在公司的杜拜總部裡，由納克維的連襟西迪克和一個自一九九〇年代就為納克維工作的巴基斯坦會計師拉菲克・拉卡尼（Rafique Lakhani）一起管理。

納克維很早就開始污錢。他誇口阿布拉吉是第一間自願接受杜拜金融服務總署（Dubai Financial Services Authority）監管的私募股權公司，那是杜拜國際金融中心的監管單位。為了配合該單位的規定，阿布拉吉必須隨時在杜拜的銀行保留數百萬美元，以防公司發生財務困難。納克維沒有誇耀的是阿布拉吉其實是由三百多家公司組成的複雜組織，多數設在世界各地的避稅天堂。在杜拜監管的公司——阿布拉吉資本（Abraaj Capital Ltd.）——只是這個全球網絡的一小片拼圖。阿布拉吉兩家最重要的公司——阿布拉吉投資管理公司（Abraaj Investment Management Ltd.）和阿布拉吉控股公司（Abraaj Holdings Ltd.）——設在開曼群島，未受杜拜監管單位規範。

設在杜拜的阿布拉吉資本經常違背杜拜監管機構的規定。納克維並沒有在阿布拉吉資本的杜拜銀行帳戶保持數百萬美元的存款，多半時候幾乎是空的。但就在每一季結束前，阿布拉吉資本必須向監管機構報告帳戶裡有多少錢時，納克維和同僚就會把錢存進去，看起來就像保留規定的額度。當季結束後數日，他們又把帳戶提空。看起來好像帳戶有足夠的錢，事實上多數時候都沒有，這是在欺騙杜拜監管機構。這套財務挪移手法稱為「財報窗飾」（window dressing），成了阿布拉吉非常壞的習慣。但多數員工都看不到這些財務伎倆，只能看到納克維要讓他們看到的，也就是高超的表演。

二〇〇八年末發生數十年來最嚴重的全球金融風暴，納克維租了一架噴射機，帶所有的員工到伊斯坦堡開趴一整星期。他幫阿布拉吉第三檔基金募得二十億美元，正處於想要慶祝的心情，伊斯坦堡是讓員工齊聚在一起的方便所在。土耳其的這座城市跨越歐亞交界處狹窄的博斯普魯斯海峽，迷人地融合東西方文化。納克維訂下徹拉安宮酒店（Ciragan Hotel），舊時是奧圖曼王宮，蘇丹套房一晚要價三萬三千美元。有天晚上，員工輪流在海峽旁的派對唱歌。面對可能出糗的挑戰，有些人會喝酒壯膽，納克維則在一旁拍下他們的表演。

最高潮是最後一晚結束前，納克維戴著軟呢帽步上舞台，高歌法蘭克·辛納屈（Frank Sinatra）的《奪標》（My Way）。唱畢，崇拜他的員工都跑到他身旁爭相與他合照，就像粉絲簇擁名人。

一位新員工對同事說：「太不可思議了！為什麼每個人都在歡呼？」

同事答：「有人說阿布拉吉有強大的文化，但瞧瞧這景象，這不是文化，根本是教派。」

5 收購喀拉蚩電力公司

沒有人尊重喀拉蚩電力公司。
大企業經常不繳電費，就連政府單位如水公司也積欠數百萬美元。
喀拉蚩電力公司則是欠了國營天然氣公司數百萬美元。

納克維滿手現金又充滿自信，二〇〇八年展開最大膽的收購案——他要取得故鄉經營困難的喀拉蚩電力公司的控制權。

多年後納克維回憶：「即使你刻意用心去設計，也設計不出一家問題更多的公司。但我們知道，如果有任何地方是我們可以透過投資發揮影響力的，肯定非喀拉蚩莫屬。」

若能改善喀拉蚩電力公司的問題，便可為他確立傑出投資人的美名。他還未能透過扭轉虧損公司的命運證明他的能力，有人覺得他買賣亞諾士和 EFG Hermes 能賺錢，只是因為幸運抓對時機——收購時價格較低，出售時剛好價格較高。他要向世人證明，他的團隊可以捲起袖子做事，真正改善企業的體質。喀拉蚩電力公司可以讓他證明自己有多優秀。

問題多如牛毛

但這筆交易可不適合心臟不夠強的人。喀拉蚩就像血液循環系統出問題的病患，喀拉蚩號稱「光明之城」，但自納克維在那裡讀書時，這個名號就已成為一則不好笑的笑話，因為停電常造成空調與醫院設備停擺，導致數百人熱衰竭死亡。喀拉蚩的銅纜線網本就做得很差，流通的電力又太微弱，工廠往往被迫關閉裁員，常引發憤怒的市民上街激烈抗議。溫度飆到攝氏四十七、八度的夏季，示威活動更加頻繁。

竊電事件很猖獗，成千上萬的人冒著生命的危險，用自製的金屬線連接電纜偷電，導致三分之一的電力供應消失無蹤。

問題多到誇張的程度。紡織業是巴基斯坦最大的雇主與出口商之一，卻為了尋找穩固的能源供應，大量出走到孟加拉。

問題始於一九八〇年代，貧窮的農民與難民逃離阿富汗湧入巴基斯坦，使得喀拉蚩的人口大增。街道、貧民窟、市場都變得太擁擠，電力根本不夠用。政府沒有錢蓋新電廠，因此喀拉耑經常陷入讓人窒息的黑暗，因為停電也會讓空調連續數日停擺。

暴力犯罪與綁架大增。二〇〇二年，隱藏在喀拉蚩黑暗街道的恐怖分子，殺害《華爾街日報》的記者丹尼爾．珀爾（Daniel Pearl），掀起一場媒體風暴。二〇〇二年年一月二十三日晚上，這位美國記者在京都酒店（Metropole Hotel）附近被綁架。歹徒恨死美國，迫使他現身影片，要求美國政府釋放關達那摩灣監獄（Guantanamo Bay prison camp）所有的穆斯林囚犯。然後割開他的喉嚨，砍下他的頭。

喀拉蚩陷入一個又一個危機。恐攻、洪患、地震連番打擊，通膨狂飆讓食物和燃料變得更昂貴，人民生活困苦。政府借錢補貼價格，國債高築。

巴基斯坦的政治暴力非常嚴重。二〇〇七年十二月，首相班娜姬．布托（Benazir Bhutto）在拉瓦平第市（Rawalpindi）參加競選活動時被刺殺，兇手自爆，另外害死二十人。

布托是巴基斯坦最知名政治王朝的成員，也是西方的重要盟友。她的父親也是首相，直到一九七九年遭軍事獨裁者罷黜吊死。伊斯蘭極端分子試圖搶占他留下的政治空位，西方政府寄望由她來填補。

穩定巴基斯坦的局勢對美國政府非常重要。鄰近的阿富汗已經夠麻煩了，數千美軍正在那裡和塔利班戰鬥。美國外交官擔憂喀拉蚩電力公司若失敗，可能讓喀拉蚩和巴基斯坦的其他地方落入全然無政府的狀態。巴基斯坦仰賴喀拉蚩，因為這裡是經濟中樞，創造出五分之一的產出和三分之一的稅收。

喀拉蚩電力公司是一九一三年英國統治期間建立的，一九五二年由新獨立的巴基斯坦政府收歸國有，其後因長期被忽略而破敗不堪。政府迫切想要改善狀況，在新的一千年之始交由軍方管理，但那些將領發揮不了作用。事實是在喀拉蚩發電的成本高於收入，將領沒有武器可以打敗這一點。

軍方失敗後，政府轉而向民間投資人求助。二〇〇五年喀拉蚩電力公司要以一美元代價賣給阿布拉吉，但納克維拒絕了。因為薩拉夫反對在納克維的家鄉做生意。反倒是沙烏地的艾喬麥控股（Al-Jomaih Holding）和科威特的國家工業集團（National Industries Group）買下該公司七一％的股權，政府繼續持有二六％。

這筆交易是一場災難，沙烏地和科威特的這兩家公司都沒有任何經驗經營虧損的公共事業。他們請德國的工程公司西門子（Siemens）幫他們管理喀拉蚩電力公司，但危機卻更惡化。西門子會製作電廠的渦輪，但管理者不知道如何解決營運問題，因此從二〇〇五年到二〇〇七年喀拉蚩電力公司的虧損反而增加了一倍。

沒有人尊重喀拉蚩電力公司。大企業經常不繳電費，就連政府單位如水公司也積欠數百萬美元。喀拉蚩電力公司則是欠了國營天然氣公司數百萬美元。

電力需求一年增加了近一〇％，十年來卻不曾多發一百萬瓦的電力。在十九座電廠中有十三座已廢棄。

沙烏地和科威特買家犯了大錯，想要另找買家，再度找上納克維。這次情況不一樣了，納克維有二十億美元可以投資，高階主管們很想在巴基斯坦做生意，薩拉夫又已離開。

改革喀拉蚩電力公司計畫

納克維有一個新員工叫塔比什．高哈爾（Tabish Gauhar）。他是喀拉蚩本地人，學的是電機工程，原服務於愛依斯電力公司（AES Corp.），這家美國能源公司擁有世界各地的電廠。高哈爾是很優秀的企業主管，濃髮往後梳順，總是穿著精緻剪裁的西裝。沒有打領帶，穿開領襯衫，顯示他是在喀拉蚩的酷熱下工作，而不是氣候較涼爽的華爾街或倫敦。

納克維和高哈爾都相信若能好好改善，喀拉蚩電力公司潛力無窮。納克維指派高哈爾帶領一個由十三位阿布拉吉的主管所組成的團隊，擬定改造計畫。高哈爾謹慎禮貌，不像納克維那麼傲慢，顧問都喜歡和他共事，他做事直捷了當，和公司裡的工程師、技師比較容易溝通。

二〇〇八年夏天，納克維請高哈爾到他位於法國蔚藍海岸的別墅，報告他的計畫。高哈爾謹慎地以他一貫冷靜專業的方式說明他的看法。他是從財務目標的角度討論，而不是將喀拉蚩電力公司當做攸關數百萬人生計和地理政治穩定的事業。對高哈爾和納克維而言，改造一家攸關家鄉福祉的公司是很重要的動機，但很少拿出來討論。

高哈爾說，收購喀拉蚩電力公司是很誘人的提案，因為這是獨占事業，有很多容易達到的成果。他所謂容易達到的成果是指：一萬七千名員工可以裁掉三分之一，如此就可提高獲利；可以裁掉從不露臉的幽靈員工；終結任人唯親；不繳費的顧客就斷電；拆除違法電線。解決這些問題就可以快速改善公司的財務狀況。

納克維和他召集來的主管討論是否要進行收購。過去多半都是由一小群稱為投資委員會的高階主管，決定是否要進行某項交易，但因為喀拉蚩電力公司的風險太高，納克維將決策群擴大。這是策略性做法，萬一將來出問題，可避免引發不滿或對他的指責。如果每個人都投票，每個人都有責任。這筆交易攸關阿布拉吉的成敗，因此納克維要得到全體一致同意。但會中有一個人將納克維比擬為公開審訊的法官——他其實已經決定要收購喀拉蚩電力公司，每個人都知道他期待他們投贊成票。

決定買下它！

納克維決定接下這看似不可能的任務——買下喀拉蚩電力公司，但有附帶條件。簽訂收購案之前，他要巴基斯坦政府將公司積欠國有天然氣供應商數百萬美元的債務和應付款打折。

納克維不要收購沙烏地和科威特賣家的股權，而是計畫在三年期間直接投資三．六一億美元買喀拉蚩電力公司的新股，降低沙烏地和科威特公司的持股比例。

這些條件被洩漏給巴基斯坦報紙，記者批評納克維，將他描寫成犧牲人民利益、讓自己獲利的富豪。飽受批評的巴基斯坦政府不知如何處理衰敗的經濟和基本教義派的叛亂，不希望被看成富裕金融家的囊中物，收購談判因此延宕。

二〇〇八年九月八日情況開始朝著有利納克維的方向發展。前面提到首相布托被刺殺，她的夫婿阿西夫．阿里．扎爾達里（Asif Ali Zardari）成為巴基斯坦的總統。扎爾達里領導的左翼政黨一向反對出售國有資產，但他的上台對阿布拉吉是好預兆。負責阿布拉吉在巴基斯坦業務的費魯克．阿巴斯（Farrukh Abbas）有重要的人脈關係，他的妻子和扎爾達里有親戚關係，他和這位新總統的關係也很好。

扎爾達里成為總統一週後，喀拉蚩的情勢迫使政治人物採取行動。二〇〇八年九月十五日——這一天剛好是雷曼兄弟公司（Lehman Brothers）在紐約申請破產的日子——喀拉蚩陷入一片黑暗，因為喀拉蚩電力公司的管理團隊出走，員工罷工。政治人物找上納克維，拜託他管理公司。這是很大的風險，就連巴基斯坦最強大的組織（軍方）都未能扭轉喀拉蚩電力公司的頹勢。

但納克維在二十四小時內就答應了。

一開始他一毛錢都沒有投資，而是安排他的團隊到喀拉蚩電力公司，展開臨時性的工作。他們推動大型公關活動，解釋他們的策略就是要讓喀拉蚩再度成為光明城市。但沒多久他們就被一場政治風暴吞噬。員工擔憂會被新雇主裁員，甚至還沒等到簽訂收購案，就跑去攻擊和洗劫喀拉蚩電力公司的總部，射殺資深主管，迫使高哈爾經過市區街道時都要武裝保鑣護衛，他的同事也攜槍自保。

阿布拉吉計畫裁掉數千員工，讓工會氣炸了。阿布拉吉的另一項計畫是切斷竊案頻傳地區的電力，這也惹怒了像黑幫一樣的地方政黨，因為那些地方都有選票。

在喀拉蚩有錢人專屬的信德俱樂部，謠傳阿布拉吉裡有任用親信和貪腐的問題，也有人討論阿巴斯和總統扎爾達里的家族關係。即使在最好的時候，扎爾達里也是具爭議性的人物。他曾因貪腐被定罪，美國參議院舉他為例子，認為美國銀行和這類政治人物做生意很危險。

阿布拉吉進退維谷，貪腐的傳言特別具殺傷力，因為納克維將聲譽押在恪守最高標準的企業行為（corporate conduct）上。他決定直接面對批評者，在報紙刊登一封信反駁指控。信中寫道：「協商期間，阿布拉吉沒有向巴基斯坦政府要求或獲得任何特權。」

但工會和政黨都沒有讓步。一群代表伊斯蘭大會黨（Jamaat-e-Islami）的人不請自來，出現在喀拉蚩電力公司總部，被守衛擋在外面。

面對無休止的抗議，高哈爾保持一貫的鎮定。這類騷亂會嚇跑那些不習慣這類鬥爭的外國投資人，但高哈爾在喀拉蚩出生成長，知道巴基斯坦高度訴諸情緒和聲量的政客，常會為了製造效果誇大其辭。他決心不因暴力威脅受阻，若是讓這件事影響到阿布拉吉的聲譽，就此放棄太丟臉了。

二〇〇九年五月，納克維同意完成收購喀拉蚩電力公司。

暴動、催淚瓦斯、新的投資人

現在高哈爾可以真正開始工作了，但還是看起來像不可能的任務。民眾再度因輪番停電上街。從貧民窟到商業區，成群結黨橫衝直撞，走過之處都留下破壞的痕跡。他們對電力公司太失望，跑去丟擲石塊，怒吼難聽的口號。

抗議者還焚燒輪胎，在繁忙街道設置路障。貧窮地區的騷亂最嚴重，好比以前是貧民窟的奧蘭吉鎮（Orangi），夏天酷熱難耐，民眾都熱瘋了。他們衝進喀拉蚩電力公司的辦公室，員工及時逃出。警察發射催淚瓦斯，拿警棍追打群眾，數十輛喀拉蚩電力公司的汽車被放火。

抗議者的境遇被統一民族運動黨（Muttahida Qaumi Movement）撿到槍，這個強大的政黨代表的是巴基斯坦建國時從印度搬過去的窮人。統一民族運動黨和工會有很密切的關聯，領導者指控阿布拉吉違法，也把停電的責任算在阿布拉吉頭上。

高哈爾盡力穩定情勢。他很快裝設兩座小電廠，減少酷熱夏季的停電頻率。他另外為原有的電廠增添兩個渦輪，增加的電力可多提供二十萬戶家庭使用。他簽約要蓋一座新電廠，三年內可以增加更多電力。

美國駐巴基斯坦的資深外交官安．派特森（Anne Patterson）大使對喀拉蚩的騷亂感到憂心。她的官員致電喀拉蚩電力公司的執行長奈維．伊斯梅爾（Naveed Ismail），仔細聆聽他的說明。伊斯梅爾說喀拉蚩電力公司由阿布拉吉掌控，需要數十億美元的貸款和投資，才能改善營運，減少停電，他稱停電為「卸載」（load shedding）。會談後，派特森大使發電報給國務院的同僚，表示要鼓勵阿布拉吉籌募喀拉蚩電力公司所需的資金，請他們協助。

電報中說：「停電和降載嚴重阻礙經濟生產，又因電力輸送品質太差，引發了大型示威。伊斯蘭馬巴德使館請國務院尋求杜拜領事館的協助。」

數日後在杜拜，納克維被美國領事館召見，接待他的正是總領事賈斯汀．西貝雷爾（Justin Siberell），這位外交官曾在伊拉克工作，會說阿拉伯語。納克維告知喀拉蚩電力公司被收購一事在巴基斯坦引發火爆爭議，政治人物與記者要求政府收回公司的掌控權。納克維指控巴基斯坦政府火上添油，竟提出重新國有化的要求，如此將更難吸引新的投資人進入巴基斯坦，因此幫助阿布拉吉才是真正符合巴基斯坦人和美國政府的利益。

納克維說：「這項計畫的成敗攸關巴基斯坦的未來。」

他列出兩種相反的發展結果供這位美國外交官考慮。如果收購順利，投資人會正面看待巴基斯坦未來的其他計畫。若是失敗了，投資人可能棄巴基斯坦不顧，巴基斯坦將更加退回混亂的局勢。

納克維告訴美國總領事，他會想要改造喀拉蚩電力公司是在進行創業投資，也是他第一次投資一項過度政治化的事業。他請西貝雷爾幫忙，要求美國政府施壓巴基斯坦政府，淡化重新國有化的論調，讓阿布拉吉多一點喘息的空間。

總領事對納克維和他想要改善喀拉蚩電力公司的用心開始產生好感，在發給同事的電報中特別提到納克維的樂觀，並說他很符合美國政府希望促進巴基斯坦局勢穩定的目的。這位資深外交官認為納克維在策略上是一股助力。

幾週後，在國務卿約翰・凱瑞支持的法案中，美國政治人物承諾提供巴基斯坦七十五億美元的補助。

回到喀拉蚩，抗議事件讓阿布拉吉的團隊很疲倦。阿布拉吉在巴基斯坦的主管阿巴斯每天都和喀拉蚩電力公司的執行長伊斯梅爾衝突，對於誰才是當家沒有共識。阿巴斯以為他既和總統有關係，又和納克維從喀拉蚩文法學校讀書時就很親近，地位當然更加重要。但阿巴斯許下互相矛盾的承諾，以致夾在納克維和扎爾達里之間進退兩難。總統要阿布拉吉將他們同意投資喀拉蚩電力公司的三・六一億美元存入政府的帳戶，如此有助於紓解快要將國家吞沒的外匯危機。阿巴斯向總統保證阿布拉吉會付款，但納克維拒絕，因為這筆錢是要分三年付款的。情況變得很棘手，因為阿巴斯做出納克維從未同意的承諾，導致這筆交易岌岌可危。

新執行長上任改革

納克維要求高哈爾取代伊斯梅爾擔任執行長。高哈爾同意，條件是阿巴斯也離開喀拉蚩電力公司董事會。納克維同意，二〇〇九年十一月高哈爾成為喀拉蚩電力公司的執行長。現在他得到充分的授權可以帶領公司轉虧為盈。他的目標很清楚，他必須增加發電量，收回更多電費，裁減支出，減少竊電，提升士氣。

他要改變民眾對喀拉蚩電力公司的觀感，扭轉極端不被大眾支持的窘境。倫敦、巴黎、紐約的居民覺得有電可用是理所當然的事，喀拉蚩人卻從痛苦的經驗中知道，有沒有電是攸關生死的大事。喀拉蚩電力公司永遠不會變成像可口可樂或賓士那種受歡迎的品牌，但高哈爾相信，他可以讓人民知道他如何處理問題，也一定能做出更好的成績。他在喀拉蚩各處開設辦公室，聘請客服和專業維修人員，努力在問題惡化成暴力事件之前和顧客溝通解決問題，公司總部因此愈來愈少被攻擊。

高哈爾走入社區，在稱為大會堂（kucheries）的公開聚會場所和顧客見面，告訴他們，他知道要存錢付電費很難，但如果不繳電費，他就很難提供穩定的電力。他解釋喀拉蚩電力公司補助電力給數百間學校和醫院，贊助識字課程、足球隊、種植數千棵樹。

納克維的非營利和平基金會開始提供先進的救護車隊在喀拉蚩服務，另外和喀拉蚩電力公司合作一項計畫，將喀拉蚩都市大量牛群的糞便轉變成甲烷來發電。

高哈爾發起一項終止竊電的活動，他在廣告中使用的一句口號是「他們竊電——我們付錢」。但他不只是等著竊案停止，而是實施新形式的強制辦法：讓顧客丟臉，在報紙刊登全版廣告，公布竊電或未繳電費者的姓名住址。未繳費者斷電，市區依繳費率區分成三類——優、劣、極劣。這個做法極具爭議性，衝擊最大的是最貧窮的劣區，非法竊電的線路多被黑幫掌控。多數顧客都繳費的優區會得到獎勵——供電更穩定。

高哈爾認定讓公司起死回生的最後一招可能難度也最高——精簡過度膨脹的勞力。由於員工誤以為這是終生職，任人唯親、賄賂、貪腐等問題都很猖獗。有些司機和抄表員賺得比經理還多。

高哈爾擬訂計畫要裁掉數千人，包括收受賄賂的員工，優秀可靠的員工則提供訓練和定期評量等誘因。

二〇一〇年新年夜，他提供四千五百名員工資遣條件，多數是低階職位如司機和保全。每人可領大約一千五百美元資遣費，比一年的收入還高——高哈爾給他們兩週的時間考慮。工會替勞工拒絕，於是高哈爾裁掉四千五百人，這是巴基斯坦歷史上最大宗的一次大量裁員。

巴基斯坦史上最大宗裁員潮

隨即爆發暴力衝突。

二〇一一年初一個涼爽的日子，早上十點半，喀拉蚩電力公司的人資主管阿席爾．曼哲（Asir Manzur）在總部泡茶，一個保全跑向他。

「先生，先生，外面聚集一大群人。」

曼哲為百事可樂之類跨國企業服務二十年，對接下來發生的事也一樣措手不及。外面集結了三千名憤怒的員工。

幾分鐘後，員工橫衝直撞，朝建物丟石塊，洗劫汽車，放火焚燒。保全無法制止抗議者衝進建物。

群眾蜂湧進入，挾持人質。

經理們慌亂求助，得到一些警察的回應，但他們抵達後卻只是站在外面旁觀。大約到下午一點，工會幹部開始發表演說，煽動憤怒和絕望的情緒。

抗議者高舉的一張標語牌上寫著：「不要逼我們成為自殺炸彈客。」

工會幹部拿出地毯給抗議者坐，誓言在勞工復職前絕不離開。抗議活動沸沸揚揚延續到週末，眼見沒有解決的跡象，政府決定介入。

抗議到第四天深夜，水電部長拉賈・阿什拉夫（Raja Ashraf）宣布四千五百名被裁的員工可以復職。他們隔天就回去上班。回去時迎面看到的是騷亂的焦黑遺跡，抗議時被焚毀的一輛汽車放在總部外的基座上，覆蓋在汽車上的旗子寫道：「我們永遠不會忘記。」但爭議並未結束，高哈爾把心力放在他的目標上，在兩天後的演說中表示，精簡人力非常重要。

他說：「清除害群之馬既是我們的權利，也是責任。」

經理告訴員工沒有地方安插，拒絕指派工作。員工再次上街，在喀拉蚩媒體俱樂部（Karachi Press Club）外絕食抗議。抗議者關閉兩處變電所，挾持維修車，偷竊破壞電纜。高哈爾的住家被槍擊，當時他和妻子及兩個幼兒正在家裡。

他提供更優渥的條件給員工，這次他的提議較受歡迎，有些員工同意離職。

媒體持續出現負面新聞，一篇標題為〈進喀拉蚩電力公司雞犬升天〉（Who Wants to Be a Millionaire with KESC）的報導指出，喀拉蚩電力公司聘用政治人物和退休軍官的家人，多數新聘用者隸屬統一民族運動黨。

這些報導更讓人加深一種觀感：阿布拉吉並未掃除貪腐，而是用自己的親信換掉原來的一批員工。

但同時也看到正向的改變。流失或被竊的電量大減，喀拉蚩一半地方不再每天停電，包括工業區。一千名員工因貪腐被炒魷魚。

成功轉虧為盈

二〇一二年六月喀拉蚩電力公司公布財務報告，員工數縮減到大約一萬一千人，公司十七年來第一次賺錢。

這些進步讓人大吃一驚，阿布拉吉達成很多人以為不可能的事。喀拉蚩電力公司贏得市民不情願的尊敬，政治人物開始說這家公司可以成為其他城市的楷模。穩定改善的獲利吸引新潛在買家的興趣，阿布拉吉最大的賭注有了回報。

成功轉虧為盈吸引兩位哈佛（Harvard）教授的注意，認為這是私募股權能夠同時賺錢，又促進社會正向改變的絕佳例子——完全不同於一般對私募股權公司掠奪性拆賣資產的批評。

喬許・勒納（Josh Lerner）和阿西姆・赫瓦加（Asim Khwaja）教授就喀拉蚩電力公司的交易寫了一篇讚譽有加的個案研究。這篇論文是哈佛商學院（Harvard's business school）和政府學院共同合作的結果，一開頭引用納克維典型的樂觀說詞。

「如果每個人都說『這怎麼可能辦到？』，表示裡面蘊藏龐大的機會。」

6｜阿拉伯之春助攻

街頭小販死亡的悲劇證明了納克維的論點，貧窮的問題必須解決，然後中東才可能和平，但也凸顯這有多困難。自焚事件之後不久，他完成了阿布拉吉最大筆的交易之一……

二〇〇九年六月，美國總統歐巴馬飛到埃及，目的是消弭美國和伊斯蘭世界的血腥衝突。納克維將在歐巴馬的計畫裡扮演重要的角色。

美國在中東打了七年半戰爭，投入幾十億顆子彈和幾兆美元在軍事活動上，結果數千名美國人、伊拉克人、阿富汗人喪命。歐巴馬想要嘗試不同的方式。開羅大學位在擁擠混亂的城市中心，他到那裡發表動人的演說，先以阿拉伯語打招呼「*salaam alaikum*」，意思是「和平與你同在」，贏得數千名觀眾鼓掌。

總統說：「我們這次見面是在美國與穆斯林關係緊張時。二〇〇一年發生九一一攻擊，加上這些極端分子持續暴力對待平民，使得我的國家裡有些人認為伊斯蘭國家必然是抱持敵意的，不只是對美國和西方國家，對人權也是，這一切引發更多的恐懼和不信任。」

歐巴馬說：「我來到開羅，希望為美國和穆斯林的關係尋求新的開始，以共同的利益與互相尊重為基礎，認清一個事實：美國和伊斯蘭並非無法共存，也不需要互相競爭。

西方與伊斯蘭因宗教戰爭、殖民戰爭、冷戰、伊拉克戰爭及以巴間無止盡的宿怨，已衝突數百年。美國一向站在以色列那邊，穆斯林國家支持巴勒斯坦，以巴衝突讓世界陷入分裂。

歐巴馬繼續談以巴衝突，「數十年來，兩國陷入僵局，因為兩邊人民的願望都很合理，都有痛苦的歷史，也因此很難達成妥協。」

歐巴馬找到一個解決方法，推動創業可以解決以巴與中東各地的衝突。他誓言投入美國的資金，幫助這些地區的企業家和勞工。「我們要推出新的基金，在穆斯林占大多數的國家支持科技發展，協助企業家將好的構想轉移到當地市場。」

觀眾報以熱烈掌聲，有節奏地齊喊總統的名字：「歐巴馬，歐巴馬，歐巴馬！」

歐巴馬會提出這套經濟和平計畫，背後的理論有美國外交政策與總統家族史的深刻根源。歐巴馬的母親是人類學家，曾在巴基斯坦和印尼工作，提供可負擔的小額貸款給想要改善農耕和創業的窮人，歐巴馬受到母親的影響很深。

海外私人投資公司

至於他的外交願景，則是源於美國在二次大戰後發展出來的「馬歇爾計畫」（Marshall Plan）——當時投資了數十億美元重建歐洲殘破的經濟和基礎設施。這項政策在冷戰期間再進化，一九七〇年代成立海外私人投資公司（Overseas Private Investment Corp.，簡稱 OPIC），拿政府的錢投資世界各地的公司，藉此促進繁榮與傳播美國的影響力。美國的立場是支持市場機制，反對共產主義，自然而然（甚至是必然）會將投資企業納入外交政策的一環。

開羅演說後，海外私人投資公司擬定一套計畫，將美國政府的資金導入中東的企業。目的是透過增加貿易與創造就業來遏止極端主義。

恐怖主義在那個地區造成很大的破壞。

歐巴馬演說後數日，在巴格達（Baghdad）市場，一台蔬菜車底下的一顆炸彈爆炸，炸死近七十人。暴力極端分子吸引伊拉克許多失業年輕人追隨，後來更發展成為殘暴的伊斯蘭國（Islamic State in Iraq and Syria，簡稱 ISIS）。

歐巴馬相信，創造就業可以讓那些飽受戰火摧殘的國家有一個和平的未來，資本主義是終結混亂的良方。但美國需要中東在地的專家才有辦法投資，於是在二〇〇九年十月，海外私人投資公司邀請當地活躍的投資公司來爭取管理他們的資金。

當納克維聽到這項邀請，立刻明白這是成為美國夥伴的好機會。從美國政府拿到錢的可能性對那時候的納克維特別有吸引力，因為中東富裕投資人的資金在金融危機後已乾涸。

海外私人投資公司希望把錢交給專門支持小型新創公司的私募股權業者，但這不是納克維的專業領域。為了讓自己更有機會爭取到美國的資金，納克維收購一間約旦的利雅德創投（Riyada Ventures），該公司已獲海外私人投資公司邀請參加投標。

利雅德創投的創辦人卡爾杜恩・塔巴札（Khaldoon Tabaza）是最早投資網路公司的阿拉伯人之一。這位充滿熱情的年輕商人在家鄉安曼（Amman）創立利雅德創投，這個詞在阿拉伯語的意思是「創業精神」。塔巴札預期公司賣給阿布拉吉後自己要繼續參與經營，沒想到被納克維和湯姆・斯皮奇利（Tom Speechley）冷落在一旁，這位英國律師與納克維密切合作，也是很有野心的人。

納克維和斯皮奇利研究要用什麼說法爭取到海外私人投資公司的資金。他們努力爭取美國政府官員說服海外私人投資公司給他們錢，將那套「能賺錢又可同時解決問題」的誘人論述修飾得更動聽。

歐巴馬總統創業高峰會

二〇一〇年四月，歐巴馬邀情納克維和他的老友，亞諾士的創辦人甘杜爾，連同另外二百五十名穆斯林商界領導者，參加華盛頓的總統創業高峰會（Presidential Summit on Entrepreneurship）。

納克維從杜拜飛到華盛頓，越過的幾個沙漠國家他在當地已成為舉足輕重人物。阿布拉吉持有的公司影響幾百萬名顧客、幾千名勞工、幾百位政治人物的生活。在阿聯，人們搭乘低價的阿拉伯航空（Air Arabia），送孩子到GEMS連鎖私校讀書，這些都是阿布拉吉投資標的。又如沙烏地阿拉伯人會到阿布拉吉投資的Tadawi連鎖藥房買藥、搭乘國家航空服務公司（National Air Services）的飛機。在約旦，阿布拉吉掌控飛機維修公司，在黎巴嫩則是擁有雜貨店。

當飛機飛過以色列和地中海前往華盛頓，納克維可以朝北望向土耳其，那裡的Acibadem私人連鎖醫院是阿布拉吉所有，在朝南的埃及，消費者購買雜貨和糖，農民購買肥料，病人接受檢查，接觸的公司都在阿布拉吉旗下。

阿布拉吉旗下的公司涵蓋各行各業——更東邊有印巴的能源、金融、基礎設施業者——讓納克維成為有權有勢的人。他確實很有條件自稱是可以幫助歐巴馬將美國資金交給中東企業家的不二人選。

納克維抵達華盛頓時，與其他賓客一起接受歐巴馬、國務卿希拉蕊・柯林頓、商務部長駱家輝（Gary Locke）的歡迎。

晚宴設在雷根大廈（Ronald Reagan Building），歐巴馬稱讚遠道來訪的賓客深具遠見。總統說：「我們在安全、政治、社會等方面遭遇這麼多問題，我知道有些人會好奇，為什麼要舉行創業高峰會？答案很簡單，因為綜觀歷史，在這世上要創造機會與幫助人們脫貧，最強大的力量一直是市場。」

歐巴馬說，每個人都想活得有尊嚴，要接受教育，健健康康，創業時不必賄賂。市場提供良好機會讓人可以有夢想，可以將他們在廚房桌上或車庫開始的構想變成改變世界的新事業。總統說，他投資中東的計畫即將成形，他已安排由美國政府與其他投資人出資二十億美元。

歐巴馬興奮地談到設計伊斯蘭漫畫書的科威特人奈夫・艾爾—穆塔瓦（Naif al-Mutawa），他創造的九十九個主角具體展現伊斯蘭的智慧。「在他的漫畫書裡，超人和蝙蝠俠主動幫助伊斯蘭英雄。我聽說他們也蠻有進展的。」歐巴馬的說法引發觀眾一陣笑聲。

會議室中瀰漫樂觀氣氛，總統讓人覺得互相了解與合作的新世界有實現的可能。輪到納克維說話時，美國國際開發總署（U.S. Agency for International Development）署長拉吉・沙赫（Raj Shah）介紹他是中東最具影響力的人之一。

沙赫說：「很感謝你來參加。」

成功說服歐巴馬政府投資

納克維的演說改以政治為重點。他來華盛頓爭取政府的資金，而這個政府要的是促成改變。通常他演說的對象是追求獲利的投資人，但這次他沒有自誇賺錢能力，而是強調他要如何創造就業。他沒有談美元和迪拉（dirhams，阿聯酋的貨幣單位），而是談人口成長與失業：全世界三分之一人口住在阿布拉吉投資的地區，其中半數的人年齡在二十五歲以下，未來數十年將有十億名孩童需要訓練和工作，光是要遏止已經很高的失業率更加惡化，就需要在中東和北非多增加一億個就業機會。

納克維說：「這種創造就業的速度史無前例，要實現這件事的唯一方法不能靠政府干預，透過大企業或國營企業來創造就業也行不通，只能靠創業。」

納克維說：「這些年輕人什麼都想要多一些，要更多消費產品，要更好的生活。」

納克維敘述的這個未來將由公司（而不是政府）來改變世界。納克維說，隨著區域貿易逐漸成長，西方殖民勢力在中東強制畫定的國界正在消失。阿曼的香皂製造商會在阿拉伯衛星電視頻道打廣告，從敘利亞到埃及都可以販賣產品。歐巴馬尋求政治人物和企業家的合作，納克維的目標更遠大。他說，光憑商業領導者就可以解決問題，不用政府介入。

「我們不只要對股東盡責，也要對利害關係人盡責，這是至關緊要的課題。所謂利害關係人就是我們的社會——穆斯林世界的許多人無法取得自來水、基本醫療和衛生條件。」

隨著中東的公司變得更大、更好、更有錢，納克維希望他們會貢獻更多金錢投入慈善，取代西方的補助。他說阿布拉吉是有心關懷社會的公司，他將來併購的每家公司都要每年撥出數百萬美元為社會盡一份責任。

他承認：「這樣的話出自利潤導向的私募股權公司確實有點奇怪。」

他的這套訊息完全收服觀眾，以及歐巴馬政權，高峰會後兩個月，海外私人投資公司核可投資阿布拉吉一・五億美元。美國嘗試透過推動商業終止中東衝突，納克維則是成為獲得美國充分金援的盟友。

當時海外私人投資公司的執行長伊莉莎白・利特菲爾德（Elizabeth Littlefield）說：「我們很高興和阿布拉吉資本公司合作，一起實現歐巴馬總統的承諾。」

美國政府已盡責調查（due diligence）阿布拉吉是否有任何問題，好比詐欺，雖發現一些疑點但查無實證。謠言盛傳納克維最早期的資金來源可疑，但一直沒有獲得證實。

納克維的宏大願景和充滿熱情迷倒了海外私人投資公司的主管，他成為華盛頓的常客，政府官員都覺得他熱情、親切又聰明，相信他是誠懇正直的人，有心行善。

利特菲爾德說：「巴基斯坦或阿富汗對我們的外交政策很重要但很艱難，如果要找尋夥伴在這類地區投資，看起來阿布拉吉是合理的人選。他們很積極，有餘裕可以投入，在難度很高的市場游刃有餘。在這些地區顯然是規模最大、最有名、最具野心的投資人之一。」

海外私人投資公司承諾投入美國政府五億多美元給阿布拉吉，並支付數百萬美元管理費。

納克維拿著錢開始在中東一些最貧困的地方投資。在巴勒斯坦西岸的耶利哥（Jericho），他投資一處香草農場，貧窮的農婦在那裡栽種迷迭香、百里香、羅勒、薄荷和鼠尾草。納克維對於這項約旦河旁的農業投資案極自豪，相信規模雖小，卻能在貧困的巴勒斯坦跨出經濟發展很重要的一步。

阿布拉吉的巴勒斯坦主管費耶茲．侯賽尼（Fayez Husseini）負責監督這項投資案，他說：「納克維很喜歡香草業，可以雇用很多人。納克維會說，『一個來自耶利哥的貧婦所生產的作物，將會放到杜拜富人的餐桌上。』納克維拿了很多產品給杜拜富裕的巴勒斯坦人看，展示他正在做的事。納克維常說：『我是唯一會說烏都語的巴勒斯坦人。』不僅如此，他投入巴勒斯坦事業的金額超過很多巴勒斯坦人。」

納克維也投資巴勒斯坦製作網路教育遊戲的製造商。

侯賽尼說：「我們有很棒的構想，相信一定可以促成改變。」

納克維另外創辦一個新的非營利組織，未來基金會（Mustaqbali Foundation），將他在巴勒斯坦交易的所有獲利拿去支助當地的貧窮孩童。他很小心不讓人覺得他從一群非常貧困的人們身上賺錢。對他而言，因協助改善以巴的緊張關係而獲得讚揚是極大的獎賞。

侯賽尼說：「納克維說我們不能從巴勒斯坦賺錢，對他而言，重點絕不只是賺錢。」

在世界經濟論壇的一場活動中，納克維在拉尼婭王后（Queen Rania）（巴勒斯坦人）和她的夫婿約旦國王阿卜杜拉二世（Abdullah II）面前，宣布成立他的巴勒斯坦慈善組織。當有錢有權的人在這類聚會中碰面，以巴衝突總是熱門話題，在巴勒斯坦投資讓納克維在這類對話中掌握優勢。

論壇創辦人施瓦布知道追求和平的過程充滿荊棘，他希望能扮演中間人的角色，因而在一九九四年和二〇〇一年兩度促成巴勒斯坦和以色列領導者阿拉法特（Yasser Arafat）與裴瑞茲（Shimon Peres）見面。納克維致力支持巴勒斯坦的經濟，這一點很贏得施瓦布的好感。

尋找新創家

白宮官員不只在華盛頓舉辦創業高峰會，也鼓勵參與者在自己的國家舉辦類似的活動。沒有人比納克維更認真看待這項呼籲，他宣布阿布拉吉將在二〇一〇年十一月在杜拜舉辦盛大活動，稱為創業慶典（Celebration of Entrepreneurship）。

為了推廣會議與幫助人們實現創業夢，納克維請塔巴札和阿布拉吉收購的利雅德創投的其他新員工，建立一個名為 Wamda 的網站。Wamda 在阿拉伯語的意思是「閃耀」，設立的目的是建立新創事業創辦人的網絡，展現這個地區有哪些最優秀的人才。

有了六百萬美元的預算，阿布拉吉的活動團隊在杜拜四處尋找適合場所。他們要找的是吸引年輕企業家的所謂「非會議」（anti-conference）場所，但沒有太多時間。忙亂尋找一陣後，選定五星級的朱美拉城飯店（Madinat Jumeirah）。傳統沉悶的宴會廳與他們想要創造的時髦氛圍格格不入，因此他們要將那個裝飾華麗的空間轉變成工業風的倉庫。他們用假的波狀鐵皮牆包覆飯店，創造較前衛的感覺，再掛上塗鴉板。會議的口號是「賦權，激勵，連結。」

納克維和甘杜爾密切合作敲定賓客名單，仔細搜尋塔巴札的人脈和自己的電話簿，尋找高知名度的演說者。他們邀請了二千五百人，包括未來的巴基斯坦總理伊姆蘭汗，埃及億萬富豪那古布・薩維里斯（Naguib Sawiris），美國國務院負責公共外交的副國務卿茱蒂絲・麥克海爾（Judith McHale）。

會議中阿布拉吉的商業活動陷入停頓，員工開玩笑說阿布拉吉從投資業者變成辦活動的公司。他們被要求放下日常業務，負責其他事情，包括陪伴重要來賓。

會議第一天，納克維穿著休閒的牛仔褲和海軍藍夾克現身。氣氛讓人想到加州的矽谷，迥異於記者傳遞給西方人的常見中東場景——戰爭、自殺炸彈、宗教紛爭。

會議中納克維宣布五項新投資。一是艾爾—穆塔瓦的公司泰希基爾媒體集團（Teshkeel Media Group），這位科威特人創造出九十九種伊斯蘭漫畫主角，歐巴馬曾在華盛頓稱讚過。

納克維說：「創業的目的是追求成功。」

他們提供了幾百種研討會和會談，與會者很難決定接下來該做什麼。來自埃及、突尼西亞、黎巴嫩、敘利亞、伊拉克的年輕創業家終於有觀眾要聽他們的點子和夢想，這當然就是歐巴馬夢想的狀況。但在廚房餐桌創建利雅德創投的塔巴札走在會場上卻感到心情沉重。他明白納克維將他的願景、人脈和影響力占為己有，也知道他待在阿布拉吉的日子不久了。他已不再有用，一定會被納克維拋開。這位年輕的企業家覺得自己很像不久就要離婚的婚禮新郎。

會議中的興奮氣氛激發樂觀的希望，與會者相信，這股創業熱或許會為這個獨裁者主宰的地區引進新的政治形態。艾鐸－維杜曾服務過的埃及富豪薩維里斯發表演說，他對政治現況的不滿頓時浮上檯面。薩維里斯家族和納克維也有生意往來。

贏得美國政府認可

會議中甘杜爾在一場氣氛激昂的訪談中問薩維里斯：「你認為『改變』在阿拉伯世界裡意味著什麼？」

薩維里斯答：「如果坐在這裡的每個人可以推翻現在的政府，自己來領導，這就是改變。」

觀眾驚訝得倒吸了一口氣，吹口哨，鼓掌叫好。

「哪些事真正讓你感到不滿？」甘杜爾緊張地問，想要對他的革命思想有更詳細的了解。

杜拜畢竟是由皇室獨裁政權統治。

薩維里斯說：「所有這些把國家當人質挾持的惡勢力、恐怖分子、極端分子，此外，統治這整個地區的所有獨裁者都讓我不滿，非常不滿。我的意思是，我們和全世界相較之下真的很愚蠢，任何地方都沒有任何自由的選舉。」

「國王一代傳一代，總統來來去去，結果什麼都沒有改變。所以我說如果這裡所有的年輕人走在前面帶頭，設想出這所有的好點子，我們合力推動國家向前走，從而能以俯瞰而不是仰視的角度看歐洲，這才叫改變。」

薩維里斯這可是對政治現況提出罕見的公開挑戰。納克維呼籲大家利用金錢和商業的力量，改變人們在中東的生活與工作方式，現在這位埃及富豪的回應卻是大談政治革命。

納克維在會議結束前即興發起募款，請與會者拿出二萬五千美元來建立基金，輔導新的創業者。甘杜爾也上台，和納克維一起展開募款，短短一小時即募得五十萬美元。

這場展示讓美國人印象深刻。《華盛頓郵報》刊登一篇熱情洋溢的文章報導那場會議，將納克維和甘杜爾描述成具有先知灼見的企業家，在動盪不安的地區散播希望的種子。

在華盛頓，國務院官員葛雷格．貝爾曼（Greg Behrman）將該文傳給希拉蕊．柯林頓最親近的幕僚安．瑪莉．史勞特（Anne-Marie Slaughter）看，告訴她，杜拜的這場會議可以歸功於受到美國政府的激勵。

貝爾曼寫道：「兩位主辦人表示這場會議『百分之百是創業高峰會衍生出來的』（兩人都參與了高峰會）。」又說這是美國政府展現「領導、召集、介紹、激勵地方領導者接棒承擔領導責任的『絕佳範例』。」

史勞特將電郵轉傳給柯林頓，加上她自己的看法。

「這件事呈現出很不一樣的中東——也證明我們可以用不同的方式帶領。」

納克維贏得了美國政府的認可。幾個月後，國務院的一位官員在矽谷對他讚譽有加。麥克海爾說：「我在杜拜參加由阿布拉吉資本贊助的創業會議，聽了幾場至今聽過印象最深刻的簡報。這次會議讓我深信，創業是促進這個地區蓬勃發展的強大工具。」

納克維為了強化與美國政府剛建立起來的關係，新聘用幾個重要人才。其中之一是前聯邦調查局與白宮官員普拉迪．瑞莫瑪席（Pradeep Ramamurthy），歐巴馬在開羅發表過一篇激勵人心的演說，他在草擬這篇演說的工作中發揮了小部分的影響力。

歐巴馬在加州西方學院（Occidental College）的室友瓦希德．哈米德（Wahid Hamid）也加入阿布拉吉。納克維讀喀拉蚩文法學校時認識他，哈米德原本是百事可樂的主管，生了一場重病後要找新工作。納克維極樂意聘用他，有了如此經驗豐富的主管協助，可望強化他和總統的關係。

阿拉伯之春發生了！

杜拜的創業慶典結束之後數日，阿拉伯世界各地爆發革命。引發騷亂的原因是貧窮和失業——這正是歐巴馬和納克維體認到且想要解決的問題。但他們的努力顯然太少又太遲，不足以阻止即將發生的混亂局面。

二〇一〇年十二月十七日早上，突尼西亞街頭小販穆罕默德・布瓦吉吉（Mohamed Bouazizi）推著小推車，載滿蔬果，走在家鄉西迪布濟德市（Sidi Bouzid）的路上。

布瓦吉吉借了二百美元購買農產，那天要去街上叫賣養家。但警察沒收了他的推車，還羞辱他。雙方的衝突讓布瓦吉吉很生氣，便走到省長辦公室訴願。沒人理他，就連他威脅要自焚也無效。

布瓦吉吉買了一罐汽油，站在路中央大吼：「這要我怎樣生活下去？」

他將汽油淋到自己身上，然後點燃。三週後，傷重不治。

他的死在阿拉伯網路上迅速傳開，西起摩洛哥（Morocco），東至伊拉克，引發民眾憤慨。布瓦吉吉被視為烈士。這個年輕的街頭小販激發抗議聲浪，愈演愈烈，怒火延燒成阿拉伯之春（Arab Spring）。平凡百姓都能感受同樣的挫折，怒火全導向獨裁領導者。隨著群眾聚集，突尼西亞（Tunisia）、埃及（Egypt）、葉門（Yemen）和敘利亞的獨裁政權岌岌可危。

納克維認為網路是在中東經商與創業行善的工具。但當網路落在年輕政治活躍份子手中，卻成了更強大的力量。數千抗議者湧上突尼斯（Tunis）、開羅（Cairo）、大馬士革（Damascus）街頭，共同的希望是快速終結數百年的貪腐和壓迫。

創業慶典結束後不到四個月，埃及總統胡斯尼・穆巴拉克（Hosni Mubarak）被轟下台，終結三十年的統治。

薩維里斯號召的革命開始了。阿拉伯之春將舊時代獨裁者趕下台，埋下希望種子——期待自由、經濟繁榮的社會取而代之。然而革命並未帶來和平與獲利，反而是混亂與暴力當道。

阿拉伯的大城小鎮陷入混亂，對納克維的事業構成嚴重的威脅。阿布拉吉在各地區投資數億美元，在埃及有診所、醫院、一所大學和一家超市，在突尼西亞有醫藥公司和保險公司。

街頭小販死亡的悲劇證明了納克維的論點，貧窮的問題必須解決，然後中東才可能和平，但也凸顯這有多困難。流向中東的投資中斷，但納克維的腳步沒有停止。自焚事件之後不久，他完成了阿布拉吉最大筆的交易之一，花費五億多美元買下阿聯支付處理公司國際網（Network International）的一半股權。

阿拉伯革命把西方投資人都嚇跑了，納克維抓住機會，買下他們逃離時賣掉的公司。一位法國資產管理公司便將私募股權的北非分支賣給阿布拉吉。

看來阿拉伯之春也無法減緩納克維的腳步，在逆境中愈挫愈勇成了他的特質。隨著中東的緊張情勢再次升高，納克維所傳遞的訊息「透過創業追求進步」比任何時候更吸引人。

納克維聲名遠播

二〇一一年四月二十九日，歐巴馬總統授權美國特戰部隊開黑鷹直升機進入北巴基斯坦，在亞波特巴德市（Abbottabad）的一處院落殺死賓拉登。同一天，一群美國學者和國家安全顧問在紐約大學的全球事務中心（Center for Global Affairs）開會，討論巴基斯坦的未來。

學者爭辯九一一恐攻首腦窩藏的這個國家未來的三種可能發展：激進化、分裂、改革。兩天後，總統歐巴馬宣布美軍捕殺賓拉登，美國人民手舞足蹈上街慶賀。

齊聚討論巴基斯坦未來的美國學者最後發表一篇報告。若導向最好的情況——改革——他們認為扮演核心角色的人會是納克維。學者們想像，到二〇二〇年納克維將成為新溫和政黨的領導者，帶動巴基斯坦走向現代化。他把阿布拉吉經營得這麼成功，他的名聲無懈可擊，慈善為懷，在達沃斯等地廣泛建立了全球人脈網——這種種因素使得他很有資格扮演這個角色。

學者們寫道：「他的背景、活力、點子、在教育與醫療領域的善行，讓他在整個社會迅速累積信譽。」

納克維的名聲遠播，人們對他的期望愈來愈高。他是深得美國政府信賴的中東顧問，甚至認為他未來可以當上巴基斯坦的領導者。

7 行騙天下的話術——「影響力投資」

影響力投資保證讓每個人滿意，因為兼顧了投資獲利與幫助窮人。
富人和富人一起討論著可以為窮人做什麼，
但卻沒有半個窮人參加。

終結貧窮的會議開始前，與會者先享用餐前雞尾酒。

二〇〇七年十月的這場會議為時三天，地點在賽爾貝羅尼別墅（Villa Serbelloni），這座文藝復興時期的宮殿坐落在科摩湖岸（Lake Como）的柏樹和橄欖樹間，距義大利與瑞士（Switzerland）交界數公里。

慈善家和億萬富豪的代表搭船或開車抵達貝拉焦鎮（Bellagio）的這座別墅。這美麗的湖畔宅邸屬於洛克菲勒基金會（Rockefeller Foundation）所有，基金會的創立者是世界上有史以來最有錢的人之一。二十世紀初，石油大亨約翰・洛克菲勒（John D. Rockefeller）受到美國鋼鐵鉅子安德魯・卡內基（Andrew Carnegie）的影響，決定成立基金會，拿出一部分財富行善。

資本主義帶來財富，也帶來不平等

卡內基將他對於如何賺錢和花錢的哲學濃縮在一八八九年的文章〈財富福音〉（The Gospel of Wealth）。他主張讓他致富的資本主義制度是對所有人最好的經濟制度，但有一個很讓人不安的副作用：不平等。

卡內基在他的文章中寫道：「我們這個時代的問題在於如何妥善管理財富，讓窮人與富人依舊能夠在同胞物與的情誼下和諧共存。」

卡內基對社會貧富兩極化的問題提出解方。他主張，累積財富後就應該送人，否則「死時身懷巨富是恥辱。」

卡內基和洛克菲勒致富後百年，經濟全球化將人類交織成一個貧富懸殊的社會，嚴重程度是美國最早期的石油與鋼鐵大亨想像不到的。卡內基拿工業社會與美國印地安蘇族（Sioux）做比較：族長的簡陋小屋基本上和「勇士中最貧窮者」一樣，但「富人的豪宅和勞動者的小屋」之間卻有天壤之別。卡內基寫道，住宅的兩極化反映出「隨著文明發展所產生的改變。」

二十一世紀，貧富懸殊的程度在全球有詳盡許多的量測。二〇一九年，全球二千一百五十三位富豪比四十六億人更富有，而最富有的二十二人擁有的財富比非洲所有的女性更多。美國人平均年收入六萬五千一百一十八美元，相當於五十名巴基斯坦人或一百二十九名阿富汗人的總和。

洛克菲勒基金會的管理者擔憂，光是靠慈善捐贈完全無法解決全球的貧窮問題。遵循卡內基的福音還不夠，慈善捐贈（乃至政府補助）有一個問題：錢一旦給出去就無法再使用，未來能給的也就愈來愈少。

政府可以增加稅收，然後花在醫療教育上來解決貧窮問題，但億萬富豪和他們的顧問不喜歡這種做法。他們想要控制自己的錢花在哪裡，不希望把稅金或重大決策交到民選的政治人物手上。

洛克菲勒基金會不主張政府透過增稅來終結貧窮，而是探討有什麼方法可以善用每天在金融市場流動的數兆美元。但若要用到這些錢，錢得流入能產生利潤的計畫。如果能想出如何做到這一點，就可以讓錢從資金充沛的地方（如美國最富裕城市的富裕地區）流向欠缺資金的地方（如巴基斯坦或阿富汗）。

運用投資資本（investment capital）而不是捐款或政府補助的一大好處，是必須以獲利或利息償還，也就能一次又一次再使用。從消除貧窮的角度來看，投資資本的缺點是：極端貧窮的地方條件不佳，很難獲利或生息。但洛克菲勒基金會相信可以做到。以慈善圈常使用的比喻來說，他們的目標是教人釣魚而不是給魚。

義大利那場聚會的目的是要針對實際做法達成共識。各方人馬一起探討如何運用投資資金解決社會與環境的挑戰，紛紛提出不同的詞彙來敘述他們的做法，如社會創業（social entrepreneurship）、耐心資本主義（patient capitalism）、倫理投資（ethical investment）等。

洛克菲勒基金會寄出邀請函，說明要討論他們所謂「社會投資」的市場。受邀者包括一些人脈很廣、背景雄厚的人士，包括億萬富豪蓋茲、有「金融巨鱷」之稱的喬治·索羅斯（George Soros）、傑夫·斯克爾[4]（Jeff Skoll）、普利茲克（Pritzker）家族的代表等。

主辦者相信，愈來愈多人認同行善兼賺錢的投資方式，但這裡面有一個問題。多數人認為，投資賺錢或捐錢行善之間只能二擇一，人們還未普遍接受兩者可以兼顧的觀念。

科摩湖水輕拍貝拉焦水岸，富裕的觀光客在那裡的咖啡廳啜飲卡布奇諾，貧窮會議的與會

4 傑夫·斯克爾（Jeff Skoll），加拿大富商，曾任 eBay 第一任總裁，也是知名電影製作人。出品過紀錄片《不願面對的真相》（*An Inconvenient Truth*）、《美味代價》（*Food, Inc.*）、電影《北國性騷擾》（*North Country*）、《姊妹》（*The Help*）等作品。他曾名列《富比士》加拿大最富有的人第七名，熱衷慈善事業，是世界知名的慈善家。

者則是討論著如何能真正賺錢同時行善。

學術上的挑戰不容小覷，因為他們對抗的是當代的一項經濟共識。自一九六〇年代美國經濟學家米爾頓・傅利曼（Milton Friedman）發展出股東理論後，這個觀念一直主宰西方資本主義。傅利曼說，公司存在的唯一目的就是盡可能為股東賺最多錢。

傅利曼寫道：「企業只有唯一的社會責任——運用資源投入增加獲利的活動，唯一的前提是遵守遊戲規則，也就是進行開放自由的競爭，不能騙人或詐欺。」

股東理論完全把重心放在追求最大獲利，這會產生一個問題，就是迫使投資人忽略他們認為不可能賺錢的廣大地區。

影響力投資誕生

金融界尤其認為非洲是很難賺錢的地方，除了礦業。一般的共識是：非洲應該要得到補助，而不是投資。但要解決非洲的經濟問題，目前的補助遠遠不足。非洲及其他地區的窮國要能脫貧，必須找到新方法吸引投資資本。

義大利會議結束後數日，洛克菲勒基金會一位名叫安東尼・巴格-萊文（Antony Bugg-Levine）的幹部寄信給與會者，記錄他們在湖畔別墅達成的重要決定。

他寫道：「經過我們的討論，現在我們要將那個做法稱為「影響力投資」（impact investing），「影響力」一詞隱含貝拉焦會議所凸顯的改革精神。」

伊恩·雅帝蓋洛古魯（Ion Yadigaroglu）代表加拿大富豪斯克爾參與會議，對他來說，「影響力投資」一詞代表開啟新的商業模式。

他說：「二〇〇七年十月我們選定這個詞，直接促成以此為基礎所創立的運動。」

但這場會議缺少一個重要的參與者：沒有半個窮人參加，這一直是在這類會議的一大諷刺。影響力投資在富人的基金會與他們的往來銀行中流行起來，富人和富人討論可以為窮人做什麼。

二〇〇八年的金融危機為影響力投資注入一劑強心針。股市崩盤引發人們對資本主義與傅利曼股東資本主義論的深刻批評，批評者不只是紐約祖科蒂公園（Zuccotti Park）和倫敦聖保羅大教堂（St. Paul's Cathedral）外進行占領華爾街抗議行動的學生，金融業內部也逐漸對於一味講求獲利感到不安。銀行家、交易員、投資人、監理機構做了極糟糕的決定，卻讓數百萬失去工作與家園的人承擔嚴重的後果。

這麼慘重的失敗使得一些資本主義者開始接受新觀念。二〇一〇年華爾街金融巨擘摩根大通集團（JP Morgan Chase & Co.）與洛克菲勒基金會合作，發表支持影響力投資的研究報告。

影響力投資正流行

摩根大通集團的銀行家尼克．奧多諾霍（Nick O'Donohoe）和他的團隊寫到：「當政府的資源與慈善捐款不足以解決這世界的社會問題時，影響力投資提供了新的選擇。」報告中說，過去總以為投資追求獲利和捐款做公益只能二擇一，現在投資人愈來愈排拒這樣的觀念。

影響力投資保證讓每個人滿意，相信投資獲利與幫助窮人可以兼顧。這個包容性的訊息（inclusive message）廣受歡迎，銀行家看到有一個很好的機會，可以發展有利可圖的新產品與新服務，慈善家看到的是籌募新資金的方法。

影響力投資成了巨大的傘，甚至連教會都納入其中。在羅馬（Rome）的梵蒂岡市（Vatican），樞機主教彼得．涂克森（Cardinal Peter Turkson）聽到可以向金融市場的投資人募資幫助窮人，對這個構想大感興趣。他開始討論天主教會如何跟上影響力投資的潮流。

涂克森樞機主教在梵蒂岡召開影響力投資會議，找來天主教徒、新教徒、猶太教徒、穆斯林、投資人、銀行家、牧師、修女、援助工作者一起討論。爭辯過程很精彩，與會者勇於挑戰幾百年來關於金錢與道德的各種倫理、智性、神學上的界線。

會中來自英國的猶太私募股權先驅隆納德．柯恩爵士（Sir Ronald Cohen）說：「有些人認定行善一定不利於財務表現，完全錯誤。」

他在英美等國政府擔任影響力投資顧問，生於埃及，一九五七年十一歲時赴英。一九五六年以色列、英國和法國要從埃及手中奪走蘇伊士運河的掌控權，他的猶太家庭便覺得非離開不可了。柯恩爵士在牛津大學（Oxford University）讀政治、哲學、經濟學，擔任牛津大學辯論社長。曾服務麥肯錫管理顧問公司（McKinsey），後創立安佰深集團（Apax Partners），成為歐洲最大的私募股權公司之一。

柯恩爵士有政治野心，很關心社會議題，包括如何消除貧窮和促進以巴經濟關係。他是影響力投資運動創始者，相信數十年內這會成為兆元產業。他鼓勵人們重新思考自己的金錢態度，明白影響力投資可以和慈善捐贈一樣有益社會。

柯恩爵士在梵蒂岡會議中表示，慈善的概念源自贈與金錢，因此，透過聰明投資行善兼賺錢似乎迴異於傳統的慈善觀念，但事實未必如此。

樞機主教涂克森仔細凝聽他的說法，發現對這位數百萬美元的私募股權投資人所說的話大部分都能認同。涂克森認為影響力投資融合慈善與創投，可以改變教會募款與花錢的方式。

涂克森說：「我們原本仰賴捐贈的觀念需要典範轉移（paradigm shift），傳統的慈善觀念有重新思考的必要。」

成為富人與窮人之間的橋樑

對納克維而言，影響力投資的興起是擴展自身影響力的另一個機會。他具有併購喀拉蚩電力公司的經驗，對巴基斯坦、埃及這類貧窮人口眾多的國家較了解，讓他擁有多數西方慈善家欠缺的獨特資歷。

納克維和銀行家、富人談話很輕鬆，他們和他相處也很自在，因為他深諳金錢世界的語言。他是個特別的人——來自貧窮國家，但擁有的教育程度和財富又足以成為西方商業菁英階層的一份子。

賈桂琳．諾佛葛拉茲（Jacqueline Novogratz）是納克維早期的支持者，引導他走入影響力投資的世界。她與銀行和基金會都有很好的關係。她的事業從一九八〇年代華爾街的銀行起家，之後轉換跑道到世界銀行和聯合國，為非洲的窮人尋找創業資金。她曾服務於洛克菲勒基金會，也參加梵蒂岡的影響力投資會議。

有一次諾佛葛拉茲去盧安達，看到一個貧窮的男孩穿著她多年前在美國捐給慈善機構的藍色毛衣，受到感動，決心致力消除貧窮，而不只是為自己或客戶增加財富。那件毛衣上面還有她的名字標籤。這件事讓她很受震撼，深深覺得這世界上每個人都是互相關聯的。既然有了領悟，她一定要採取行動。

二〇〇一年洛克菲勒基金會提供資金讓諾佛葛拉茲創立敏銳公司（Acumen），她稱之為「窮人的創投基金」。她投資新興市場的事業，把重點放在他們的社會影響力而不是財務報酬。敏銳公司的投資包括衣索匹亞的養雞場，哥倫比亞的可可農場，印度的醫療保健診所等。

納克維和諾佛葛拉茲發現彼此志同道合，她和納克維一樣擅長透過演說激勵觀眾，她的丈夫克里斯．安德森（Chris Anderson）也是這方面的專家。安德森是TED的主管，這個組織專門傳播鼓舞人心的演說。

納克維從他們身上學會以新的方式談投資——強調可以在新興市場消除貧窮。這種語言不只帶有理性，更充滿感情，納克維覺得很受用。

二〇〇九年十一月他在紐約魯賓博物館（Rubin Museum）的敏銳公司年會演說，呼籲金融界推動「同理進化」（empathetic evolution），這場演說證明他學得很快。銀行與私募股權圈常被批評為了獲利無所不用其極，很少使用「同理心」這個詞。對納克維而言，金融業談同理心就是追求以創新方式幫助窮人。諾佛葛拉茲很欣賞這個觀念。

納克維善用影響力投資那種富情感的語言，很有助於開拓新的資金來源。最大的獎賞是取得西方很特別的一群政府組織所管理的錢，所謂的「開發融資機構」（development finance institutions）。

這類組織要聽到的是投資之後可以如何改善生活和幫助民眾，而不只是賺錢（美國的海外私人投資公司就是一個例子）。納克維要成為他們的最佳夥伴，但他們很多人對他懷有戒心。有些人是被謠言嚇到——聽說他早期的交易資金來源可疑。難道是巴基斯坦的政客提供的嗎？謠言一直沒有停歇。納克維從這類組織成功籌得資金的唯一明顯例子就是海外私人投資公司。

爭取海外私人投資公司投資

最古老最有聲望的開發融資機構是英國政府的ＣＤＣ集團，只要是他們領頭的，別人就會遵循。ＣＤＣ的全名是殖民發展公司（Colonial Development Corp.），一九四八年由克萊門特・艾德禮（Clement Attlee）帶領的工黨政府創立，目標是在開發中國家創造就業與繁榮，在不虧損的前提下行善。ＣＤＣ廣泛管理各種事業，包括馬來西亞（Malaysia）的橡膠農場、肯亞（Kenya）的茶葉農場、波札那[5]（Botswana）的牧牛場、尚比亞[6]（Zambia）的水泥工廠等。英國殖民地獨立後，ＣＤＣ有了新名稱——大英國協開發公司（Commonwealth Development Corp.）。二十一世紀，ＣＤＣ持續原來的目標，在新興市場投資私募股權基金。歷任領導者不乏過去薪資優渥的銀行家和私募股權主管，他們希望退休前能夠從事真正有意義的工作。

多年來納克維一直想方設法要扭轉ＣＤＣ不願投資阿布拉吉的狀況，諾佛葛拉茲和其他影響力投資人也在幫他修飾他的訊息，但這樣還不夠。

二〇一一年他在杜拜的交易圈發現一個意想不到的機會可以爭取CDC的認同。謝基爾·麥拉利（Shakir Merali）在杜拜的一間飯店參加非洲投資會議。麥拉利是出生於肯亞的創投業者，專門投資非洲，當時他在講台上與來自烏干達（Uganda）的一個政治人物辯論，突然意識到他有一個問題。一個經驗老到的會議演講者不該犯了菜鳥級錯誤——他忘了在討論開始前先去上廁所。

麥拉利假裝有通緊急電話，盡可能保持尊嚴地起身離開講台，跑去最近的廁所。他拋下那個烏干達政治人物，走到飯店陽台抽根煙。但忘了帶打火機，便走向在旁邊抽菸的一個人借，兩人攀談起來，這番談話改變了阿布拉吉的命運。

麥拉利服務於倫敦的私募股權公司歐瑞斯資本（Aureos Capital），CDC是他們的重要投資人。麥拉利想要賣掉歐瑞斯在東非的幾家公司，新認識的煙友說他可以幫忙。尤瑟夫·巴濟安（Yousef Bazian）自我介紹說他在杜拜的資誠聯合會計師事務所（Pricewaterhouse-Coopers）帶領一個企業金融團隊，專門為公司提供併購諮商，他可能認識一個人有意購買麥拉利的公

---

5 波札那，非洲內陸國之一，畜牧業是農民主要收入來源，一半以上的家庭擁有牛。

6 尚比亞，非洲內陸國之一。

司。兩人捻熄香煙，交換電話號碼，回到會議中。

巴濟安說：「我再打給你。」

幾個月後麥拉利去參加杜拜某高爾夫俱樂部的慈善活動，電話突然響起。巴濟安說：「我有個人要介紹給你，你必須來見個面。」他給他阿布拉吉的辦公室地址。

麥拉利到杜拜的金融區和斯皮奇利見面。他表示要把歐瑞斯在東非的公司賣給阿布拉吉。斯皮奇利認為很可行，阿布拉吉沒有投資衣索匹亞（Ethiopia）、肯亞、坦尚尼亞（Tanzania）的經驗，買下歐瑞斯的公司可以在那個地區保有一席之地。斯皮奇利同意派阿布拉吉的主管去查看那幾家公司。

斯皮奇利將討論情形告訴納克維，納克維提出更大膽的構想，何不把整間歐瑞斯都買下來，而不只是他們的幾間公司？

買下歐瑞斯資本

歐瑞斯是ＣＤＣ與挪威政府的類似機構於二〇〇一年創立的，受命透過投資亞非拉丁美洲的小企業消除貧窮。公司在塞夫．維蒂維特皮萊（Sev Vettivetpillai）的領導下快速成長，維蒂維特皮萊矮胖開朗，同事總說他很像笑彌勒。維蒂維特皮萊生於斯里蘭卡，十一歲到英國讀菁英寄宿學校，之後到倫敦極負盛名的帝國學院（Imperial College）深造。

維蒂維特皮萊一九九六年在CDC展開投資事業，先在斯里蘭卡（Sri Lanka）工作，之後移到倫敦。他的個性親切隨和，很愛玩鬧，有時會惹上麻煩，但也因此很受同事和投資人歡迎。他不是永遠中規中矩的人，下班時辦公室空無一人，他會在位子上抽菸，面對嚴謹的同事抗議時會咯咯笑，但開朗的表面底下有強大的衝勁。他出身中產階級家庭，娶了斯里蘭卡有錢人家出身的梅娜卡（Menaka），岳父是大商人，曾任島國首都可倫坡（Colombo）的市長。維蒂維特皮萊和納克維一樣，強烈地想要成為巨富。

歐瑞斯雇用員工一百五十人，二十九間辦公室分散各地，從巴布亞紐幾內亞（Papua New Guinea）到祕魯（Peru）都有。公司在維蒂維特皮萊的領導下建立很好的成績，投資數億美元在各種事業上，雇用員工數萬人。投資項目包括銀行、養雞場、啤酒廠、家具廠、保險公司、乳品廠等，從辛巴威到南非、瓜地馬拉、印度、烏干達都有。

歐瑞斯另外管理一檔小型的醫療保健基金，那是第一檔為達成雙重目標而投資非洲醫院和診所的基金：一是追求獲利，一是顯著提升最底層民眾的福祉。蓋茲基金會和世銀國際金融公司都有投資這檔基金。

歐瑞斯的成功讓維蒂維特皮萊引起拉傑．拉賈拉特南（Raj Rajaratnam）的注意，這位斯里蘭卡人因經營紐約大帆避險基金（Galleon Group hedge fund）而致富。維蒂維特皮萊看到拉賈拉特南的生活方式，也想要效尤。同事注意到他逐漸改變，愈來愈執迷於追求個人的財富。

維蒂維特皮萊要賺大錢就得擁有自己的公司，二〇〇八年有一個機會可以買下歐瑞斯，但他和同事必須找到資金買下CDC和挪威政府的股權。維蒂維特皮萊的一個同事說，維蒂維特皮萊得到拉賈拉特南的金援，二〇〇八年完成交易。拉賈拉特南也投資歐瑞斯的一檔基金。

不到一年，拉賈拉特南被美國聯邦調查局的探員逮捕，上手銬的照片出現在世界各地的報紙。後來因證券詐欺被判十一年。

維蒂維特皮萊買下歐瑞斯三年後，情況並未完全如計畫發展。歐瑞斯籌募新資金並不容易，因為全球金融危機後，投資人已從新興市場撤出，辦公室分散全球各地的營運成本很高。

維蒂維特皮萊開始和納克維洽談出售歐瑞斯的事。維蒂維特皮萊需要投資人同意才能和納克維交易，於是他在二〇一一年前往華盛頓的世銀，那是他的主要金主之一。他解釋阿布拉吉是很有實力的公司，可以幫助歐瑞斯。

雖然對阿布拉吉有疑慮，世銀還是勉強同意這樁收購案。多年來世銀一直拒絕納克維的投資要求，因為對他最早期的資金來源有疑慮。

成為真正的全球企業

這項交易對阿布拉吉也很有意義，因為買下歐瑞斯可以讓阿布拉吉從中東的公司變成真正的全球企業。若要成功投資全世界，雇用的人員一定要能了解在不同地區做生意的眉角。歐瑞斯的員工知道如何和自信又愛說話的奈及利亞人打交道，也同樣能應付含蓄世故的衣索匹亞人。他們了解紐約最聰明的投資人，也同樣清楚布吉納法索的首都瓦加杜古（Ouagadougou）最愚蠢的投資人。

很重要的一點是，歐瑞斯讓納克維可以取得鍍金的投資人名單，包括CDC，以及挪威、德國、法國、荷蘭（Netherlands）、瑞典（Sweden）等國類似的政府基金，以及蓋茲基金會和世銀。

阿布拉吉迫切需要新的資金來源，因為納克維的傳統投資人已不願意再支持他。中東的一些投資人愈來愈不信任納克維，其他人則是受全球金融危機影響，已沒有錢可以投入他的基金。阿布拉吉嘗試為第四檔私募股權基金籌募四十億美元，結果不如預期，花了好幾年才籌得十六億美元。

二〇一一年夏天維蒂維特皮萊和他的同事在泰國海邊度假村慶祝歐瑞斯成立十週年，討論與阿布拉吉合併的可能。維蒂維特皮萊安排與阿布拉吉的主管視訊會議，包括斯皮奇利和艾鐸－維杜，他們正在納克維靠近牛津的鄉村別墅聚會。雙方相談甚歡，納克維邀請維蒂維特皮萊和同事到杜拜繼續協商。

納克維的野心讓維蒂維特皮萊印象深刻，且德意志銀行是阿布拉吉的股東，讓他對公司的專業感到放心。維蒂維特皮萊心想，他和納克維聯手可以創造出強大的投資事業。

維蒂維特皮萊派更多員工到阿布拉吉的總部看看，他的團隊看了多半很喜歡，對納克維厲害的行銷力與個人魅力印象深刻。

二〇一二年二月，納克維同意買下歐瑞斯，這項極重要的交易為他增添了十三億美元的資產。依照協議，維蒂維特皮萊取得數百萬美元的現金加上阿布拉吉的股權。這項收購案讓阿布拉吉變成一站購足的選擇，足以滿足想要透過一家公司投資全世界的開發金融機構。對納克維而言這是足以改變大局的重要行動。

但是兩家公司之間很快浮現緊張關係。納克維喜歡提醒員工，他期待員工百分之百忠誠。反之，歐瑞斯的管理比較講求合作。又因歐瑞斯有政府底子，員工學會像公家機構一樣謹慎行事，與競爭激烈的私募股權公司截然不同。

為慶祝合併，納克維在阿聯酋山莊的自家豪宅舉辦派對，請外燴業者在正式的花園舉辦宴席。所有的員工都受邀發表對新合作夥伴的感覺，一位歐瑞斯員工私下開玩笑說，他感覺好像被正式吸收進一個教派。

多數歐瑞斯員工都把合併案說得很美好，但最早與阿布拉吉接觸的員工麥拉利（Shakir）在納克維的花園拿起麥克風，利用以前當過業餘脫口秀喜劇表演者的經驗，開玩笑談兩家公司南轅北轍的文化。

麥拉利說：「合併案真的讓我們很緊張，在歐瑞斯我們做事情一向會先取得共識。阿布拉吉也是這樣嗎？他們的做法是，納克維早上醒來照鏡子時問自己：『今天我要這樣做嗎？如果鏡中人回答是的，我就會那樣做。』」

阿布拉吉的員工驚呆了，他們從來不敢嘲笑納克維。

歐美國家紛紛上鉤

併購歐瑞斯為納克維開啟通往西方政府金庫的大門。正如他希望的，歐洲各國及其他地方的開發金融機構現在都很有興趣和他做生意。

倫敦CDC的主管知道，阿布拉吉和歐瑞斯合併造成某種文化衝擊，但認為維蒂維特皮萊是自己人，相信他有足夠的能力可以讓納克維不致於太過分，以他們期待的紀律管好他們的錢。CDC同意開始投資阿布拉吉的基金，其他的開發金融機構隨後跟進。

收購歐瑞斯之後幾年內，阿布拉吉募得新的資金，在南非、迦納（Ghana）、奈及利亞、越南（Vietnam）、印尼、土耳其、哥倫比亞（Colombia）、祕魯、墨西哥等地收購公司。阿布拉吉從英美法德瑞士瑞典荷蘭的開發金融機構取得數億美元（那都是納稅人的錢）。海外私人投資公司同意借二・五億美元給喀拉蚩電力公司。美國國際開發總署（U.S. Agency for International Development）承諾投入二千四百萬美元到阿布拉吉在巴基斯坦的基金。有了這些政府機構的投資，對阿布拉吉是很重要的認可標記，同時也強化了納克維和西方各國政治人物的關係。

更多有權勢的人開始相信納克維。如果連西方政府都放心把錢交給他，其他人有什麼理由懷疑他？收購歐瑞斯不過幾個月後，聯合國祕書長潘基文（Ban Ki-moon）指派納克維擔任聯合國全球盟約（UN Global Compact）理事，那是潘基文的顧問團，由一群企業領導者組成。聯合國全球盟約的副主席是馬克・穆迪－斯圖爾特爵士（Sir Mark Moody-Stuart），石油公司荷蘭皇家殼牌（Royal Dutch Shell）的前董事長。納克維對新興市場的專精與慈善方面的努力讓爵士印象深刻。

二〇一二年九月納克維讓自己的身分抬高了幾階，因為他花了五十多萬美元贊助柯林頓全球倡議（Clinton Global Initiative）會議，與聯合國大會同時間在紐約舉行。納克維在小組會中暢談他如何賺錢兼行善，由《時代》雜誌（*Times*）的編輯主任理查・史坦格（Richard Stengel）主持會談。幾天後，柯林頓回報他的好意，也在阿布拉吉的會議中對納克維的投資人演講。

納克維知道自己的影響力愈來愈大，很是陶醉。他對倫敦政經學院的學生演講時透露出他的心聲，誇口錢改變了人們對待他的方式。他說大約三十年前他進入該校時，曾因在公共休息室抽菸被罵。後來回去捐一大筆錢給學校，他特意問一位學者可否在用餐時抽菸。

對方回答：「當然可以。」

納克維在公司內外都很喜歡談他對影響力投資的熱情，言談重點愈來愈從賺錢轉向行善。他說：「我的夢想是在阿布拉吉資本及我們旗下所有公司的員工中，散播為人付出的文化。」

他的慈善付出也愈來愈引人注目：他花了數百萬美元提供獎學金讓巴基斯坦人讀亞特蘭大學院（Atlantic College），該校隸屬連鎖私校聯合世界書院（United World Colleges），致力推動多元文化價值。另外他還資助開羅美國大學（American University）的私募股權教授職位。

納克維宣稱他所帶領的崇高任務幫助他吸引更多名人加入他的公司。例如新興市場私募股權協會（Emerging Markets Private Equity Association）是華盛頓很有影響力的遊說團體，執行長莎拉・亞歷山大（Sarah Alexander）便加入阿布拉吉，協助公司在美國提升影響力。她相信納克維行善兼賺錢的願景，加上本身在私募股權界很有名，對提升納克維的信譽很有幫助。她的人脈極廣，其中之一是她那服務於海外私人投資公司的丈夫。

獲頒挪威商業促進和平基金會獎

阿布拉吉現在自稱是世界最大的新興市場私募股權公司。公司的規模日益擴大，加上納克維高調行善，開始為他贏得許多喝彩。二〇一三年五月，他飛到挪威接受商業促進和平基金會獎（Business for Peace Award），頒獎典禮在奧斯陸市政廳舉行，與諾貝爾獎同地方，評審都是諾貝爾和平獎與經濟學獎得主。主持人介紹納克維時充滿溢美之詞。

一位年輕女性稱讚他：「你徹底改變這世界。納克維致力推動企業透明化、承擔責任與永續發展，與這個世界上多數企業投入龐大資源所追求的目標恰恰相反。」

對他的挪威主辦人而言，納克維是影響力投資的完美典範，遠遠勝過傅利曼追求最大獲利的股東價值論。

主持人說：「納克維說利害相關者的價值必須等同或超越股東價值，這是很了不起的觀念，但並不是主流觀念，企業界通常認為，依照定義股東的利益就應該高於一切。」

納克維站在講台上，被巨大獎牌的重量壓得有些辛苦。挪威電視台主持人埃納爾・倫德（Einar Lunde）以高高在上的語氣問他獲得大獎將如何影響他的行為，納克維做出一貫的機智回應：「我一樣去上班，明天做的事和今天完全一樣。」

接著各方讚譽不斷，每一次獲得新的公開認可，納克維個人品牌的價值便水漲船高。他顯然正處於因為被肯定而更具影響力、因為具影響力而更被肯定的良性循環。

二〇一四年十一月納克維飛到紐約參加盛大的頒獎餐會。當晚的主人是一個稱為全力（Endeavor）的組織，主席是埃德加．布朗夫曼（Edgar Bronfman），富豪媒體大亨，曾任華納音樂集團執行長。

全力的創辦人是琳達．羅騰柏格（Linda Rottenberg），哈佛畢業的社會運動者，極富個人魅力，在開發中國家致力推動商業，有時被稱為「企業家的訓練師」（entrepreneur whisperer），她的目標是為新興市場的年輕企業家尋找資金和指導者，增進成功的機會。納克維讓全力這個組織免費使用阿布拉吉辦公室，幫助他們在中東、亞洲和非洲擴展業務。他不但贊助全力的活動，指派阿布拉吉員工擔任指導者，還投資全力的一檔基金超過一百萬美元。

納克維擔任全力的董事，因而有機會認識布朗夫曼和領英（LinkedIn）的創辦人富豪里德．霍夫曼（Reid Hoffman）。納克維談話時，兩位美國富豪會聆聽，因為他來自他們很想要了解的開發中國家之一。

頒獎典禮在曼哈頓古老的包厘街儲蓄銀行（Bowery Savings Bank）閃閃發亮的吊燈下舉行。布朗夫曼穿著燕尾服，從頭到腳散發加拿大最富裕家族之一的後代氣質，向數百名紐約重要社會人士介紹納克維是很有遠見的人。這樣的場景洛克菲勒和卡內基必然不會陌生。

「偉大慈善家的風範」

布朗夫曼說：「納克維很有成就，而且還知道有成就的人要多做善事，現在愈來愈少這樣的人。納克維很有舊時代偉大慈善家的風範，體認巨大的財富伴隨沉重的責任。」

布朗夫曼告訴觀眾納克維如何建立阿布拉吉與和平基金會，稱讚他「驚人」的慷慨。納克維在如雷掌聲中走上台。布朗夫曼像摯友一樣擁抱他，特別合照一張相片。接著看起來十分自在的納克維拿起麥克風，輕鬆愉快地謝謝布朗夫曼的美言介紹。

「如果我事先知道他會說那些話，我就不會來了。」然後他的態度變得鄭重起來。

納克維說：「我們活在一個愈來愈不平等的世界，因此，我們這些條件優渥的人真的肩負重任。我們必須做一個負責任的全球公民，化為具體的行為，這是責任，不是選項。」

「我們公司提供將近一億美元投入這個地區的公益活動，員工投入大約一萬至一萬二千小時的時間來指導新手，參與社會活動。」

納克維談到付出的重要時讓人想起馬丁．路德．金恩博士（Martin Luther King）。

「我確實有一個夢，我的夢想是不只是我們努力做這些事，這個城市和這個世界的私募股權界的巨擘也能開始投入。那樣我們就能真正發揮影響力。」

觀眾熱烈鼓掌。納克維的投資也許不是世界上規模最大的，但他的訊息和表現出來的典範形象非同小可。

納克維最後說：「如果你以為你的力量太小，不足以發揮影響力，試著和蚊子一起上床就知道了。」

他走下台，甘杜爾和其他朋友都迎上來打招呼。他們一起喝雞尾酒和香檳，布朗夫曼的名媛女兒漢娜（Hannah）擔任ＤＪ，全場慶祝到深夜。

布朗夫曼告訴賓客：「我想現在你們已經看到，今晚我們表揚的是多麼特別而慷慨的一個人，一個溫和的紳士，充滿愛心、關懷與同情心。」

8 狂妄自大、善於操縱的人格

在公司外，納克維的能言善道蒙蔽了投資人和政治人物，聯合國、世銀、蓋茲基金會、英美法政府都和納克維合作，將數十億美元以及重要的政策決定交到一個愈來愈失控的人手中。

在杜拜首都俱樂部（Capital Club）的頂樓酒吧，納克維在一群阿布拉吉的員工中間，笑著叫喚一個年輕的印度分析師，後者順從地走過去。

納克維對他大喊：「脫掉襯衫，脫掉襯衫！」

酒吧距離阿布拉吉位於杜拜國際金融中心的總部不遠，環繞他們的是燈光明燦的高樓大廈，壯觀的城市夜景。在阿布拉吉工作讓人有機會參與杜拜最精彩的生活。在那個溫暖舒適的夜晚大家飲酒狂歡，納克維卻這樣霸凌他的員工，以病態的方式測試員工的忠誠。

那個員工身材瘦削，非常容易害羞，不知是不願意或不敢直視納克維的眼睛。他的謙和被納克維誤解為懦弱，而當納克維看到一個人表現出懦弱，就會去羞辱他或占他的便宜。那員工脫掉襯衫，當著納克維和其他男女同事面前只穿內衣，引起一陣嘲笑。在多數公司，這是很嚴重的行為失當，但沒有人會去制止當權的人。

納克維說：「脫掉你的背心。」

那人一樣配合，露出瘦削的上半身。

納克維將他的內衣、襯衫、領帶全部丟過陽台，飄飛到金融中心外的地上。納克維覺得很好玩，完全沒有一絲同理心，雖然那正是他大力主張的珍貴特質。

那個員工半裸著走過金融中心，經過瞪大眼睛的守衛和納克維花錢買的藝術裝飾，去取回他的衣服，但沒有找到領帶。沒多久他便回到酒吧表示沒有生氣後離開。不久他就辭職了。

像這種類似校園霸凌的濫用職權事件常發生。納克維曾在餐廳將一杯水倒在公司的律師頭上，那個律師其實有在健身，若是打起架來一定可以把納克維打垮，但納克維的權勢來自地位和人脈，報復他太危險，因此律師沒有做出反應。

宛如虛設的規範

納克維一天到晚把行為典範掛在嘴邊，但這是謊言，只不過他認識的富豪、記者、學者都未能看穿。因為他雖然言行不一，確實撒了幾百萬美元高調行善，讓人相信他言行一致。他聲稱阿布拉吉是指引新興市場企業的明燈，為了扮演好這個角色，他幫忙宣揚珍珠倡議（Pearl Initiative），那是由聯合國支持的一項計畫，旨在改善中東的公司治理。依照納克維的策略，一定要讓人相信阿布拉吉是獨特的世界級公司，一家公司若被阿布拉吉收購，價值就能提高數百萬美元，讓人能將之與企業經營的最高標準畫上等號。卓越企業的觀念深植員工心中，他們要隨身帶著筆記本，時時提醒自己維持符合道德的行為。

納克維建立新的制度，監測他投資的新公司是否符合治理標準，另外他還加入「聯合國負責投資原則」（United Nations Principles for Responsible Investment）之類的評量，為阿布拉吉贏得很高的評分。

納克維指派董事和顧問負責監督阿布拉吉的公司治理，包括哈佛的勒納，巴基斯坦前首相肖卡特・阿齊茲（Shaukat Aziz），瑞士富豪湯瑪斯・史密丹尼（Thomas Schmidheiny），英國安全專家約翰・奇普曼（John Chipman），世界經濟論壇創辦人施瓦布的顧問西恩・克里利（Sean Cleary）。

納克維付費請董事一年開會四次，他們的責任包括核可納克維的薪資，但對公司的財務或內部運作沒什麼了解，該問的問題也問得不夠多。董事們的作用就像聖誕樹的華麗裝飾一樣，主要是讓外界眼睛一亮。他們的存在就能釋出一個訊息：阿布拉吉有很好的人脈，當然也管理得很好。

但不論有多少讓人眼睛一亮的顧問、精美的宣傳手冊或公司治理規定，真相瞞不過每天在阿布拉吉工作的人。在他們看來，阿布拉吉不是公司而是一個教派，納克維是他們的神。

性格跋扈難捉摸

納克維會表現出讓人困惑的花招和捉摸不定的心理特質，對追隨著產生很大的影響。他有慷慨吸引人的一面，同時卻又會表現富攻擊性、羞辱人、神祕兮兮、情緒勒索。言聽計從的員工會獲得升遷和紅利，但任何人若膽敢質疑他，便會引發一陣暴怒。他曾威脅要將一名女員工從高樓丟下去，另有一次搭私人飛機，從巴黎起飛後對一名女服務生發怒，只因為提供的食物太法式——這項爭議讓阿布拉吉的多名祕書很苦惱。

一位祕書寫信給同事：「納克維讓我厭煩透了，他因為飛機上的食物太法式或其他事情就會發脾氣，拜託，你最後一刻才決定離開巴黎的耶！他真的很幼稚，我在擬一封電郵給他，要叫他閉上鳥嘴。」

同事回信：「我的天……好同事，先深呼吸，別太躁進……如果對他而言，這世界上唯一的問題是食物太法式，那表示他的問題很嚴重。到底是什麼鬼?!」

祕書寫道：「我沒那麼笨！我不會真的把信寄出去，只是要讓自己心情好一點而已。」

「這樣才乖，如果能讓妳心情好一點，儘管寄給我，假裝我是納克維。」

「笑死了，我們可以玩角色扮演嗎？讓我盡情咒罵個痛快！」

有天早上，一個資淺員工因週末工作太累上班遲到，剛巧在電梯碰到納克維。納克維很生氣他竟然沒有在座位上，為了教訓他，威脅讓他站在辦公室正中央的椅子上飽受羞辱。

納克維的性格跋扈難捉摸，使得阿布拉吉成為充滿矛盾的工作場所。他常說多麼熱愛民主，但員工體驗到的是獨裁管理。他很強調阿布拉吉是透明的工作環境，甚至設立吹哨者熱線。但員工開玩笑說，若有任何人真的打去檢舉不法，接電話的會是納克維的連襟西迪克，然後立刻向納克維報告。沒有人的位階比納克維更高。他同時具備個人魅力、讓人恐懼、鼓舞人心、忌妒、善操縱等不同特質。

崇拜他的員工會傾聽他大談他們在全球經濟中的偉大目的，一聽幾小時。十幾位員工形容納克維有自戀型人格障礙（narcissistic personality disorder）。有些認為納克維表現出黑暗三角人格（dark triad）——融合自戀、心理病態和馬基維里主義[7]（Machiavellianism）。

他會霸凌員工，打垮他們的自信，然後又為了建立他們的信心加以稱讚，接著再重新羞辱打擊他們。有位軍官因戰場上的英勇表現獲頒獎章，應徵工作時深受納克維激勵和吸引，決定加入阿布拉吉，就近在他底下工作。這位前軍官興奮展開新旅程，沒想到在杜拜上班第一天，納克維的表現就怪怪的，就像完全不同的另一個人。納克維對他視而不見，好幾星期都不跟他說話，讓這位新員工大惑不解，不知何去何從。納克維最後終於和他說話時，卻是羞辱他。

這位前軍官準備一篇介紹阿布拉吉的簡報，談到「夥伴資本」，納克維在公開場合很喜歡使用這個詞彙來描述私募股權。沒想到這番簡報被納克維批評得一文不值。他說夥伴資本只是他說給公司外面的人聽的話術，不應該當真。這位前軍官聽了大驚。心口不一在軍中會出人命的，但在阿布拉吉根本是司空見慣。

納克維對這位前軍人造成極大的心理壓力，讓他覺得在阿布拉吉工作的創傷比被射殺或被炸彈炸到還慘。軍人在戰場上要能活命，仰賴的是同袍的同仇敵愾，以及信任的領導者給予清

7馬基維里主義，具有剝削操縱和奴役他人，冷酷無情、不信任、欺騙的心理特徵，根據十六世紀作家尼可洛·馬基維利取名，其著作有《君王論》。

楚的指令。在阿布拉吉每個人都得靠自己，背後捅你一刀是常有的事，根本不可能信任任何人，員工的主要目標似乎就是取悅納克維和爭取分紅。

被納克維搞到精神不穩定的不只是這位前軍人。有一年納克維在數百名員工面前，出乎意料地擢升一群資淺員工，被跳過的中階管理者只能生悶氣。更讓人驚訝的是納克維宣布給祕書特別分紅。

一位前員工說：「納克維就像國王一樣，分一點好處給乞討的農民，好比在所有人面前拔擢不在升遷名單上的人，或讓他們跳級升遷。」

這種詭譎難料的心理遊戲有其目的，可以強化納克維的掌控。納克維聘請美國商業顧問弗利普．弗利彭（Flip Flippen）對主管進行行為測試，據此對資深團隊進行深入的個別分析。納克維自己從不接受測試。

一位前同事說：「納克維會掌控別人的弱點，可能是財務、性或自尊方面的弱點。」

自卑造成自大人格

他對員工很惡劣，對象從資深主管延伸到家僕。納克維在英國雇用英國管家，名叫泰瑞（Terry）。阿布拉吉一位主管到納克維位於南肯辛頓的住家時，曾見到納克維和泰瑞的互動。

那位主管當時坐在成排書架的客廳，旁邊的納克維大叫：「泰瑞！泰瑞！」穿黑西裝和條紋褲的泰瑞走進來。

「端一杯卡布奇諾來。」

「好的，納克維先生。」

泰瑞端著咖啡回來，納克維凝視阿布拉吉的白人主管，解釋這件事的意義：泰瑞是為納克維工作的白人。泰瑞站在旁邊等待下一個指令，沒有回應納克維對兩人關係的敘述。

泰瑞離開客廳時，納克維說他可以叫泰瑞做任何事，儘管他的膚色是棕色的。他說雇用泰瑞真的很有意義，因為他在喀拉蚩成長，從小到大誰也不會夢想有一天能雇用白人當僕人。

那位白人主管聽了如坐針氈。納克維一生中必然多次受過種族歧視之害，但並不表示他就可以這樣談論泰瑞。那位主管的想法剛好相反，他認為納克維自己既飽受種族偏見所害──包括在英國讀書時以及在沙烏地阿拉伯和阿聯居住時──應該更能同理別人才對。

相較於其他國家的人，納克維很挫折地感受到巴基斯坦人真的很弱勢。根深柢固的不公平是很真實的，這可以從巴基斯坦的護照多麼不被重視看出來──英美人士可以免簽進入一百八十五國，巴基斯坦只有三十二國，不到五分之一。納克維一次又一次在機場移民局入境檢查櫃台被擋住，其他白人同事卻能輕易通過，尤其是二〇〇一年九一一恐怖攻擊之後。納克維在這世上體驗到種種不平等，或許可以解釋他在阿布拉吉為什麼這麼愛掌控，因為阿布拉吉是他可以制定規則的領地。

納克維不眠不休地工作，常過了午夜還在辦公室，喝考夫曼（Kauffman）俄羅斯伏特加或幾杯麥卡倫（Macallan）純麥芽蘇格蘭威士忌，抽萬寶路香菸（Marlboro）。常常天還未亮，主管無預警被叫去臨時開會，在他的辦公室外等著和他談話。

納克維密切監測員工並收集資訊。他會在晚上很晚派管家去辦公室看誰還在工作，還在賣力工作的人有時會受邀到首都俱樂部和納克維比酒。資淺的員工若喝得過他，可獲得五千美元，但員工拒絕挑戰，因為還有工作要做。納克維會說：「別這麼孬好嗎。」

納克維可以這樣從早拚到晚讓同事十分驚訝，他期待同事也像他一樣賣命，但就連只有他一半年紀的人也很難跟得上。

他的一個團隊成員說：「這人可以在清晨兩、三點喝掉半瓶威士忌，九點一樣精神奕奕發表演說。他要別人的工作節奏和他一樣，問題是錢都讓他賺去了。」

但納克維也可以很慷慨，因為這會激發忠誠。

阿布拉吉的義大利主管馬戴奧．史蒂芬奈爾（Matteo Stefanel）在杜拜進行鐵人三項訓練時，從腳踏車跌下來。他伸手臂阻擋跌勢，撞擊力太猛烈，導致尺骨突出，橈骨粉碎性骨折，一就像麵包棒摔在牆上一樣，痛到受不了。史蒂芬奈爾拋下腳踏車，搭計程車到最近的醫院，一位敘利亞外科醫師說必須截肢，幫他注射大量嗎啡，史蒂芬奈爾焦急地打電話向同事求助。阿布拉吉土耳其分公司的主管叫他立刻搭機到伊斯坦堡，阿布拉吉在那裡有一間醫院，裡面一位美國外科醫師專治骨折。

那天飛往土耳其的最後一班商業飛機已離開，一位開私人飛機的駕駛同意載史蒂芬奈爾，但要支付現金二萬五千美元。史蒂芬奈爾沒那麼多錢，便打給阿布拉吉的資深主管要求借錢，他知道阿布拉吉的保險庫裡有大筆現金。那位主管帶了滿滿一皮箱的錢到機場給史蒂芬奈爾。

史蒂芬奈爾那晚飛到土耳其，手術很成功，一個月後回杜拜。他去找納克維，要求搭機的錢從薪水中扣除。

納克維說：「那沒什麼，我們是大家庭，就是要為彼此做這些事。」

就像許多教派的領導者，納克維經常稱他的追隨者為家人。他告訴員工他是他們的大哥，強調會把他們的最佳利益放在心上。

錢庫通家庫

從某方面來說，阿布拉吉真的是個大家庭，因為納克維的兩個兒子、連襟、甥姪輩都在那裡工作。和平基金會由納克維夫婦、兒媳、姊妹管理。隨著時間過去，納克維家族和阿布拉吉之間的界線愈來愈模糊。納克維的父親去世時，數十位員工從杜拜飛到倫敦西北方一座綠色山丘的墓園參加葬禮。

納克維夫妻經常在阿聯酋山莊的豪宅招待阿布拉吉的員工。主管先欣賞他們收藏的美麗伊斯蘭微型畫，之後享用拉合爾香辣烤肉串，配上一瓶兩千美元的佩楚酒堡（Petrus）紅酒。喝太多的賓客有時會跌入環繞內部庭院的漂亮水道，引起眾人大笑。

被賞識的主管可以使用納克維在倫敦和巴基斯坦北部山區的房產，以及他放在地中海的一艘遊艇。

夏天時，納克維會邀請客人到他在牛津郡的別墅比賽板球。他有一處球場和俱樂部。房子位於道地的英國村莊伍頓（Wootton）的鄉村小路上，樹木很多，附近有教堂和酒吧。主管和板球明星伊姆蘭汗、伊恩・博瑟姆（Ian Botham）一起同歡。

任用親信在阿布拉吉很正常。納克維雇用有錢的投資人和知名政治人物的兒女，以便強化和他們的關係。馬來西亞首相納吉・拉薩（Najib Razak）的兒子、斯里蘭卡入獄的避險基金巨擘拉賈拉特南的女兒、約旦國王的外甥、美國前國務卿約翰・凱瑞的親戚都在阿布拉吉上班。拉薩在馬來西亞捲入金融醜聞後不久，他的兒子就離職了。

納克維開心地說，他的年輕員工都很能掌握科技和社會趨勢，總能比他更快了解重要的政經發展。他稱這群太子黨為「阿布拉吉的無線電」。有些資淺員工已經很有錢，開的車子比上司還貴，大學剛畢業的員工開法拉利或保時捷上班也沒什麼稀奇的。

這些條件很好的年輕員工更讓人覺得，在阿布拉吉上班很光彩。公司這種資本主義的豪奢氣派眾人皆知。在週四、週五夜，杜拜賽馬場頂樓的白色杜拜俱樂部（White Dubai club）都是阿布拉吉的員工在大手筆消費。阿布拉吉這個招牌在杜拜響噹噹，甚至可以當做免死金牌。一位阿布拉吉員工在夜店喝醉酒和人打架，結果他報出公司名號後便結束紛爭，對方立刻道歉。

酒池肉林

納克維鼓勵員工一起社交，建立更強的凝聚力。他投入數百萬美元，在杜拜棕櫚島的豪華飯店舉辦一整星期的會議，訂下夜店和餐廳讓員工同歡。他鼓勵員工大量飲酒，分享很私人的祕密，喝到不醒人事的同事則讓保全架出去，有些員工會因為受不了被迫飲酒的壓力哭出來。這類派對促發主管和祕書之間的不正當感情，一位員工形容這種外部會議根本是酒池肉林。一個祕書說她曾在一次阿布拉吉的活動中，與一個女同事和一個男主管在飯店搞 3P。

後來另一個主管說要和她做愛，她寫信告訴朋友：「周圍都是變態壞胚子，我說的是真的，不是比喻。他直接告訴我他很壞，他覺得和我心有靈犀，想邀約下次碰面的時間。我的人生到底怎麼了？」

有一次在飯店深夜聚會，納克維邀請一小群員工喝酒。納克維談起他的父親，在他們面前崩潰痛哭。他鼓勵其他人敞開心懷分享個人的故事，某人說他正在經歷艱難的離婚，氣氛變得很感傷，更多人哭起來。

之後一個員工發現納克維對這些聚會預先寫了規畫筆記，包括手寫註明納克維何時要敞開心懷分享感覺。原來他會顯露脆弱的一面，根本是大師級演員的精心安排。

情緒操控是他最愛的招數。納克維若覺得別人欠他，會毫不猶豫提醒對方。一位在杜拜工作的員工拒絕被調到非洲辦公室，納克維突然把炮火轉向他。

納克維問：「你怎麼得到這份工作的？」

員工答：「我應徵這份工作，然後錄取了。」

納克維說：「我給你這份工作是因為你的家人，我認識你舅舅。」

員工很賣力取悅納克維，因為這是獲得擢升和加薪的最穩靠路徑。最忠誠的人會被選入納克維的中央執行團隊（Central Execution Team）。團隊由安奴西卡・阿梅德（Anuscha Ahmed）帶領，喀拉蚩文法學校畢業，納克維待她如女兒。這一小群人對工作充滿狂熱，一個員工覺得可以和聖戰士相比。凡是納克維交辦的任務，他們毫不懷疑地照辦，常和其他員工衝突。

用錢收買人心

納克維使用各種掌控工具，其中最強大的是金錢。他花錢買人心。私募股權主管一年薪水數十萬甚至數百萬美元，但終極目標是賣掉投資的公司時可以分享利潤，賺更多錢，稱為分潤（carry）。納克維掌控阿布拉吉的分潤方式。多數員工一毛都不曾分到，雖然有些人等分潤等了好幾年。但納克維給的薪水和年度紅利夠多，讓人很難離開。

艾鐸－維杜這樣的頂尖併購交易師寄望有一天會分得一大筆分潤，也因此即使待得很不快樂，也不得不留下來。離開實在太難，有些主管將阿布拉吉改名為「加州旅館」，就像老鷹合唱團（The Eagles）這首歌的歌詞所說的，「你隨時可以退房，但永遠不能離開。」

如果他偏愛的員工要辭職，他會纏著要他留下來，利用讓人窒息的稱讚、勸誘、撒錢等招數。他無法接受有人想要離開，會覺得是他對個人的冒犯。

一位主管說：「他無法忍受背叛。當你要離開時，儘管你說『問題在我不在你』，無可避免的總是代表對這個地方有些許失望或不滿意或批判，納克維一定會對批判的內容追根究柢，認為這是一種挑戰。既有人挑戰他，他必須迎戰。」

這位主管後來無法再忍受阿布拉吉，決定要離開，但納克維拒絕他的辭職。一個月後，納克維叫他到他的杜拜豪宅辭退他，但那位主管拒絕。他必須另找新工作，擔憂以這種方式離開會影響其他公司的觀感，不希望潛在的新雇主以為他被炒魷魚。

他請納克維改將他調到杜拜以外的地方，納克維同意了。幾週後，納克維在杜拜以外的一間辦公室碰到那位員工。

那位員工說：「我要離開了。」

「你何時回來？」納克維以為他是要離開辦公室去吃午飯。

「我要離開公司。」

接下來是幾星期的激烈討論。納克維的態度從暴怒、羞辱、哀求到質疑。一個月後，納克維回到杜拜，打電話叫那個員工再到那裡見他。那個員工心意已決，但還是去杜拜一趟。

納克維告訴他：「你現在的決定將是一生最大的錯誤，我就像你的大哥，很關心你，不能讓你犯這樣的錯。因此我決定，你的生命中最重要的兩個人應該見面，明天我會帶你搭我的飛機去你的家鄉，和你父親坐下來談。我深知你很尊重父親的看法，我確定他會同意我。」

那位員工為納克維工作多年，以為他已看穿他的所有伎倆，但納克維還是有辦法讓他驚訝。他從經驗中學到，和納克維相處有問題時，最好的脫身方式就是以過度禮貌、巴結諂媚、近乎讓人聽不懂的外交語言因應，避免因直接衝突激發他的怒火。

這位員工回答：「納克維謝謝你，你提出這個要求讓我覺得很榮幸，容我回去想一想。我真的很感謝你叫我來這裡，提出這麼體貼的建議。」

他離開辦公室後打電話給父親，兩人笑了半小時。

他父親說：「這太猛了，我來打給納克維。」

「你要說什麼？」

他父親開玩笑說：「我要問如果你願意留下來，我可以抽多少成。我的意思是，我現在成了你的經紀人了，對吧？」

那個員工在寫給納克維的電郵中更將外交辭令發揮到極致。

你對我說的話在在表現出對我的感情與關心：如你所說的，就像大哥一樣。

你要和我父親見面，我受寵若驚。這讓我很高興，但我要確保你們的見面是在對的前提下進行，這是出自對你們兩的尊敬。

我和父親關係很好，關於我想要離開一事，在整個思考過程都和他討論過。話說回來，我已三十八歲，這種事終究是要由我自己獨自決定。

我們談話時我真的很感動。只要你的行程許可，我和家人隨時樂意招待你：我要以最誠摯的心情說，我們家就是你家。這其實再自然不過，畢竟你就是我大哥！

再次感謝你。

納克維一再拜託那位員工留下來。又過了好幾個月，有天他終於放行，同意讓他走，可以在一次公司會議中宣布離職一事。但即使過了這一關，納克維仍繼續付薪水給他兩個月。那名員工必須再次拜託納克維將他從支薪名單和公司的電郵系統上拿掉。

不論是獲賞識或被厭棄，阿布拉吉的員工在納克維底下工作遲早會有一種感覺：恐懼。拖了很久才離開的那個員工說：「那從來不是人身安全的恐懼。在金融界聲譽重於一切，納克維權勢很大，他就是新興市場投資人的代表人物，超級受尊敬。」

納克維的權勢來自龐大的人脈網。員工離職後若仍待在金融界，會擔憂遲早碰上一個欠納克維人情、或同情他的人，願意做任何事幫他或取悅他的人。阿布拉吉的員工相信，納克維可以讓人為他做事，而那人可能不知道自己在為他做事。他有奇特的本事可以得到他想要的，同時否認得很有道理。

納克維的操縱技巧這麼高明，很多員工盡量和他保持距離，他們一致認為諂媚是最上策。離開阿布拉吉的一個合夥人說：「不論走到哪裡，你可能都是所有投資公司裡最有才能的執行長。多數公司需要兩三個人才能發揮堅定的領導力，只有阿布拉吉只靠一個人就完全做到。也只有阿布拉吉能找到這樣的人才，從募款到投資，從培養人脈到建立品牌，從營運到徵才，一個人一手包辦。你抓的時機總是完美無缺，選擇的策略高人一等。有些人可能以為這只是運氣，但我們這些有機會近距離見證公司進化的人，很清楚這完全是因為你才智過人。」

全球化的時代思潮讓他的自我意識更加膨脹，在這類諂媚的保護下，他不會聽到任何批評。在公司外，納克維的能言善道蒙蔽了投資人和政治人物，看不見他的經營方式有什麼問題。聯合國、世銀、蓋茲基金會、英美法政府都和納克維合作，將數十億美元以及重要的政策決定交到一個愈來愈失控的人手中。

9 「土耳其人總要喝牛奶」

創立阿布拉吉公司十年後，
他開始在從未探索過的國家進行收購（菲律賓、祕魯等等），
且涉足的產業非常多樣，包括牛奶生產、網路零售、旅行社等等。

二〇一二年併購歐瑞斯資本讓納克維的運勢如順水推舟，接著準備進軍較具風險的新計畫和新市場。創立阿布拉吉公司十年後，他開始在從未探索過的國家進行收購（菲律賓、祕魯等等），且涉足的產業非常多樣，包括牛奶生產、網路零售、旅行社等等。

多數私募股權公司都是把重心放在幾個國家，但納克維有信心他已破解交易密碼，有一套公式可以適用所有的開發中國家。他正在建立一個全球王國，甚至嘗試買下倫敦的顧資銀行（Coutts Bank）——他們的菁英客戶包括伊莉莎白女王二世——但沒有成功。

納克維的主要計畫是籌資數十億美元，鎖定不同地區（北非、南撒哈拉地區、亞洲、拉丁美洲、土耳其、墨西哥）推出一系列基金。他催促團隊以現有基金剩餘的錢做幾筆高調的進軍土耳其指標收購案，讓投資人相信，世界各地還有足夠的獲利標的值得投入更多錢。

收購土耳其乳品公司優森

他把重心轉向土耳其，雖然該國因強人雷傑普·塔伊普·艾爾段（Recep Tayyip Erdoğan）鐵腕抓權，引發街頭騷亂。二〇一四年一月阿布拉吉買下優森（Yorsan），土耳其第四大乳製品公司。此收購案估計優森的身價有三·七億美元。

儘管土耳其政經情勢惡化，納克維仍繼續進行收購。危機警訊清楚可見，但對納克維而言，情勢不穩定就是他大展長才的時候。外人因恐懼而不敢涉入的地方正適合他危機入市。

隨著納克維的觸角擴及世界各地，他自己愈來愈成為投資地的局外人，但似乎很少人在意這件事。土耳其很不同於阿聯，阿聯又與巴基斯坦截然不同。西方國家有意讓納克維擔任專業引導，帶領他們進入龐大的「新興」世界，這個傾向又因為他隱晦暗示西方人無知、抱持殖民主義與種族主義而更加強化，而這一切的受益人正是納克維。

納克維和他的團隊以一貫的誇大其辭樂觀推銷土耳其的前景，告訴國際投資人土耳其是很吸引人的標的，經濟成長快速，人口有八千萬之多。

納克維說優森會賺大錢，因為土耳其快速都市化的人口失去與鄉村農民的連結，會改到商店消費——那裡販賣各種冷藏包裝起士、牛奶、優格。納克維也相信，優森和整個土耳其食品業已做好準備，可以大量出口到中東國家。

美國某電視新聞頻道訪問納克維，背後是伊斯坦堡的塔克辛廣場（Taksim），土耳其人正在抗議總統艾爾段的威權統治。記者問納克維，（實際在他周遭發生的）政治亂局對商業有何影響，納克維淡然表示這個問題不值一哂。

他答：「不論是誰執政，土耳其人總要喝牛奶。」

這句話簡短有力，一聽難忘，納克維在後來的演說中經常提起這次訪問。但還有很多理由可以讓優森收購案出差錯，結果也真的發生了。

在安那托利亞西北方一處有很多橄欖樹和古廢墟的寂靜地區，一九六四年賽拉菲汀．尤魯克（Şerafettin Yoruk）在靠近水井的地方創立優森。在他充滿野心的領導下，優森快速成長為現代化的乳品製造商，名氣之大無人不曉。他們使用本地的牛奶和井水製作產品。

尤魯克成為富翁。為了追求更多財富，這位強悍的大亨要尋找掌握國際人脈的投資人，賣掉優森的部分股權變現。

賽爾庫克．約根錫奧格魯（Selcuk Yorgancioglu）是阿布拉吉的土耳其主管，因為一位投資銀行家的緣故開始注意到優森。約根錫奧格魯是精明的併購交易師，曾服務於德意志銀行，二〇〇八年加入阿布拉吉。他會獲得納克維青睞，是因為成功投資土耳其的連鎖醫院Acibadem，也就是史蒂芬奈爾發生腳踏車事故跌斷手臂後幫他治療的那一家。阿布拉吉後來將Acibadem賣給馬來西亞和新加坡的投資人，獲利三・五五億美元。

優森似乎是好生意。約根錫奧格魯想要做一筆大收購案讓納克維刮目相看，他計畫繼續收購更多土耳其乳品廠，將產品賣到阿拉伯灣，幫助優森擴展版圖。約根錫奧格魯急切要買下這家公司，開始和優森的創辦人洽談協議細節。阿布拉吉有些同事不是那麼熱衷，認為對優森未來的成長預期太過樂觀。約根錫奧格魯非常積極推動這個案子，最後談成了。

阿布拉吉投資一・四二億美元在這家土耳其公司。歐洲復興開發銀行（European Bank for Reconstruction and Development）是隸屬歐美政府的貸款機構，首次同意和阿布拉吉一起投資。歐洲復興開發銀行受命促進經濟成長，認為投資優森可以幫助土耳其規模三十六億美元的乳品業走向現代化。尤魯克家族持有優森二〇％的股權。

投資案對外宣布時，約根錫奧格魯說：「我們很榮幸能與歐洲復興開發銀行及尤魯克家族合作，收購這個很受歡迎的土耳其經典品牌。」

但蜜月期很快就結束了。固執的尤魯克和阿布拉吉的主管發生衝突，還把爭議公諸於世。報紙據實報導阿布拉吉取得優森的掌控權，但這觸怒了尤魯克，他習慣自己就是老闆，想要繼續掌管優森。他發表聲明說，交易案是雙方平等合夥，阿布拉吉並未掌控他的公司。

約根錫奧格魯和他在阿布拉吉的團隊很快發現，優森的狀況比他們原先預期的更糟糕。優森宣傳乳製品都是新鮮的，但有些品項並不是，因為他們添加防腐劑延長上架壽命。要解決這個問題，光是拿掉防腐劑還不夠。阿布拉吉還得改善優森的配銷網絡，讓新鮮的產品可以在壞掉之前快速送抵超市貨架。這些改善工程耗費的資金比阿布拉吉預期的高出數百萬美元。

尤魯克和阿布拉吉之間原本就緊繃的關係愈來愈惡化。協商收購時盡責調查做得太草率，造成納克維的團隊與尤魯克家族的爭端出現很大的問題。

阿布拉吉買下優森在蘇蘇爾盧克鎮（Susurluk）的工廠，但並沒有包括鄰近的水井——那是要用來製造蒸氣幫牛奶殺菌的。那口井的所有人仍是尤魯克家族。阿布拉吉一位主管認為，買工廠時沒有連帶買下水井是一大錯誤。

情況愈來愈糟，收購一年後，世界第二大乳品公司拉克塔利斯集團（Lactalis）大舉進軍土耳其市場，收購該國最大的乳品公司 Ak Gida。這家法國牛奶大廠和阿布拉吉一樣看到土耳其的商機，但又比阿布拉吉更有條件把握這個機會。拉克塔利斯集團年營收一百八十三億美元，已將乳品銷售變成一種藝術。

當大型跨國公司擴展到新市場時，私募股權公司可以將旗下的公司賣給他們，大賺一筆。但拉克塔利斯集團決定買下比優森大很多的公司，然後直接與之競爭。這下優森輸定了，他們的管理團隊比不上拉克塔利斯集團的腳步，更不必說妄想提高市占率。當優森打折時，拉克塔利斯集團打得更兇。當優森嘗試提供更多樣的產品，拉克塔利斯集團也重新定位產品，同樣更勝一籌。

一位前優森主管說：「他們真的很厲害。」

優森最大的打擊來自總統艾爾段。二〇一六年七月十五日，一群土耳其軍人試圖發動政變，推翻獨裁統治、違反人權的總統，奪下政治首都安卡拉以及最大城伊斯坦堡的掌控權。過程中三百多人死亡，數千人受傷。艾爾段將暴力事件歸咎於法土拉．葛蘭（Fethullah Gulen），一個住在美國的土耳其神職人員。艾爾段的敵人聲稱是總統設計暴動的，以此為藉口鞏固政權。

艾爾段面對騷亂的反應讓情況更惡化，他下令大規模逮捕數千名軍人、法官和教師，導致經濟受重創。政變後的爆炸事件嚇跑觀光客，而觀光是土耳其和企業（包括優森）的重要收入來源。國際投資人紛紛縮手，土耳其里拉大跌。

貨幣貶值為阿布拉帶來嚴重的挫敗，因為公司為了收購優森借了數百萬美元，寄望靠優森的收入來償還貸款。優森的顧客買牛奶和起士時用土耳其里拉支付，而里拉兌美元每個月都在貶值，使得美元貸款變得更昂貴。

隨著選舉即將來臨，艾爾段迫切需要抓住一群重要選民的支持，也就是農民。政府開始直接向農民購買牛奶以支撐售價，收買選票。這對優森造成意料之外的另一種打擊。政府的牛奶收購政策推升價格，讓優森買牛奶的成本愈來愈難獲利。拉克塔利斯集團是規模大很多的買主，比較能和農民協商價格，也就比較容易度過這個危機。

如同納克維的自信預測，土耳其人還是會喝牛奶，只是他們喝的優森牛奶不夠多。

優森的績效表現太糟，讓納克維進退兩難。他要告訴投資人公司正在大量流失現金嗎（這樣他們將來可能不會再支持阿布拉吉），或者應該花錢拯救不賺錢的優森？

他決定拯救優森。他從投資人那裡多拿出數千萬美元投入優森，但挪用的不是原本投資優森的基金，而是另一檔基金。拿另一群投資人的錢來救優森很不恰當，而且根本也沒有發揮作用。優森的銷售和獲利繼續掉。

投資迦納乳品費恩

在土耳其西南方四千八百公里，越過地中海和撒哈拉沙漠，阿布拉吉的併購交易師正忙於投資西非國家迦納的費恩乳品（Fan Milk）。

這也是一大賭注。納克維相信，迦納政經不穩定的任何問題都不會對一家努力滿足消費者需求的食品公司產生負面的影響。費恩乳品的前景很看好，不同於優森，費恩乳品的冰淇淋和冷凍優格擁有很忠誠的顧客群。

費恩乳品是一家很獨特的公司，雇用數千名小販，騎腳踏車載著保冷箱，在迦納首都阿克拉（Accra）以及鄰國奈及利亞最大城拉哥斯（Lagos）的大街小巷繞來繞去。小販穿梭車陣，在巴士站、學校、教堂外面等待顧客。小孩子很容易就會找到費恩乳品的甜品，讓他們的父母非常傷腦筋。

碰到練習足球的日子，夸梅・南特維（Kwame Nantwi）和朋友練完球多半都會聚集到穿藍色夾克的冰淇淋小販旁——他們就等在學校大門外，箱子裡裝滿冰品。南特維會把錢存下來，有時候一次吃六、七份冰淇淋。他的祖母試著讓他改掉愛吃甜食的習慣，但沒有成功。

葛拉罕・摩萊亞（Graham Moriah）就讀阿克拉的健康部小學（Ministry of Health Basic School），和同學巴不得趕快下課，就可以跑去找外面等候的小販。摩萊亞和其中一位小販還變成朋友。

摩萊亞長大後仍持續在阿克拉附近看到那個小販，摩萊亞形容他是「我們的朋友，總會問候我們最近過得怎樣。」

費恩乳品有穩固的顧客群，因此當創辦人丹麥商人艾瑞克・恩伯格（Erik Emborg）決定售出時，讓人覺得是很有吸引力的收購標的。一九六〇年，迦納脫離英國統治獨立後三年，恩伯格創立費恩乳品。迦納的多數外國投資人都是投入黃金、鑽石和可可的出口，但恩伯格看到進口奶粉的商機，因為新鮮牛奶在迦納很稀有。剛開始並不成功，因為迦納人不喜歡他的牛奶產品，但一位本地員工擔憂失業，想到一個新點子，恩伯格從此轉運。費恩乳品開始製造較吸引人的甜品——巧克力牛奶和冰淇淋，公司業務從此蒸蒸日上。

費恩乳品歷經血腥政變和經濟衰退安然無恙，繼續擴充到西非。納克維眼見費恩乳品在快速成長的新興市場能占有一席之地，有意併購，相信企業若能銷售產品給都市人，必然是風險很低而報酬豐厚的好標的。

為恩伯格工作的銀行家找上阿布拉吉，要看看他們是否有興趣收購。從歐瑞斯資本跳槽阿布拉吉的雅各・寇利（Jacob Kohli）對費恩乳品很了解，還擔任董事。若要說服費恩乳品的管理階層相信阿布拉吉是理想的合作夥伴，寇利是很好的人選。

阿布拉吉出價要收購費恩乳品，對手包括倫敦的私募股權公司英聯投資（Actis），以及世界第三大乳品公司達能集團（Danone），在激烈的競爭下成功得標。

但問題很快浮現。阿布拉吉沒有足夠的現金可以買下費恩乳品。納克維的一個顧問將這種情況比喻為：一個人看到一棟外觀漂亮的房子，衝動買下後才發現買不起。納克維迅速思考如何解決這個問題，決定再使用多年前的那一招，當時他收購英之傑之前就先賣掉一部分股權。法國乳品公司達能集團在競標費恩乳品時輸給阿布拉吉，但還是急切想要快速在非洲擴展業務。他們在非洲南北兩端已經有分支。

納克維主動邀請達能集團和阿布拉吉一起投資，取得費恩乳品四九%的股權。達能集團接受了，而且對費恩乳品的估值很高（超過三．六億美元），最重要的是這項合作幫助納克維完成交易。達能集團提供深度的專業知識以改善技術與產品，但在西非沒有任何經營經驗。

交易完成後不久，阿布拉吉和達能集團發現，改善費恩乳品的任務比原先預期的更困難。兩家新老闆以為買到兩萬輛腳踏車隊，其實費恩乳品的數千輛車都已壞掉，放在街上生鏽。運送產品到各城市的貨車隊也是車況很差，被迦納和奈及利亞道路的坑坑洞洞操到損壞。此外，賄賂與貪腐也很盛行。

阿布拉吉和達能集團必須找到具備本地知識的執行長來管理費恩乳品。乍看之下愛德華．史皮契（Edouard Spicher）似乎不會讓人想到是適合的人選，他是瑞士石油業高階主管之子，少年時期經常搬遷，近二十歲時住過的地方比有些人一輩子還多。他畢業於洛桑聯邦理工學院（Ecole Polytechnique Federale de Lausanne），擁有工程學位，在世界最大的乳品公司雀巢工作。

雀巢派史皮契到迦納。他很喜歡這個充滿生氣的國家，街上有許多人販賣芒果和以發酵玉米做成的當地小吃。早上在海邊可以看到，漁夫將塗上鮮豔色彩的獨木舟推進大西洋，稍晚回來時將漁獲賣到市場。

服務雀巢二十多年來，史皮契跑遍世界各地，帶領這家瑞士公司在多明尼加共和國（Dominican Republic）的冰淇淋業務，二度在迦納任職。

二〇一四年阿布拉吉和達能集團指派史皮契擔任費恩乳品的執行長。史皮契回到迦納，發現阿克拉和他第一次看到的情況大不相同。成排公寓、飯店、購物中心紛紛蓋起來，緊鄰頹圮的殖民時代別墅和一大片貧民窟。田野變成房屋，安置那些為了分享繁榮果實搬到城市的迦納人。經濟成長快速，貧窮人口逐漸減少，政治局勢穩定。

很多迦納人為政府工作，政府的支出高達七〇%用在公務員的薪水。但阿布拉吉買下費恩乳品後不久，迦納的經濟便因金價大跌大受打擊。迦納非常倚賴這項貴金屬的出口，金價大跌導致政府的出口稅收減少，也就失去重要的收入來源，更難付得出公務員的薪水。

金價危機也對迦納的貨幣造成嚴重的打擊。迦納塞地幣（cedi）是二〇一四年全世界表現最差的貨幣，兌換美元跌了約四〇%。這麼大幅度的貶值對阿布拉吉是壞消息。費恩乳品需要用美元購買進口牛奶，但顧客付的是塞地幣。本地幣值下跌，代表用以製造產品的進口牛奶變貴，費恩乳品的獲利因此下降。

幣值劇烈震盪是在新興市場投資的最大風險之一。幣值跳水是很殘酷的現實，好公司和壞公司一樣會撐不下去。雖然費恩乳品成長快速，銷售成績很不錯，迦納塞地幣貶值卻構成嚴重的威脅。

當成本提升時，一個可能的解決方法是提高售價。但史皮契知道，學童為了冰淇淋這項最愛的零食得存錢來買，售價提高一倍會很不受歡迎。他需要另尋解決方法。

史皮契引進較便宜的包裝來抵銷生產成本的提高，同時將最受歡迎的產品加大份量並提高售價。這些改變有助於維持顧客的忠誠度，增加銷售量。

沒多久，奈及利亞的發展讓當地的費恩乳品業務也陷入危機。油價大跌讓奈及利亞的經濟和幣值遭受重擊，奈拉幣（naira）兌美元一日之內貶值超過四〇%，使得當地的費恩乳品遭遇和迦納的費恩乳品一樣的問題——購買進口牛奶變貴了。

油價下跌也導致奈及利亞政府收入減少，負擔公務人員的薪水很辛苦。護士和教師領不到薪水，有時候長達數月，也就比較沒有錢讓小孩去買費恩乳品的冰淇淋。

投資土耳其、迦納接連失利

納克維賭的是新興市場的消費需求不會受到政治危機、經濟風暴、幣值大跌影響，但這個邏輯在土耳其、迦納、奈及利亞都經不起考驗。優森瀕臨破產，導致阿布拉吉及其投資人損失超過一億美元。費恩乳品的狀況好一點，但迦納和奈及利亞幣值大跌，阿布拉吉的投資人若想拿回投資的錢，不要虧損就算很幸運了。

優森和費恩乳品的問題大致上都沒有被大眾發現，原因是私募股權的交易總是蒙上一層神祕面紗。優森和費恩乳品是私人企業，沒有義務揭露詳細的財務資訊。阿布拉吉華而不實的行銷技巧更添保護效果。納克維吹噓他的策略很成功，優森和費恩乳品是最好的證明。他說，在迦納，費恩乳品比可口可樂更有名。至於優森，土耳其人永遠都要喝牛奶的！

連哈佛教授也為他背書

納克維教導員工對外永遠要傳達正面的訊息。他的做法在阿布拉吉已經制度化，還找了一些世界頂尖商業專家當顧問，教導如何將納克維的做法融入阿布拉吉。其中極富聲望的一位是喬許．勒納，哈佛投資金融教授，著有私募股權方面廣泛被閱讀的書籍和論文。

勒納和納克維的關係充滿潛在的利益衝突。他以學者身分撰寫阿布拉吉的交易，包括如何改造喀拉蚩電力公司，理論上應該是客觀的個案研究。他將阿布拉吉形容為「善的力量」，將資本和專業知識帶到貧窮國家。這位哈佛啦啦隊長對納克維的幫助極大，可以讓世銀及其他投資人很放心，同時也是很有力的徵才工具，可以吸引美國知名大學的年輕畢業專才。前面提到一個被霸凌的印度員工，他的襯衫和內衣都被納克維從杜拜資本俱樂部的頂樓丟下去，他會加入阿布拉吉，就是因為讀了勒納的個案研究，文中對阿布拉吉及其領導者的專業讚譽有加。

但納克維也以數千美元的代價聘用勒納擔任顧問，從二〇〇八年到二〇一〇年，勒納加入阿布拉吉的諮詢委員會，擔任公司顧問直到二〇一七年。他設立一個學院，教導員工學習納克維的方法。他在為學院拍的一支影片中形容「納克維是不平凡的人」。勒納在一支影片中說：「納克維第一次提到建立學院的構想時，真的懷抱非常宏大的願景，這個願景背後最重要的支持是語言和溝通，這也是我們努力不懈的動力。」勒納在影片中解釋，納克維有意創造共同的語言，在阿布拉吉的許多辦公室和數百名員工之間建立強大的凝聚力。這套語言將新興市場描述成充滿機會而非風險的地方，可以推動助人兼獲利的雙重目標。這套共同的語言旨在凝聚同仁的向心力，讓員工團結在共同的理想下。阿布拉吉就像現代的巴別塔，人們來自不同的國家和背景，說的卻是同樣的語言。

事實上，阿布拉吉的主管之間會競奪資源，就像任何充滿競爭的私募股權公司一樣。羅迪（Omar Lodhi）和約根錫奧格魯一起合作進行醫院的投資案子，結果相當成功。但是當羅迪接受《富比士》雜誌訪問時卻把全部功勞攬在自己身上，之後雜誌另外說明那個案子並不是由他一人負責。

多數時候，阿布拉吉的公關團隊會確保公司表現出順暢運作的企業王國形象，內部的爭端隱藏得很好，絕不會讓外界窺見。阿布拉吉做出來的影片和新聞稿中，總是以簡單的語言解釋他們在遠離北美和歐洲的國家所進行的複雜交易。

阿布拉吉的主管和記者說話時都會遵照納克維的腳本。一位美國記者問斯皮奇利，埃及的政治不穩定是否可能造成問題，他的回答很類似納克維充滿自信的說法——土耳其人總要喝牛奶。他說，埃及總統穆罕默德・穆爾希（Mohamed Morsi）被罷黜，阿卜杜・法塔赫・阿西西將軍（General Abdel Fattah el-Sisi）即將取而代之，這對阿布拉吉在埃及的診所和食品店都不構成問題。

斯皮奇利說：「如果醫生告訴某個埃及人他得驗血，不論在位的人是穆爾希或阿西西將軍，他都驗得到血，大概也可以在同樣的餐廳吃飯。」

這些回答聽起來很俏皮，但無法替代真正高明的投資，通常只是充當煙幕彈，掩飾艱難的狀況。

10 開始捉襟見肘

一位財務經理寫信告訴納克維，「一月十五日時，我們的資金缺口將達一億美元。」

納克維有兩個選擇，一是將阿布拉吉財務惡化的真相告訴投資人和債權人，一是假裝一切都依計畫進行。他選擇欺騙。

「我們今天為何齊聚在此？因為我們有雄心壯志。」二〇一四年電影製作人兼慈善家斯克爾歡迎上千名理想主義者，參加他的全球社會創業論壇（social entrepreneurship）。論壇每年春天在英格蘭有著如茵綠草和夢幻尖塔的牛津大學舉行。斯克爾因協助創辦專營網拍與購物的eBay致富，賣掉股權後成為富豪，利用這些錢實現他的夢想——激勵更多人一起助人。

斯克爾相信精彩的故事足以改變社會，因此創辦參與者媒體（Participant Media），拍攝感動人心的電影，主角都是他認為讓這世界變得更好的人。他的電影包括獲得奧斯卡獎的林肯總統傳記電影，以及高爾關於氣候變遷的紀錄片《不願面對的真相》（*An Inconvenient Truth*）。在他的另一部電影《蓋世奇才》（*Charlie Wilson's War*）中，湯姆．漢克斯（Tom Hanks）飾演的國會議員，在一九八〇年代說服美國政府支持阿富汗對抗俄國入侵。

斯克爾的年度牛津論壇聚集一群富豪與人道主義者，人才濟濟，討論的是如何為世界最貧窮的人們改善醫療保健，提供乾淨的用水，創造就業。

二〇一四年選定的主題是「雄心壯志」，斯克爾邀請兩位他認為最能具體代表這四個字的超級明星演講者。其中之一是納克維，另一位是理查．布蘭森（Richard Branson），創辦維珍航空（Virgin Atlantic airline）和維珍銀河太空飛行公司（Virgin Galactic）的英國富豪。

斯克爾的論壇花了幾個月的時間籌備，廣泛發邀請函給世界各地的高階主管和社會運動者。餐宴安排在古老的大學禮堂，媒體團隊準備了一支影片要在開幕夜放映。

納克維收到邀請函時，正在他的杜拜總部準備完全不同的另一件事。

踏上犯罪之路

阿布拉吉的現金快要用罄了。

十年來，納克維忙於和世界各國的政治與商界菁英往來，心思並未放在本來的目標。預估的龐大獲利未能實現，豪奢的生活方式讓他的花費愈來愈兇，再加上阿布拉吉的擴展速度超乎負擔，導致他幾乎付不出帳單、薪水和自己的費用。左右支絀的情況太嚴重，阿布拉吉的財務部門都不知道怎麼辦了。

二〇一四年一月九日，一位財務經理寫信告訴納克維：「一月十五日時，我們的資金缺口將達一億美元。」

納克維有兩個選擇，一是將阿布拉吉財務惡化的真相告訴投資人和債權人，一是假裝一切都依計畫進行。他選擇欺騙。世人並不知道阿布拉吉的財務危機，納克維決心守密到底。

美國司法部的檢察官後來證實，就是這時候納克維開始踏上犯罪的道路，最後爆發史上最大宗的私募股權公司倒閉案。他指揮員工利用阿布拉吉的全部資源、國際網絡和聲譽，在世界各地偷竊、賄賂、詐欺。

納克維有各種金源可以非法取用。阿布拉吉有很多投資基金和銀行貸款，可以讓他用來隱瞞財務出問題的真相，能瞞愈久愈好——最好是永遠。銀行和投資人提供金錢讓他們收購公司，納克維卻偷偷拿去支付龐大的薪水、紅利和自己的奢華生活。他欺騙投資人，寄給他們假報告，將基金的績效虛假灌風。報告中的美好謊言讓人以為阿布拉吉很賺錢，投資人信以為真，投入更多錢。

當斯克爾為二〇一四年的會議做準備，納克維則是寄了最新的保密文件給投資人。報告中聲稱阿布拉吉的年報酬率是一七％，是全世界最成功的私募股權公司。計算出這個數字非常重要，能夠說服很多投資人拿出錢來。文件中說，計算方式由「勒納教授獨立核實」，等於這位哈佛教授蓋章認證了。

納克維收到的電郵卻呈現很不一樣的故事。

阿布拉吉財務部的現金管控主管拉卡尼自一九九〇年代就為納克維工作，不斷就公司的危險情況提供最新的資訊給老闆。拉卡尼帶領一個主要由巴基斯坦會計師組成的小團隊，就阿布拉吉的應付帳款、手頭現金和預期的現金收入和缺口製作試算表。他們的工作內容連財務部的一些人都不知道，這樣的忠心耿耿獲得的回報是豐厚的薪資、紅利和升遷。

二〇一四年三月，一個財務部經理告訴拉卡尼和納克維，他付不出一千九百六十萬美元給阿布拉吉某一檔基金的投資人。根據拉卡尼的說法，只有一個方法付得出來，就是挪用另一檔阿布拉吉私募股權四號基金（Abraaj Private Equity Fund IV; APEF IV）。

拉卡尼在一封寫給納克維的電郵中說：「除非四號基金有更多錢進來，我們將付不出錢。」更糟糕的是，拉卡尼另外得找到二千五百萬美元償還一筆銀行貸款。於是他們從四號基金挪走更多錢。

外人看來並沒有跡象顯示有任何問題存在。納克維繼續搭私人飛機環遊世界，進行讓人眼花繚亂的自我推銷，帶給外人的訊息是阿布拉吉毫無阻礙地一路邁向成功。二〇一四年三月他飛到巴拿馬參加世界經濟論壇，要和廣告大師馬丁・索雷爾（Martin Sorrell）一起演講。會中他告誡拉丁美洲的政治人物，他們的經濟表現很糟糕，世界上十五個最不平等的國家當中，這裡就占了十國。

納克維說：「你們現在的收入還是嚴重不均，又因收入不均導致社會問題。事實就是如此，不是嗎？」

納克維從巴拿馬飛到英格蘭，參加斯克爾在牛津的論壇。這個大學城的位置對納克維很方便，距離他的鄉村別墅只有二十五分鐘車程。

二〇一四年四月某個週三晚上，納克維在牛津新戲院（New Theatre）前排坐定位置，觀賞斯克爾會議的開幕影片。坐在他旁邊的是柯恩爵士，梵蒂岡與各國政府就是受到這位英國影響力投資先驅的激勵，才會加入這項運動。

戲院的螢幕出現一行字：「目標完成之前總看似不可能達成。」

接著出現南非第一位黑人總統尼爾森・曼德拉（Nelson Mandela）的笑臉。

激勵人心的音樂伴隨人類在歷史上愈來愈進步的一幕幕畫面——麵粉石磨、蒸汽火車、電燈、太空人在太空漫步。螢幕上出現率先在孟加拉提供微型貸款給窮人的諾貝爾獎得主穆罕默德．尤納斯（Muhammad Yunus）。

他說：「想像我們想要的世界，那就會是我們創造出來的世界。如果我們什麼想像都沒有，就不會有所成就。」

馬丁．路德．金恩博士上街遊行，一個人敲破柏林圍牆，甘地在祈禱，一個埃及女孩為阿拉伯之春歡呼，幾個非洲男孩在灰撲撲的路上燦笑。

蘇格蘭歌手安妮．藍妮克絲（Annie Lennox）在影片中說：「推動我往前走的力量既不是現實考量也不是靈感，比較貼近的說法是熱情。」

一陣靜默，然後螢幕上以十種語言閃現紅色的字：雄心壯志。

一千名觀眾高聲歡呼。一個人走上台。

牛津大學斯克爾社會創業中心的主管（Skoll Centre for Social Entrepreneurship）史蒂芬．錢伯斯（Stephan Chambers）說：「你們都是有雄心壯志的人，有遠大的目標，立志要改善世界的現況。」

「但雄心壯志當然有另一面，可以重如泰山，也可以輕如鴻毛。」

「輕如鴻毛的雄心壯志是自掃門前雪、自私自利的，與你們希望達到的一切恰恰背道而馳。」

「此處我們希望的是正向的雄心壯志。」

「我們要的是曼德拉，不是馬克白。」

「我們要抱持非理性的目標和意圖，崇高到超乎理性考量。」

「我們不要馬克白的貪得無厭或目光如豆。」

「我恭喜諸位抱持遠大的抱負。」

那位牛津學者恭敬地歡迎他的富豪捐助者。他說，斯克爾的抱負很遠大，而且非常正向。斯克爾閒步走上台，稱讚觀眾的創意和善良，接著解釋他為什麼覺得真正被凱薩．查維斯（Cesar Chavez）感動。這位西班牙裔的美國籍勞工領導者，一九六〇年代在加州為貧窮的農民爭取權益，他正是斯克爾最新影片的主角。

站在星光閃耀的舞台上

斯克爾說，查維茲的口號是 *si, se puede*，意思是「是的，我們做得到」。他請觀眾站起來，和他一起喊出這句口號。這位加拿大富豪高呼口號，一邊在空中揮拳，柯恩爵士和其他觀眾精神抖擻站起來呼喊，拳頭用力朝空中揮舞。

柯恩爵士高喊：「是的，我們做得到。」

適度炒熱觀眾的熱情後，接著是明星進場。納克維和布蘭森代表的是曼德拉的雄心壯志。

斯克爾欽定他們做為自金恩與甘地以降一系列社會英雄的繼承人。他們懷抱的不是馬克白的那種野心。在莎士比亞的那齣悲劇裡，詭計多端圖謀不軌的這位蘇格蘭國王，陷入犯罪與墮落的惡性循環。馬克白請求天上的星星隱藏光芒，掩蓋他內心深處的黑暗慾望。

台上的納克維似乎非常疲憊。布蘭森低聲嘲弄他搭機跑來跑去的生活方式。

布蘭森告訴觀眾：「他累壞了，誰來給他雙倍濃縮咖啡。」

納克維反駁：「都是因為在飛機上過生活害的。」

有人端來咖啡。

能和太空旅行的先驅布蘭森並列演講者，對於這個出身喀拉蚩的男孩是光榮的時刻。

納克維說：「很榮幸能和布蘭森一起坐在台上，最讓人興奮的是我真的記得小時候看到人類首度在月球漫步，當時就想著，哇，我真幸運可以見證歷史。如果你帶我一起去，我會高歌《帶我上月球》。」

布蘭森答：「你老婆會要求只給你單程票。」納克維和觀眾都笑了。

訪問者是敏蒂．魯伯（Mindy Lubber），一個美國的社會與環境運動家。她稱讚布蘭森創立數百家公司，稱許納克維早在透過商業發揮社會影響力還未風行之前，很早就開始認真思考這個做法。

她問：「是什麼驅使兩位懷抱遠大的抱負，勇於冒險？」

布蘭森說：「是挫折感。」

他敘述三十年前如何因為飛往英屬維京群島的一架商用航班取消，才促使他創立維珍航空（Virgin atlantic）。當時他衝動之下雇用一家私人飛機，售票給其他受困的乘客，飛到加勒比海的一座島。

納克維回答：「是膽量。」

他沒有提起他的任何投資，而是抨擊西方國家和開發中國家之間的不平等，他說他的使命就是要找回平衡。

「我所在的世界——你們很多人誤稱為新興市場的地方，聽起來實在有點高高在上——我稱之為全球成長市場。全世界大部分的成長將來自這些市場。」

納克維告訴觀眾，阿布拉吉在賺錢的同時也在消除貧窮。他批評其他私募股權公司自私又不透明。

納克維說：「長久以來，私募股權業一直給人煉金師的印象，尤其是在西方，他們把手伸進黑盒子，出來時賤金屬突然煉成黃金。你愈能長時間讓人看不清這個行業的實際運作方式，通常就能賺愈久。」

他說，事實是他非常努力工作，就這麼簡單。

「成功只有在字典裡比努力更早出現。追求成功應該抱持的最大前提是什麼？就是回饋。」

穿著休閒皮夾克的布蘭森同意，企業一定要透明，要對社會的進步有貢獻。

他說：「瞧瞧商業界的貪腐，我們一定要根除這個惡習……當我們發現一個貪腐的商人，就應該揭穿他。」

納克維在一旁露出贊同的表情。他強調行善並不影響獲利。

他露出自信的笑容說：「我們很賺錢的。各位別誤會，我們非常賺錢。」

納克維最後說，如果更多公司和阿布拉吉一樣考量公司對社會的影響，未來的發展會非常樂觀。觀眾報以熱烈的掌聲，心中確信納克維的雄心壯志就和德行崇高的曼德拉一樣，而不像狡詐的馬克白。

斯克爾論壇最後一夜，納克維悠哉走進牛津大學已有數百年歷史的奧里爾學院（Oriel College）吃晚餐。他手裡拿著飲料，和布蘭森及他的兩個小孩談笑。接著他在擺滿美酒佳餚的長桌旁坐下來用餐。斯克爾、喬治．布希的女兒、得過奧斯卡獎的製作人布萊恩．葛瑟（Brian Grazer）及其他全球菁英也在場。

眼前看不到半個窮人。

現金一天比一天少

斯克爾會議的光環讓納克維的公共形象大為提升。但有一個問題深藏在阿布拉吉內部：現金短缺一天比一天惡化，迫使納克維尋找更不光明正大的方法籌錢。參加論壇之後一個月，納克維的團隊想出新方法，使用阿聯的廉航阿拉伯航空的股票抵押借錢。這些股票是阿布拉吉某檔基金的投資人合法擁有的，但已抵押給一家銀行做為九千萬美元貸款的擔保品。納克維的團隊沒有將借來的錢分給擁有股票的基金投資人，而是拿去支付薪水、紅利和費用。

納克維急於找錢填補阿布拉吉的洞，壓力大到無以復加，開始為阿布拉吉持有自家基金的股權尋找買主。私募股權公司募集基金時，主管通常也會拿自己的錢投資。納克維喜歡誇口他和阿布拉吉的主管投資了幾億美元在自家基金，但現在他得賣掉這些股權。

二〇一四年七月，納克維和維蒂維特皮萊——他原是歐瑞斯的老闆，公司被納克維買下後變成阿布拉吉的高階主管——飛到紐約找人買他們在阿布拉吉基金的股權。他們見到 Hamilton Lane 的主管，這家資產管理公司掌管數十億美元，客戶包括代替教師、護士、警察、音樂家和其他勞工管理資金的退休基金。納克維對 Hamilton Lane 的主管誇耀阿布拉吉的高獲利和低虧損，但關於現金短缺隻字未提。

Hamilton Lane 雇用數十位分析師，為客戶調查納克維這類私募股權主管所說的話是否屬實。納克維讓該公司的投資長艾瑞克・赫許（Erik Hirsch）及其他資深主管留下深刻的印象。他們相信他的成功故事，同意代替客戶投資一・五億美元，Hamilton Lane 及其客戶則可換得阿布拉吉五檔基金的股權，包括納克維正在盜用的四號基金。

奢華鋪張的長子婚禮

Hamilton Lane 注入的一・五億美元現金還不足以解決納克維全部的問題，但讓他可以繼續大花特花，為他們夫妻爭取時間籌備長子艾山（Ahsan）在羅馬的婚禮。

二〇一四年八月的婚宴是要慶祝納克維王朝的全盛時代。發出的邀請函數百封，連約旦王后拉尼婭都允諾出席。納克維最重要的商業人脈都獲邀請，包括麥肯錫的基托・德波爾（Kito de Boer），富豪教育企業家桑尼・瓦爾基（Sunny Varkey），富而德律師事務所（Freshfields）的律師波維茲・阿克達（Pervez Akhtar），安侯建業的杜拜主管維傑・馬霍特拉（Vijay Malhotra），渣打銀行的維斯瓦納坦・尚卡爾（Viswanathan Shankar）。

賓客抵達羅馬機場時，立刻有人接待並送到飯店。賓客進入房間後會看到新人送的禮品籃，附上接下來幾天的詳細行程。

第一晚，賓客會在電影城（Cinecitta）的片場參加接待會，卻爾登・希斯頓（Charlton

Heston）主演的《賓漢》、奧黛麗・赫本（Audrey Hepburn）和葛雷哥萊・畢克（Gregory Peck）的《羅馬假期》都是在這裡拍攝。餐點是豪華的烤肉宴，一邊觀賞木偶戲和穿著清涼的女舞者表演。

翌日的婚宴在風景如畫的羅馬露天廣場用餐。喝完咖啡後搭上巴士車隊，帶他們到芬迪（Fendi）家族所有的別墅，新娘將在那裡進行指甲花彩繪（henna tattoos）——這是巴基斯坦常見的婚禮習俗，稱為蔓蒂（mehndi）。

第三天，婚禮在麥地奇別墅（Villa Medici）舉行，一座巨大的宮殿建築，矗立在羅馬樹木蓊鬱的山頂。這座舊別墅曾經是翡冷翠麥地奇金融王朝所有，他們在文藝復興時期以富可敵國、贊助藝術、殘酷宮鬥聞名。納克維是現代版的麥地奇，謹慎藏身幕後，讓他的兒子和未來的媳婦在婚禮中成為關注的焦點。

當紅歌手約翰傳奇（John Legend）彈奏三角鋼琴，演唱浪漫歌曲《一生所愛》（All of Me）。來自幾十個國家的賓客穿梭精雕細琢的房間，讚歎數百朵紅玫瑰裝飾的牆面，欣賞新人身上繡工細緻的傳統巴基斯坦禮服，夕陽偏西時，點亮燭光在溫暖的花園裡聊天。

婚禮之後不久，納克維在倫敦再一次大手筆展現他的財富，宣布為皇家藝術學院（Royal College of Art）提供獎學金，這所學院距離他在南肯辛頓的公寓並不遠。薩吉・賈維德（Sajid Javid）也參加了那場派對，他曾任德意志銀行主管，後擔任英國財政大臣。翡冷翠的麥地奇家族會資助本地有藝術才華的義大利人，如山德羅・波提且利（Sandro Botticelli）和李奧納多・達文西（Leonardo da Vinci），納克維的贊助範圍更廣泛，遠及印度的謝洛伊・卡提拉（Sheroy Katila）、哈薩克的鄂米娜・塔肯諾瓦（Ermina Takenova）、墨西哥的茱麗葉塔・寇蒂斯・賈西亞（Julieta Cortes Garcia）、泰國的布瑞洽・瑞塔納斯萬（Burachat Ratanasuwan）和土耳其的德雅・艾迪耶曼（Derya Adiyaman）。

一場高明的訪談

納克維熱衷參加富豪的重要會議、舉辦奢華派對、贊助藝術家，這些都是功成名就的美麗幻象，遮掩阿布拉吉現金不足的窘境。二〇一四年九月，耶魯大學的傑佛瑞・賈頓教授（Jeffrey Garten）訪問納克維的影片被放上網路，無意間助他一臂之力。能夠和西方學者如賈頓和哈佛的勒納來往，對於掩蓋納克維的問題發揮了神奇的效果。

賈頓在訪問中對納克維說：「我們非常榮幸能訪問到這麼有成就的人。」

賈頓的事業橫跨政治、金融和學術界，擔任過耶魯管理學院院長（Yale's School of Management），在雷曼兄弟和黑石工作過，也曾為柯林頓總統效力。納克維抱著戰鬥的心情去受訪，他誇耀阿布拉吉的報酬率世界一流，取得資金很容易。

納克維告訴賈頓：「我們會有資金問題或籌資會有困難嗎？我必須說完全沒有。」

賈頓說：「你們的重心是世界各的新興市場。」

納克維糾正他：「全球成長市場，我們不稱之為新興市場。」

「是的，是的，全球成長市場。」

納克維說：「中國崛起、印度崛起，我們談的經濟體裡這些都是規模非常非常大的，全球經濟體系的未來發展真的和這些國家的發展和進步緊密相關。」

賈頓提出溫和的反駁，詢問在納克維最活躍的市場投資是否有風險。

賈頓說：「也許我們可以花點時間談談中東、波斯灣、北非，因為美國真正把重心放在這些地方的公司太少了。有些人對這些地方抱持很高的期望，但現在這樣的期望似乎捲入嚴重的不確定性與政治風險，以致看起來極度危險，你是否能讓我們約略了解這些地區存在哪些機會與挑戰。」

納克維避開問題，將局勢扭轉為對自己有利。他說，西方國家的風險其實比人們以為的高很多。二〇〇八年全球金融危機不是從西方資本主義世界的核心紐約開始的嗎，賈頓服務過的投資銀行雷曼兄弟不是倒閉了嗎？

納克維說：「你知道嗎，當全球金融體系出現風險時，其實是直搗全球資本主義的心臟，也就是華爾街，對吧？

「這種風險程度根本是讓全球金融體系嚇出恐怖的心臟病。我們做了哪些事來處理和矯正這個問題？什麼都沒做。我們在投資華爾街最有名的公司時有考量風險溢酬（risk premiums）嗎？沒有，完全沒有。」

「這就是為什麼在我看來，重點不在於投資西方或全球成長市場。一個市場若明顯蘊藏商機，投資機構的素質——內部系統和流程——應該比市場的風險程度更重要。」

賈頓小心地概述他聽到的內容。

「你覺得我們太重視量化模型，太輕忽依據經驗與個人價值判斷？你是這個意思嗎？」

納克維愉快地回答：「我認為你說得比我還貼切。」

納克維改變論述的步調，軟化語氣，技巧性地轉變方向，為中東市場辯護。也許是意識到教授的猶太背景，納克維強調中東三大宗教的共通點。

納克維微笑道：「這裡有三種地球上最古老的宗教，最古老的文明，基督教、回教、猶太教，我們其實是近親。」

賈頓問投資人為什麼應該把錢交給阿布拉吉？什麼理由要相信中東的經濟前景很看好，明明來自中東的負面新聞源源不絕？

納克維熱烈地談中東的人口多年輕，城市持續擴張，中產階級消費者正在興起。

「聽你這樣說，會覺得拿來形容中國也很貼切。」賈頓似乎驚訝自己做這樣的比喻。

納克維同意，各種機會正等著大家去把握。中東有社會與教育問題，但正在快速發生正向改變，隨時都有新創立的事業和新生代企業家誕生。

「如果我們可以開始解決全球不平等的問題，提供醫療、教育以及我們在地球另一端習以為常的東西，種種引發衝突的問題就會變得愈來愈少。」

納克維問：「我們要如何做到呢？一個方法是投入大量開發補助金，解決這世界的各種問題，另一個方法是讓自由市場發揮作用。」納克維說，但參與這個自由市場的公司必須有心解決衝突的根源，也就是不平等。阿布拉吉就是有心的公司，歐美企業應該效法。「如果西方與大型金融市場的企業能夠開始擁抱我說的這些政策，我們能開始以更富有同理心的方式投資這些市場，我想企業可以帶領大家走向非常繁榮的未來。」

西方人的態度以為商業就只是為了賺錢，納克維將之與過時的宗教觀相比。

「看看這世界上永恆不變的東西，像是《聖經》、《可蘭經》，我們習以為常的書籍。重點是不要一味依照書寫當時的觀念來解讀，要配合現代社會與時俱變。」

教授說：「說得好。」

這句話讓納克維贏得教授的公開認可，高明地掩蓋了阿布拉吉的問題。

他的任務大功告成。

享盡國際刑警組織的保護

接著有更多國際組織尋求與納克維合作，看來他似乎牢牢掌握住自己的命運，儼然成了全球菁英信賴的自己人。這樣的地位在二〇一四年十一月他加入國際刑警組織（Interpol）募資基金會時得到確認。國際刑警組織是專門保護社會免於歹徒所害的全球警察機構，他獲贈特別的國際刑警組織護照。

國際刑警組織為納克維接通極有權勢的網絡。摩納哥王子艾伯特是國際刑警組織基金會主席，讓納克維負責保護銀行、航空公司、飯店免於詐欺的專門任務。納克維和世界最大銀行之一滙豐的執行長、最大汽車製造商之一雷諾-本田的執行長卡洛斯・戈恩（Carlos Ghosn）同列基金會理事。戈恩後來因金融犯罪在日本被捕，為逃避審判，二〇一九年哥森雇用一隊民間保全專家將他裝在黑色大箱子，從日本偷渡出去，飛往黎巴嫩，他在那裡擁有豪宅。

納克維在國際刑警組織基金會的地位讓他能在眾目睽睽下隱藏。當國際刑警組織的祕書長尤爾根・史托克（Jurgen Stock）到杜拜參加納克維的投資人會議時，還提及納克維協助很重要的打擊犯罪工作。

史塔克在會議中說：「我從未見過像現在這麼複雜的局勢，我們看到組織犯罪利用全球化趨勢大賺黑心錢。」

納克維和國際刑警組織的關係讓銀行家、政治人物、億萬富豪都相信他很可靠。一位投資人問納克維他如何在開發中國家避開貪腐風險，納克維說他只要打兩通電話，就能透過他在國際刑警組織的人脈，查出世界上任何地方任何人搞的任何事。

納克維常告訴別人，他是國際刑警組織的理事（其實是該組織基金會的理事），利用他的地位威嚇別人。有一天一個新進的女員工漏接納克維的電話，阿布拉吉內部頓時天翻地覆。那晚他把那名員工叫進辦公室。她進去時，他告訴她，像他這麼有權有勢的人是得罪不起的，他是國際刑警組織的理事，機場的人都要對他敬禮，因為他拿著國際刑警組織的護照可以到任何地方。

「妳不會想要和我為敵，妳只會希望我是妳的朋友。」那位員工說：「那一晚我回到家時，驚魂未定。」

財務黑洞擴大

美國富豪愈來愈常邀請納克維參加他們的聚會。金融媒體大亨，紐約前任市長麥克．彭博（Michael Bloomberg）二〇一五年在杜拜舉辦會議，討論如何改善城市的管理，納克維也有參加，在會中大讚阿布拉吉所在的城市國家。

同年，私募股權巨擘TPG的創辦人大衛・邦德曼（David Bonderman）和納克維合作一筆生意，兩家公司合作買下沙烏地的連鎖餐廳Kudu。這筆交易證明納克維愈來愈有能力將西方資本主義者拉進中東。

納克維愈來愈接近金權政治圈，卻也發現他需要更多錢來維持他的生活方式，二〇一五年五月，阿布拉吉的財務黑洞已擴大到二・一九億美元。為了掩蓋赤字，納克維和他的團隊開始有系統地將阿布拉吉基金、公司、銀行貸款的可用現金，全部弄進一套銀行祕密帳戶，調查人員後來將之命名為阿布拉吉密帳（Abraajery）。

納克維將阿布拉吉投資人投入不同基金的錢混在一起，是犯了資產管理業的大忌，也觸犯法律。阿布拉吉的工作是代替基金投資人收購公司，賣掉這些公司時理應立刻將報酬歸還投資人。但阿布拉吉的狀況並非如此。

阿布拉吉擁有一家綜合診斷控股公司（Integrated Diagnostics Holdings; IDH），在埃及經營連鎖醫學檢測診所。二〇一五年五月，阿布拉吉在倫敦首次公開發行（IPO）時賣掉綜合診斷控股的股權。這是真正成功的故事，在阿布拉吉持有期間，綜合診斷控股挺過阿拉伯之春的亂局，診所的家數增加一倍有餘。

阿布拉吉拿二十億美元的基礎建設與成長資本基金（Infrastructure and Growth Capital Fund）的錢投資綜合診斷控股，因此賣掉後的獲利應該立即歸還那檔基金的投資人。結果他將賣股所得的一．五四億美元放入口袋，花在他認為適合的地方，剝奪投資人應得的獲利。

納克維可以透過減薪來減輕阿布拉吉的財務壓力，但這從來不在他的選項裡，即使現金緊縮惡化時也一樣。二〇一五年納克維付給自己五千三百七十五萬美元，一個在巴基斯坦賺平均薪資的人得賺四萬年以上才有這麼多錢。這還不包括納克維祕密從阿布拉吉挪到個人銀行帳戶的數百萬美元。

買豪華遊艇也要討價還價

隨著現金不足的問題愈來愈惡化，納克維卻想著將他的超豪華遊艇瑞斯塔（*Raasta*）換成價格還高出四千多萬美元的新款式。納克維當初是買二手遊艇，改為烏都語的名字「瑞斯塔」，意思是道路或方法。瑞斯塔有三層甲板，按摩浴缸旁環繞日光浴墊，還有酒吧和五個房間，納克維和賓客搭遊艇奢華旅行，越過地中海到科西嘉、拿坡里、卡布里（Capri）和摩納哥去看一級方程式賽車（Grand Prix）。

納克維找的船公司不願拿舊船抵部分款項，但還是展開協商，二〇一四年初他們派了一位銷售員到遊艇上和納克維見面。同年稍後，納克維還想將新豪華遊艇的價格壓低一些，請船公司的主管到他位於杜拜的家。那位銷售員在執行長及另兩位同事陪同下，飛了數千公里去見納克維，但會談中納克維說另一家船公司也提供同樣的價格。幾位主管都被弄糊塗了，他們預期是來談成生意的，結果卻空手而回。

討價還價持續到二〇一五年，納克維打電話給那位銷售員，約在紐約的一間公寓見面。銷售員抵達時發現除了納克維，他的兩個兒子及一位媳婦也在場。銷售員厭倦了無止盡的價格協商，但在納克維對面隔桌坐下，納克維立刻要求再降價。銷售員受夠了，他已清楚表明不會再降。他覺得納克維在協商過程中得到樂趣，同時也在炫耀給他的兒子看。那位銷售員通常和他的超有錢客戶關係融洽，因為這些客戶都是聰明人，認為為朋友家人建造遊艇是愉快的事，不是要吵架爭勝，證明誰才是最高明的生意人。銷售員站起來打電話給他的老闆。

「如果你不反對，我想我要收拾文件，直接走人了，因為我認為我們是在浪費時間。」

他的老闆同意，他回到協商桌。

「很抱歉，納克維先生，如果你要採取這樣的做法，我們要放棄了。」說完他收起文件站起來，向納克維道別。

新遊艇的協商事宜在二〇一五年六月結束，大約在這時候阿布拉吉的一位主管發電郵給納克維，告知公司現金短缺一．六八億美元。阿布拉吉無力償還，欠缺正當的收入可以負擔最基本的營運支出，例如員工薪資、房租、電費等。但這樣的危機似乎沒有讓納克維驚慌失措。同月，華伊札帶著兒媳去巴黎領取很有聲望的慈善獎。法國最大的銀行法國巴黎銀行（BNP

Paribas）透過推特宣布這個獎。

恭喜二〇一五年法國巴黎銀行慈善大獎得主：納克維夫婦，和平基金會創辦人#付出#醫療#教育。

銀行恭喜納克維一家和他們的和平基金會在喀拉蚩經營救護車隊，在巴基斯坦各地推動醫療、教育、職訓等計畫。華伊札說和平基金會是她的終生志業。她說：「當朋友跑來對我說，『妳知道嗎，你們的救護車拯救了我父親的性命或我的母親、我小孩的性命』，我真的感到非常非常開心，也覺得應該謙卑。」

納克維一家的付出並不如他們說的那樣慷慨，因為納克維的個人財務和阿布拉吉無可救藥地糾纏在一起，他不斷拿公司的錢支付個人的費用。拉卡尼請納克維允許他將阿布拉吉投資人的錢挪用到和平基金會。

拉卡尼在電郵中問：「我可以拿阿布拉吉的錢付這筆支出嗎？」

納克維答：「謝謝你。」

11 左手募資，右手汙錢

「如果人們的動機不是真心關心他人的福祉，
提升窮人生活水平的希望將成為泡影，
或更糟糕的，將只是掩蓋各種弊端與貪腐的空話。」

——教宗方濟各

「再沒有任何一個禮堂或講台，可以讓一個世界級的領袖對全人類發聲。數十年來，許多人在這裡實現這個可能性，包括國王、王后、總統、首相、教宗。」

二〇一五年九月在紐約，聯合國祕書長潘基文歡迎各國政治領袖進入異常寬廣的聯合國大會廳（General Assembly Hall）。來自百一九十五國的政府領袖與外交官齊聚他的面前。

這是歷史性的會議，潘基文擬定抱負遠大的計畫要解決人類的問題，努力了很多年，這時準備好分享他的新願景。他徵詢過各行各業人士的意見。納克維以聯合國全球盟約成員的身分告訴潘基文，開發中國家若要創造就業和提升服務，需要有更多私募股權願意投資。

潘基文宣布十七項永續發展目標，希望到二〇三〇年能消除各種形式的貧窮。目標包括為地球上數十億人口終結飢餓、提供乾淨的水源、可再生能源、高品質教育和醫療保健等。

潘基文說：「世人請求我們照亮一個有希望、有機會的未來，這個新目標是各方領袖帶給世界所有人的承諾，要為更好的世界營造普世共享、齊心努力、促進變革的願景。」

聯合國的計畫通常由各國政府一起合作，但潘基文清楚表明他的十七項目標也需要企業的協助。這些目標需要幾兆美元的投資，每年短缺的二．五兆美元光靠政府的資金不足以支應，得由企業與全球金融市場的投資人來填補。唯有當納克維這樣的資本主義者願意幫忙，才可能終結貧窮。

教宗也站台

潘基文也呼籲精神領袖伸出援手，他邀請教宗方濟各參加聯合國會議，支持他的永續發展計畫。

潘基文向政治人物介紹教宗：「宗座，歡迎來到世界的講壇，我們洗耳恭聽。」

七十年來，教宗蒞臨聯合國沒幾次，這是第五次。聯合國終結貧窮的計畫與教宗的信念不謀而合，他的樞機主教已經在探討如何能透過影響力投資來行善。這位阿根廷教宗希望重振天主教會，將窮人放在任期的關懷重心。他的教會因幾世紀的財務醜聞形象受損——比較近期的是一樁牽涉黨派的糾葛，導致一個銀行家吊死在倫敦的橋下，更遠的有中世紀販賣贖罪券的醜聞，拿錢就可換得樞機主教大赦。

教宗方濟各站在綠色大理石講台上，先調整一下眼鏡，以母語西班牙語對世界領袖講話，口譯員現場譯成阿拉伯語、中文、英語、法語、俄語。他說永續發展的目標代表著希望，金融機構可以扮演很重要的角色，推動所有國家的發展。

但教宗也提出警告。他說：「若是對權力與物質懷著自私無止盡的渴求，就會損及全球的經濟與環境。如果人們的動機不是真心關心他人的福祉，提升窮人生活水平的希望將成為泡影，或更糟糕的，將只是掩蓋各種弊端與貪腐的空話。」教宗最後說：「你們可以確定有我的支持和禱告，上帝祝福你們每個人。」

全場起立響起如雷掌聲。

聯合國與教宗大力支持企業發揮力量終結貧窮，對納克維而言，這是挖到潛在的寶藏。多年來他一直將自己定位為充滿使命感的人，要透過資本主義終結貧窮。現在政治人物提出改善人類生活的計畫，剛好就是要將企業擺在最重要的地位，而且還獲得堪稱世界最重要精神領袖的祝福。納克維的行善目標也是要將私募股權帶到最貧窮的國家，現在成了主流意見——他可是在為上帝做工。

要達成聯合國的目標需要募集資金進行投資，阿布拉吉恰是最適合的選擇。阿布拉吉在一些最貧窮的國家擁有學校、醫院、食品製造商、能源供應商等等。納克維聲稱擁有這些公司讓他具備專業知識，知道如何達成永續發展目標（sustainable development goals，簡稱ＳＤＧ）。有了政府和聯合國、天主教會這類機構的支持，他可以繼續收購與建立幾百家公司來行善，同時為他自己和投資人創造高額獲利。

納克維告訴政治人物和投資人：「你們之中有些人可能以為我徹底瘋了，竟然說二百九十兆美元的全球資產要滿足這些ＳＤＧ的要求。問題是人們一直誤以為透過投資幫助世界和一般投資獲利的方式之間只能二擇一。這完全是錯誤的觀念，因為你可以兩者兼顧，而且兼顧得很成功。」

納克維說：「我們預期今日世界應該得到的基本需求還有很多人未能得到滿足。現在很多地方的經濟模式存在嚴重的瑕疵，這是無庸置疑的。貧富不均的問題沒有縮小，反而愈來愈惡化。我們在克服極端貧窮的努力上或許有長足的進步，但無可否認，地球上仍有十分之一的人一天生活費還不到兩美元。這很嚴重。」

納克維人脈雄厚，讓他成為宣揚改變的重要人物。他和多數世界領袖之間只需透過幾個人就可以聯繫上。舉例來說，大約在聯合國會議召開的同時，阿布拉吉的主管哈米德（Wahid Hamid）便跑去參加大學朋友歐巴馬的慶生宴。

不久之後，阿布拉吉的另一位主管泰瑞克・卡比爾（Tarek Kabil）獲任命為埃及貿易與工業部長。

《富比士》雜誌讚譽有加

媒體報導讚譽有加，更將納克維推向高峰。《富比士》二〇一五年秋天刊登一篇推崇備至的報導，〈阿布拉吉集團在全球私募股權界耀眼竄起的背後故事〉。記者伊莉莎白・麥克布萊德（Elizabeth MacBride）說，納克維在他位於麥迪遜大道的辦公室受訪時，說的一口優雅的巴基斯坦腔英語。

文中說：「在看起來危險的亞非拉丁美洲市場，阿布拉吉無疑是私募股權投資之王，很多大咖投資人都想參加他們最新的基金。」她曾為CNBC（消費者新聞與商業頻道）和《華盛頓郵報》撰稿，訪問過知名領袖，包括前英國首相布萊爾。

她寫道，阿布拉吉的歷史績效很亮眼，能夠在法治觀念讓人懷疑的地方能創造一七％的年報酬率。

納克維告訴她：「我們在西方人錯誤稱之為新興市場的地方投資，同時努力降低風險，其實應該稱之為成長市場。」

文中提到納克維的朋友和投資人對阿布拉吉的公開支持，讀起來更增可信度。世銀國際金融公司（International Finance Corp.）執行長蔡金勇說：「我認為阿布拉吉在新興市場比大企業更兼具深度和廣度」。國際金融公司投資超過三・五億美元在阿布拉吉的事業，包括喀拉蚩電力公司。

哈佛教授勒納稱讚他的後台老闆高瞻遠矚。他說：「納克維真正了解，在快速成長的市場投資民營家族企業的獲利潛力，這方面他比別人超前十幾年。」Hamilton Lane 的赫許也公開支持阿布拉吉。他在文章中說：「阿布拉吉完全滿足我們的期望。」

麥克布萊德寫道，阿布拉吉能避免貪腐，是因為有遍布各地的辦公室和訓練有素的員工。納克維在一篇文章中說：「我們的哥倫比亞事業有一個人負責，印尼的事業是另一個同仁管理。若有人跑去找他們說，『告訴你一個好康，這筆生意你可以賺兩億美元』或類似的話。他們會直視他說，『不行，謝了』，因為知道這人是騙子。」

《富比士》的那篇文章詳述納克維的慈善事業，解釋他為什麼要簽訂蓋茲和巴菲特的捐贈宣言（Giving Pledge），同意捐贈數百萬或甚至數十億美元。

納克維說：「我對成功有幾個重要的定義，其中之一是我改變了人們聽到關於回教的敘述。除非像我這樣的人挺身而出，這個論述不可能改變。」

納克維的義正嚴詞聽起來儼然就像人類最開明的捐助人一樣。但是他在公開場合從來沒有說的是，阿布拉吉的努力是有代價的，他們管理的基金要收取二%的年費，另外保留二〇%的獲利，就像私募股權產業行之有年的規則。當然，盜用投資人的錢更是隻字未提。

納克維在公開場合和政治人物一起激勵大家，發表演說編織夢幻般的未來願景。教宗曾警告，改善人們生活的空話可能是在掩蓋貪腐，而他們確實就是私底下A錢賄賂樣樣來。

納克維的開銷太大，導致公司愈來愈深陷破產危機。光是二〇一五年阿布拉吉就快要損失一億美元，因此納克維必須趕快找錢，以避免丟臉破產。當聯合國在紐約舉行會議，阿布拉吉發電郵給某檔基金的投資人，要求兩週內轉二億三千八百五十萬美元到阿布拉吉的銀行帳戶。公司說需要這筆錢支付新的投資案。Hamilton Lane、美國銀行和其他投資人都依照要求給錢。但上億美元資金進入阿布拉吉的銀行帳戶後，公司並沒有依照承諾拿去收購企業，納克維和拉卡尼將九千五百萬美元轉到阿布拉吉的一個祕帳，花在其他地方。

其中一部分用於支付薪資，五千萬美元用於補阿布拉吉其他基金的洞，有些用於支付投資人（他們還在等待埃及製藥公司 ＩＤＨ 股權出售的獲利）。五百四十萬美元透過納克維在開曼群島的神祕公司銀線（Silverline）轉給自己。

賣掉電力公司周轉

納克維迫切需要更多現金，為了籌錢，他決定賣掉最大、最有名的資產喀拉蚩電力公司。若能成功出售，可望進帳數億美元。

《富比士》那篇文章讓讀者放心相信納克維沒有賄賂，文章準備刊登時，聯合國終結貧窮的會議正在紐約幾行，納克維卻在想辦法賄賂巴基斯坦的首相。巴基斯坦政府仍擁有喀拉蚩電力公司四分之一股權，要賣掉公司需要政府同意。納克維需要巴基斯坦當時的首相納瓦茲・謝里夫（Nawaz Sharif）及其掌握影響力的弟弟夏巴茲（Shehbaz）支持。他請教與兄弟倆親近的巴基斯坦商人納維德・馬力克（Navaid Malik），如何贏得他們的支持。

納克維正式聘用美國投資銀行花旗，協助尋找喀拉蚩電力公司的買主。要夠勇敢的買主才會點頭，因為喀拉蚩電力公司在被阿布拉吉買下後績效雖提升不少，獲利也增加了，顧客不再經常停電，但問題還是多到足以嚇跑多數公司。二〇一五年夏天喀拉蚩遭遇嚴重的熱浪侵襲，氣溫飆到攝氏四十度，上千人死亡，窮人和老人受影響最嚴重。這個港城再度爆發抗議，政治人物在媒體攻擊喀拉蚩電力公司。巴基斯坦塔利班（Tehreek-e-Taliban Pakistan, the Pakistani

Taliban）指控喀拉蚩電力公司停電害死人，犧牲人民，自己獲利。喀拉蚩政府所有的水公司仍積欠喀拉蚩電力公司數百萬美元，喀拉蚩電力公司自己則是欠政府的天然氣公司數百萬美元。

阿布拉吉那位改變喀拉蚩電力公司命運的主管高哈爾已辭職，因此納克維指派歐瑪・羅迪（Omar Lodhi）負責喀拉蚩電力公司的銷售案。羅迪畢業於倫敦政經學院和哈佛商學院，在阿布拉吉服務將近十年，是很有經驗的併購交易師，喜歡雪茄和絲質襯衫。他的人脈很廣——花旗在巴基斯坦的領導者是他的兄弟。羅迪在會議中有時會激烈與人對立，但沒有人會質疑他對納克維的忠誠。他的忠心耿耿為他贏得「迷你納克維」的封號。他曾告訴記者：「我的DNA就是阿布拉吉的DNA。」

出售喀拉蚩電力公司的任務無可避免具政治性，因為在巴基斯坦，商業和政治密不可分。首相謝里夫來自拉合爾的富裕工業家庭，他的弟弟夏巴茲是旁遮省的省長（拉合爾是巴基斯坦人口最多的省分旁遮者的首府）。

納克維和羅迪發現最可能的競標者是中國國營公司，這讓出售案的政治性更敏感，爭取首相的合作也變得更加重要。由另一個國家的國營公司收購自家事業永遠是敏感的議題，要冒著一個風險——將國內事務的掌控權拱手讓人。

納克維為爭取謝里夫兄弟的支持，讓中間人領阿布拉吉的薪水，而且回溯到二〇一五年初。羅迪和馬力克見面討論如何進行，兩人見面後，羅迪寫電郵給納克維，報告馬力克關於謝里夫兄弟的說法。

羅迪在二〇一五年十月寫給納克維的電郵中說：「兩兄弟已同意和我們合作，但告訴馬力克，與我們的任何約定都不能明指巴基斯坦（亦即這方面要保持沉默）。」

羅迪提到謝里夫兄弟時都以縮寫NS和SS代表。

關於KE的指令：他已和SS談過並獲得祝福，但現在還需要取得NS的認可。至於要扮演什麼角色，他說SS不太願意打電話給中國潛在買主的執行長，但若是對方主動聯繫，願意給予強烈支持。他也願意打電話給中國大使之類的人，支持與推薦KE。

SS一月要去中國，NS二月去。因此他要從現在開始準備屆時可帶去的抵押資料，同時請我們告知潛在買主的姓名。

羅迪說他已告知中間人馬力克，金錢方面一定要簽訂協議。

羅迪寫信告訴納克維：「他說他很清楚相關的經濟考量，會再回報我，因為他還需要NS的正式核可。他說他一定會將所有的細節告知兩兄弟，得到他們的祝福，以及聽取他們指示金錢的分配方式（例如一部分做慈善，或一部分放入選舉基金等等）。」

世界最大會計師事務所也查不出弊端

納克維依舊無法克制地過著豪奢的生活。二〇一五年他招待數百名阿布拉吉員工前往可以俯看杜拜溪的杜拜柏悅酒店（Park Hyatt Dubai），舉行盛大的全員大會。請來埃及裔的美國喜劇表演者艾哈邁德．艾哈邁德（Ahmed Ahmed），在皇宮般的宴會廳進行私人表演，納克維邀請青年總裁協會（Young Presidents'Organization）的朋友去發表激勵性演說。有一個新員工受到阿布拉吉利用投資幫助窮人的願景吸引而加入，看到這樣的文化覺得很奇怪。

那位員工說：「阿布拉吉的年會起碼三百人參加，從世界各地飛到杜拜。一整天從早上八點到晚上八點，我們被演講和談話轟炸。但到了晚上，每個人都喝得爛醉，用力開玩。這是金融業的文化，但更加誇張。」

酒拿來當水喝，很多員工覺得必須待到很晚，一直喝到納克維離開才行，壓力很大。那位員工說：「你會覺得若回去睡覺，他會看到，然後對你不滿。」要負擔這樣的派對必須從基金和投資挪用更多錢。

二〇一五年十一月，阿布拉吉同意賣掉國際網（Network International），這家設在阿聯的公司在中東和非洲各地提供數位支付服務。此銷售案可讓阿布拉吉和投資人獲利三．三億美元。他將國際網賣給美國兩家大型私募股權公司，成功賺了一筆。表面看來證明納克維的理論是對的，世界經濟的重心確實移向開發中國家。但納克維偷偷扣下銷售所得的數百萬，那原本應該立即退還給阿布拉吉的投資人。他有他的理由，其中之一是有些應付款項即將到期。

二〇一五年十二月三十日，國際網的買主先付一．三五億美元到阿布拉吉四號基金的銀行帳戶，亦即擁有國際網的基金。接著應該將錢還給基金的投資人，但錢進入基金銀行帳戶的那一天，納克維和拉卡尼便全部轉到他們的祕密帳戶之一。再將其中的九千二百萬美元移去填補基礎設施與成長資本基金的洞，那是他們挪去付薪資、租金和費用造成的洞。

他們急需將錢放回基礎設施與成長資本基金，因為國際會計師事務所安侯建業即將查核該基金二〇一五年的帳。如果安侯建業發現錢不見了，A錢的事就會東窗事發。要通過查核，阿布拉吉必須讓安侯建業在二〇一五年新年夜之前，看到二十億美元的基金裡有正確的金額。基金的洞及時補了起來。

安侯建業查核時，因為年底基金裡的金額正確，便給予合格證明。但如果安侯建業在二〇一五年十二月以前，早幾天看了基金的任何一份對帳單或檢查帳戶餘額，就會發現錢不見了，可能就會東窗事發。

安侯建業為阿布拉吉服務很多年，關係很密切，其杜拜主管馬霍特拉和納克維是好友，他的兒子在阿布拉吉上班。

納克維騙過會計師後，便將蓋上安侯建業核可章的財務報表，寄給基礎設施與成長資本基金的投資人。如果世界最大型會計師事務所之一都查不出阿布拉吉的弊端，投資人更不可能查得出了。

將一檔私募股權基金的錢拿去讓另一檔的投資人受益，等於是粗糙版的龐氏騙局（Ponzi scheme）。這種詐騙手法因查爾斯·龐茲（Charles Ponzi）而聞名，這位義大利騙徒活躍於一九二〇年代的美國，利用新投資人的錢支付較早的投資人。像美國基金經理人伯納德·馬多夫（Bernard Madoff）操作的那種龐氏騙局可以多年未被發現，通常要到經濟走下坡時才會真相大白，這時投資人會要求把錢拿回去，騙徒無法從新投資人籌到資金付款。

納克維和他的團隊一再將錢從阿布拉吉不同的基金和投資人之間挪來挪去，將公司已經很複雜的財務變成盤根錯節，簡直就是會計師的噩夢。

納克維仍不願縮減個人開支，二〇一六年初到倫敦時仍住在五星級麗池酒店（Ritz hotel）。飯店就在阿布拉吉梅菲爾區辦公室所在的多佛街（Dover Street），後來飯店寄了數千英鎊的帳單到阿布拉吉的杜拜總部，一位員工還以為飯店弄錯了，因為金額實在太高，但發現納克維為自己和前任祕書紀芝蘭訂了套房。

不久之後納克維去米蘭也是住豪華飯店。數日後，飯店寄了一個盒子到阿布拉吉的杜拜總部，裡面是一雙典雅的女鞋。納克維的一位忠誠管家以為是納克維的妻子華伊札的，要寄去納克維在阿聯酋山莊的豪宅給她。但另一位員工注意到，鞋盒上有紀芝蘭的名字，要從辦公室送出去之前，半路攔截下來。這位員工將鞋盒放在納克維的辦公室，以為老闆會很感謝，沒想到他看到時皺皺眉頭，什麼都沒說。

站在財務懸崖邊緣

管理阿布拉吉的壓力開始對納克維造成影響，讓他愈來愈無法控制脾氣。二〇一六年初有天下午在杜拜，納克維打電話給艾鐸－維杜、維蒂維特皮萊和幾位資深主管，請他們到總部開會。照道理這是專業人士之間公開坦誠的意見交換。納克維談話時，艾鐸－維杜禮貌打斷他，澄清一件他認為很重要的細節。

納克維竟然暴怒。「你怎麼敢打斷我。」

艾鐸－維杜說：「抱歉。」

納克維說：「真的這麼重要，就說來聽聽。」

納克維在長長的會議桌旁踱步，直到艾鐸－維杜說完要說的話。

納克維問：「你說完了？」

「是的。」

「可以沒有人打斷你，好好說完話，是不是很棒？」

艾鐸－維杜答：「是的。」

納克維壓抑怒火說：「以後再也不要打斷我。」

目擊這一幕的人嚇到了。艾鐸－維杜是人緣很好又很受尊敬的主管，納克維只為了一點小事就公開羞辱他。這番長篇大論的斥責讓會議室的氣氛凍結，大家都不敢說話或問問題，唯恐引發納克維的反彈。主管們為什麼會忍受納克維的行為，那位目擊者有一個說法：因為他們的薪酬很優渥。

納克維會愈來愈常暴怒，可能是因為阿布拉吉的債務增加速度超過他找錢還債的能力。納克維信賴的現金管理主管拉卡尼經常站在財務懸崖邊，當然也引發強烈的焦慮。阿布拉吉在二〇一六年三月之前需要二．九七億美元支付帳單，以及依照協議進行投資——包括投資印度網路雜貨商大籃子（Big Basket）。

二〇一六年二月拉卡尼寫信給納克維、西迪克和艾鐸－維杜：「若沒有錢進來，我們三月將沒有足夠的錢支應日常所需。」

所幸幾天後，售出國際網的第二筆款項一．九五億美元進來了，讓拉卡尼鬆了一口氣。但拉卡尼沒把錢還給投資國際網的基金投資人，而是轉到另一檔基金，支付先前的新投資項目。

數日後，阿布拉吉因為售出另一家摩洛哥保險公司薩哈姆金融（Saham Finances），得款一．八五億美元。這次同樣沒有將獲利還給投資人，而是將一半的錢轉到祕密帳戶，轉做其他用途。

大約這時候，他們又將一筆錢轉入納克維在開曼群島的公司銀線。

總計售出國際網和薩哈姆後，阿布拉吉與其投資人賺得五．一五億美元，但根據拉卡尼給納克維、艾鐸－維杜和西迪克看的內部文件，二．一九億美元被轉入祕密帳戶。

當售出國際網和薩哈姆的錢被A走時，納克維的飛機正降落卡達首都杜哈哈馬德國際機場（Hamad International Airport）炙熱的跑道（卡達是世界最富裕的國家之一）。他要拜訪卡達擁有驚人財富的統治家族的成員之一謝赫哈娜笛．賓納瑟．阿勒薩尼閣下（Sheikha Hanadi bint Nasser Al Thani）（譯按：謝赫是對皇室女性成員的尊稱）。她邀請納克維參加珍珠倡議（Pearl Initiative）的董事會議，這個組織的建立是為了改善中東企業的治理與透明度。

珍珠倡議的董事會儼然是中東企業名人堂。很多人都是納克維的人脈，包括阿布拉吉的投資人、曾任阿布拉吉董事的哈米德．賈法（Hamid Jafar），安侯建業的合夥人，阿布拉吉主要貸款銀行之一沙加銀行（Bank of Sharjah）的執行長等等。謝赫哈娜笛本身創立了一間金融公司，阿布拉吉早期也有投資。

開完晨會後，董事們和卡達的企業主管及皇室共進午餐。謝赫哈娜笛告訴納克維和珍珠倡議的其他成員，他們要以身作則，確保中東的企業將責任與透明化擺在最前面。

玩弄財務制度

會議過後幾天，納克維收到一個讓人驚嚇的消息，與珍珠倡議的精神大相違背。那是紐約某投資人提出的一個疑問，他注意到沒有收到出售國際網和薩哈姆後的任何獲利，因而在二〇一六年三月十七日寄電郵給納克維，詢問何時收到款項。

納克維將信轉傳給艾鐸－維杜和拉卡尼。

納克維說：「我想我們應該開始選擇性付款，擋住抱怨聲浪。」

二〇一六年四月一日——在有些國家稱為愚人節，在這一天會刻意惡作劇——納克維想出一套計畫來避免讓投資人發現錢被A走。阿布拉吉要依據兩個標準錯開幾個月付錢給投資人——第一，要看投資人是否可能注意到沒付錢，第二，要看投資人是否可能再次投資阿布拉吉的基金。納克維不是在開玩笑。他寄了一份付款時程表給拉卡尼和艾鐸－維杜。名單最前面的是「最會吵且會再投資的人」，排在最後面的是「行善型投資人（legacy investors）和態度消極的人」。

「我們必須在內部暗中管理，由現場的這些人加上其他人組成一個小組，一切都要嚴密控制，不能讓圈子外的任何人知道狀況。

「至於公司其他人，就讓他們以為所有的款項都付了。

「基本上就是立刻通知第一批人，然後在四、五、六月底付款。我的分配是對的嗎？」納克維寫道。

艾鐸－維杜沒有立即回覆，於是納克維再發一次電郵。

納克維說：「專注處理這件事。」

艾鐸－維杜回覆：「依指示行事，但很難嚴守祕密，不過也別無選擇，只能如此。」

納克維問他的付款時程表是否可行。

艾鐸－維杜：「看起來可以，但第一批和最後一批之間的差距愈小，愈不會引起抗議。」

他們同意依計畫進行。納克維於二〇一六年四月四日回覆紐約的投資人，距離投資人詢問何時付款將近三週。

納克維寫道：「最近一期是四月十五日，近在眼前。錢差不多都進來了，進行最後的稅務與核可程序。」

二〇一六年四月阿布拉吉寄了一些錢給部分投資人，其餘的——行善型投資人和被動型投資人——不但沒收到錢，還被蒙在鼓裡。他們賭的是有些投資人不會注意到自己的錢不見了。這很冒險，但似乎得到效果。問題暫時獲得解決，納克維繼續全球旅行，所到之處都獲得極熱烈的歡迎。

向阿拉伯航空借錢周轉

二〇一六年五月在華盛頓的一場會議中，世銀國際金融公司的資深主管瑪麗亞・柯茲洛斯基（Maria Kozloski）說：「這一位應該不需要介紹，他是世銀國際金融公司的重要夥伴。榮我介紹阿布拉吉集團的執行長，阿里夫・納克維。」

納克維在掌聲中大步走上台。一貫的海軍藍西裝，打領帶，兩手插口袋輕快地在台上踱步，看起來充滿自信。他演講不看稿子，樂觀地為新興市場辯護。

他說：「我們看待商業的方式將出現巨大的改變。未來十年內將有十億人口晉級為具消費力的中產階級，多數都在成長市場。」

「世界各地類似寶鹼、聯合利華、雀巢、可口可樂、金百利克拉克（Kimberly-Clarks）的企業已意識到這個事實。我當然希望盡量把握這麼好的機會，讓世界變得更好。我希望在座各位也都有志一同。」

他走下台時，收到拉卡尼的一封電郵，請求允許他再從阿布拉吉的一檔基金挪用四千七百萬美元支付費用。

拉卡尼問：「可以請你核可轉帳嗎？」

納克維同意盜用，但這還不夠，因為一個嚴重的問題正快速逼近。幾星期後，二〇一六年六月三十日，安侯建業將查核阿布拉吉規模十六億美元的四號基金，納克維一直在挪用這檔基金。六月底前該基金必須有足額的錢，問題是現在短少一．九四億美元。

西迪克寫信告訴納克維：「沒有其他錢會進來，你一定要想辦法。」

為了克服這個困境，納克維從一個出人意料之外的地方尋找朋友。納克維是廉航阿拉伯航空的董事，他請求公司的管理團隊借給他一．九五億美元。讓人驚訝的是他們同意了。

二〇一六年六月二十二日，阿布拉吉收到阿拉伯航空的借款，納克維拿去填補四號基金，也就能讓安侯建業和投資人以為錢都沒有短少。二〇一六年七月五日——查核之後數日——錢再還給阿拉伯航空，基金再次被清空。阿布拉吉付給阿拉伯航空四百九十萬美元，做為借款十三天的費用。

期間愈來愈多投資人開始不滿，因為注意到沒有收到出售國際網和薩哈姆的錢。納克維及其團隊做出新的還款時程表，依據投資人的抱怨聲量按顏色標註。艾鐸－維杜說，承諾的付款日最好是能務實做到的。

艾鐸－維杜寫信告訴納克維：「訂定的日期最好是可以付得出錢的，即使是拖得比較久，也比再次延遲支付更好。」

納克維回答：「教授，你說得對。你在處理這些事時，希望也能出點力，幫忙我們應付不斷浮現的危機。」

12 連比爾・蓋茲也受騙

要真正解決全球的健康問題，
蓋茲夫婦必須找到方法，為亞非拉丁美洲數十億窮人提供基本的醫療服務。
這就是納克維登場的機會。

一九九三年蓋茲和妻子梅琳達第一次到非洲參加豪華狩獵旅行。依據他們後來的敘述，非洲大陸最讓他們驚訝的不是野生動物，而是貧窮。

這位大亨是美國最富有的人。年僅三十六歲即獲《富比士》雜誌冠上這項頭銜——這是有史以來最年輕的紀錄。這位年輕富豪因共同創辦電腦軟體公司微軟而致富，微軟促使人類處理資訊的方式產生革命性的改變。

安排蓋茲夫婦非洲行的是英國前軍官喬斯・肯特（Joss Kent），根據他的說法，這趟浪漫的行程是為了探索人類的起源，且預算沒有上限。他們從世界各地空運美酒過去，好讓即將結婚的兩人享用。蓋茲租了一架舊式卡特琳娜水上飛機（Catalina seaplane），聘請加拿大消防飛行員來駕駛。同行十幾人，包括研究人類基因組計畫（Human Genome Project）的科學家唐納德・約翰森（Don Johanson），他發現古非洲人的遺骸，將之命名為露西，裡面蘊藏人類起源的線索。隨行的還有一位醫生，還有一位葡萄酒專家。

他們在馬賽馬拉（Maasai Mara）紮營，這是一片廣袤的肯亞自然保護區，以獅子、斑馬、大象在寬廣的草原任意漫遊而聞名。之後飛到剛果民主共和國的布卡武湖（Lake Bukavu），到卡胡茲—畢加國家公園（Kahuzi Biega National Park）看大猩猩。

肯特說：「看著蓋茲和那些大猩猩面對面非常奇妙，他很想知道大腦的發展起源，以及如何運用電腦發揮同樣的功能。」

晚上他們在營火旁喝酒玩比手畫腳遊戲。蓋茲會說起網路將如何改變世界，讓隨行的人聽得津津有味。蓋茲夫婦在非洲旅行時，見過當地人過著沒有水電的生活，當然更不可能有電腦或網路。

蓋茲後來在公開演講時說：「風景很美，人很友善，但那裡的貧窮是我們第一次看到的，讓人非常不安。顯然我們只知道非洲有些地方是貧窮的，但真的親赴非洲後才發現，抽象的理解變成無法忽視的不公。」

非洲度假行在蓋茲夫婦心中激發強烈的好奇。世界上為什麼存在這樣極端的不平等？是什麼原因造成貧窮？問題有多嚴重？真的無法解決嗎？兩人走在非洲占吉巴島（Zanzibar）的海邊，決定要投入數十億美元終結貧窮。

從此開啟的發現之旅引領蓋茲認識納克維。

蓋茲回到西雅圖的家，又被拉回管理微軟的繁忙生活，因為微軟正快速成為世界上最有價值的公司。但幾年內微軟將捲入與美國政府調查員的法律戰爭，後者相信微軟靠著壟斷地位取得不法獲利。但蓋茲的注意力不斷被拉回非洲，這時他對那裡的貧窮問題已非常了解。

蓋茲寫信給同樣是億萬富豪的好友華倫．巴菲特（Warren Buffett）：「回來後我們開始看書了解見到的情況。非洲幾百萬孩童死於痢疾、肺炎、瘧疾，讓我們很震撼。富裕國家的小孩不會因這些疾病死亡，非洲的孩子會死是因為窮。在我們看來，這是世上最不公平的事。」

驚人的財富為蓋茲開啟門戶，直通世界各國的重要政治領袖。他們會向他報告詳細的情況，有些人會請求他幫助在遙遠國家的窮人，那些地方的生活水平遠遠不及美國。一九九四年蓋茲第一次和曼德拉談話，這位南非總統與前自由鬥士請求資助南非第一次民主選舉。

一九九七年蓋茲夫婦讀到《紐約時報》的一篇文章，想要採取行動解決貧窮問題的決心更加堅定。文章標題是〈在第三世界，喝水仍可能致命〉（For Third World, Water Is Still a Deadly Drink），記者尼可拉斯．克里斯朵夫（Nicholas Kristof）指出，健康是全球貧窮問題的關鍵。

他敘述一位印度女僕烏夏・巴瓜尼（Usha Bhagwani）的故事，她的一雙兒女都死於痢疾，這種疾病很容易就可以治療，每年卻導致三百萬人死亡，幾乎全部都是孩童。蓋茲將文章傳給他最信賴的顧問看，也就是他的父親。他寫道：「爸，也許我們可以做點什麼來解決這個問題。」

二〇〇〇年，這一家人創立蓋茲基金會，世界上最大的私人慈善機構。幾年後，經常與蓋茲同列世界首富的巴菲特宣布，他要將大部分財產捐給蓋茲基金會。蓋茲和巴菲特另外創立捐贈宣言，鼓勵其他富豪捐出至少一半的財富。

比爾・蓋茲希望提升醫療品質

提升醫療保健的品質是蓋茲夫婦最重視的使命。

曼德拉死後，蓋茲在紀念他的演講中說：「我們的工作建立在一個簡單的觀念上：每個人不論住在哪裡，都應該有機會過著健康、富生產力的生活。一個人若不健康，就無法將注意力放在其他重要的事情上。一旦能改善健康，生命的每個層面都會提升。」

蓋茲夫婦在基金會創立初期投入數十億美元，發展疫苗和藥物以根除嚴重的疾病，如小兒麻痺、肺炎、瘧疾和愛滋病。但要真正解決全球的健康問題，蓋茲夫婦必須找到方法，為亞非拉丁美洲數十億窮人提供基本的醫療服務。

這就是納克維登場的機會。

窮人亟需醫療救援

一九四八年，英國偏社會主義的工黨政府創立國家健保局（National Health Service），為醫療服務帶來革命性的改變。英國國家健保局的資金來自納稅人，每個公民不論財富、地位或身分，都可免費使用醫療服務。美國則是發展出私人醫療保健體系，在許多慈善診所與醫院的支持下提供服務給多數公民。

在貧窮的開發中國家，人民生病或受傷時鮮少能找到免費的醫藥或堪用的醫院，以致可以治療的疾病如肺炎和痢疾會變成致命的疾病。若是發生嚴重的意外或重病，存活率就更低了。

在貧窮人口眾多的開發中國家，昂貴的私人醫院通常是唯一的選項。這些醫院通常不是每日生活費只有幾美元的人負擔得起的，因此他們把重點放在服務一小撮菁英階層：政府高官、有錢的商業主管、大企業的員工（公司提供醫療保險）。

在擁擠的開發中國家成長很危險，印度年輕女孩潔西的遭遇足以為證。她在印度的瓦朗加爾市（Warangal）被巴士撞到，躺在路邊奄奄一息，她的父母用毯子包住她癱軟的身軀，送到最近的醫院，卻因太窮付不出錢被趕走。萬般焦急地趕赴下一家醫院，醫生再次拒絕治療。問題一樣，醫院說：沒有錢就沒得治療。

最後父母來到私人醫療保健公司關愛（Care Hospitals）所經營的中心，中心接受了他們的孩子。潔西的傷勢複雜，包括骨盆粉碎性骨折，但一群醫生立即開始治療，最後救回她的性命，兩個月後她已開始學走路。

潔西是少數幸運兒之一。

想要解決開發中國家醫療保健問題的人不只有蓋茲夫婦。數十個慈善機構和國際組織如聯合國和世銀都在探討改善服務的方法。

在世銀位於華盛頓的國際金融公司，史考特．費瑟斯頓（Scott Featherston）和艾米特．莫里亞提（Emmett Moriarty）也在努力解決這個問題。國際金融公司是世銀的民間企業分支，目標是為貧窮國家的企業提供資金，相信如此有助於減少貧窮，創造就業。費瑟斯頓是講話直率的澳洲人，和他的愛爾蘭同事莫里亞提負責規畫國際金融公司的醫療保健策略。兩人在工作中成為好友，常一起社交。在華盛頓一間酒吧，兩人邊喝啤酒邊辯論如何改善非洲的醫療保健。他們想要雇用一家知名的顧問公司幫忙，但這些顧問的收費都很高。他們徵求老闆的意見，老闆告知若能找到另一個組織願意加入，就會提供資金。費瑟斯頓和莫里亞提去請求蓋茲基金會協助，獲得同意，募得大約二百萬美元，委託麥肯錫進行兩項研究。

麥肯錫的第一份報告公開發表，標題是〈非洲的健康事業〉，指出若沒有民間公司參與，就不可能改善新興市場的醫療保健。光是改善公家醫院還不夠，因為在新興市場，大家都已太習慣接受私人的醫療保健服務。

在沒有發表的第二份報告中，麥肯錫建議國際金融公司設立一支私募股權基金，投資新興市場的醫療保健公司。麥肯錫還建議世銀成立一個團隊，遊說新興市場的政府和民間的醫療保健公司合作。

一位參與研究者指出：「理由是在新興市場的很多國家，民營業者在醫療保健業的占比很高，但基本上都被政府漠視。」

鼓勵投資新興市場的民間醫療保健公司具有爭議性。反貧窮慈善組織 Oxfam 發表一篇論文：〈盲目樂觀〉，對國際金融公司提出嚴厲的批評。Oxfam 認為應該幫助政府發展由納稅人負擔的醫療保健服務（像英國的國家健保局一樣），這是比較便宜、公平、有效的做法。

Oxfam 指出：「民間部門也無法擺脫貧窮國家公共醫療體系所面臨的問題。」

國際金融公司不理會 Oxfam，接受麥肯錫的建議，成立一檔非洲醫療保健的私募股權基金，費瑟斯頓和莫里亞提開始聯絡潛在投資人。蓋茲基金會加入國際金融公司、德國政府、非洲開發銀行（African Development Bank）的行列，同意投資該基金——這是蓋茲基金會第一次投資私募股權基金。這些機構總計投資那檔基金五千七百萬美元。

現在國際金融公司需要找到一家公司來管理基金，二〇〇八年開始招標。由維蒂維特皮萊帶領的倫敦私募股權公司歐瑞斯資本回應了。維蒂維特皮萊聲稱歐瑞斯資本可以「在金字塔底層」賺錢，投資那些專為最貧窮非洲人提供服務的醫療保健公司。

維蒂維特皮萊建議，歐瑞斯醫療保健團隊應訂定服務窮人的目標，依據達成多少目標給予薪水。服務愈多極端貧窮的人，收入就愈豐厚。維蒂維特皮萊團隊的一個成員形容這個方法是「過激派影響力投資」。

國際金融公司和蓋茲基金會擬定一份基金管理合約給歐瑞斯，維蒂維特皮萊接受了。維蒂維特皮萊相信，管理基金是認識蓋茲基金會這類重要新投資人的好機會，且歐瑞斯可以收取基金管理費加上所有獲利的分紅。

維蒂維特皮萊在歐瑞斯的一些同事對於非洲醫療保健基金感到不安。他們認為這是虛榮心作祟的計畫，出資的西方人並不清楚他們想要達成怎樣的目標，對新興市場更是極度不了解。新方案將他們的薪資與所謂的「影響力指標」（impact metrics）掛勾也讓人憂心，因為要在新興市場投資獲利已經是很不容易的事。

維蒂維特皮萊請歐瑞斯的主管管理基金，大家紛紛走避。他們不了解提供醫療保健給非常貧窮、負擔不起的人怎麼可能賺錢。你不必是數學家，也知道這是不上算的生意。

維蒂維特皮萊決定自己處理，命令謝基爾・麥拉利（Shakir Merali）帶領醫療保健基金。後者勉強同意，想著如何訂定一套策略打好這手爛牌，既要提供醫療保健給貧窮的非洲人，同時又要能賺錢，讓投資人滿意。他愈想愈看出這裡面有很大的商機。

非洲大道醫院

麥拉利在肯亞出生成長，深知非洲人要獲得高品質醫療保健很困難。非洲新興的中產階級沒有多少選項，少數富人會使用昂貴的私人醫院，或飛到歐美治療，貧窮的多數人使用的是政府或慈善機構運作、長期資金不足的診所。

麥拉利在肯亞首都奈洛比一棟破舊的建築看到第一個投資機會。大道醫院（Avenue Hospital）所屬的連鎖診所提供的是比較不一樣的服務，提供基本的醫療保健給肯亞的中產階級——這些人不是擁有醫療保險，就是有足夠的錢負擔低成本的治療。候診室是停車場的木造建築。

大道醫院的做法非常成功，麥拉利決定投資該公司二百五十萬美元。這筆錢要用來在西肯亞的基蘇木市（Kisumu）建造新醫院，同時開立更多診所。大道醫院年營業額在歐瑞斯投資時大約三十萬美元，短短幾年大增到大約一百萬美元。大道醫院讓麥拉利相信行善與獲利可以兼顧。幫助非洲一家醫療保健公司擴充後，他推斷應該可以擴大規模如法炮製。他規畫建立泛非洲的醫療保健公司，他稱之為烏茲瑪（Uzima）計畫，在史瓦希利語（Swahili）意指「充滿生機」。

二〇一二年阿布拉吉收購歐瑞斯時，麥拉利的宏大計畫獲得肯定。他解釋烏茲瑪給納克維聽，納克維想到的是野心更大的做法，成立一檔涵蓋所有新興市場的醫療保健基金。納克維派麥拉利和他信賴的阿布拉吉老員工艾比納夫．曼席（Abhinav Munshi），大家叫他艾比（Abi），負責擬定策略，成立新基金。

與比爾．蓋茲合作醫療保健基金

阿布拉吉接管歐瑞斯及其非洲醫療保健基金後，蓋茲成了納克維的投資人。納克維想要親近蓋茲，二〇一二年十月蓋茲到阿聯時，納克維邀請他到家裡用餐。

蓋茲到阿聯是為了到阿布達比的穆罕默德．賓扎耶德．阿勒納哈揚王子（Crown Prince Sheik Mohammed bin Zayed Al Nahyan）主持的會議中演講。這位微軟創辦人對一群富裕的中東人解說，他為什麼會獻身慈善事業與醫療保健，請求大家共同伸出援手。

蓋茲說：「我們無法獨力拯救數百萬孩童的性命，因為沒有足夠的資源和知識，沒有足夠的管道進入世界許多地區。我們需要夥伴，此所以今天我很樂意出席這場會議。」

他請求與會者盡全力幫助窮人，訴諸與會者的競爭本能，挑戰他們是否能做得比西方國家更好。

「長久以來，我們在西方努力發展與運用科技，幾乎都只是為了滿足富人的需求，只服務負擔得起的人。我希望你們不斷尋找方法，運用科技來幫助負擔不起的人。」

演講後，蓋茲沿著阿拉伯灣岸北上來到杜拜，在納克維夫妻位於阿聯酋山莊的豪宅擔任晚宴貴賓。

蓋茲和納克維有很多事情要討論。兩人幾週前才達成共識：他們的慈善基金會將合作在巴基斯坦推行計畫生育方案（family-planning program）。納克維似乎正是蓋茲尋覓的人，有錢但關心窮人。

納克維也對蓋茲有所求。他們可以聯手改變亞非數百萬最底層窮人的生活，不是靠給錢，而是建立一檔新的大規模私募股權基金，投資新興市場的醫院和診所。蓋茲目前也有投資一檔非洲醫療保健基金，該基金的問題是規模太小，無法真正發揮影響力。於是誕生了阿布拉吉成長市場醫療基金（Growth Markets Health Fund）的構想。

餐會後數日，中東與巴基斯坦各地報紙都刊出蓋茲和納克維廣泛協議合作的新聞。新聞報導還附上一張照片，蓋茲穿西裝打領帶，微笑但不太自在地看著地板。納克維看起來比較放鬆，穿西裝，襯衫領口敞開，臉上滿滿的笑容。

報導中引述蓋茲的話：「這是很重要的共同投資夥伴關係，同時也代表一種很有智慧的合作方式，未來的發展無可限量。」

醫療基金逐漸擴大

有了蓋茲這位投資人和盟友，對納克維是意料之外的重大成功。此人身價六百七十億美元，比肯亞一整個國家還有錢，有他的支持，對其他投資人具有絕佳的宣傳效果。納克維對於他和微軟創辦人的關係很驕傲，甚至將兩人的合照擺在辦公室。當時納克維並不知道，自己最後將敗在他與蓋茲及其基金會的關係上。

納克維吩咐麥拉利和曼席加強在全球醫療保健基金的工作。如果規畫得當，該基金可望確認阿布拉吉的地位——成為影響力投資運動的領導者——透過收取管理費與分享獲利賺進大把鈔票。

二〇一三年一月，納克維在達沃斯的世界經濟論壇介紹新醫療保健基金的計畫。全球醫療產業最重要的兩個人也參加會議：荷蘭皇家飛利浦公司（Royal Philips Electronics）的執行長萬豪敦（Frans Van Houten），美敦力（Medtronic）的執行長奧馬爾・伊什拉克（Omar Ishrak）。

兩人領導世界兩大醫療保健公司，市值加起來將近一千億美元。二〇一三年五月，開普敦（Cape Town）有一場探討非洲問題的世界經濟論壇會議，納克維在那裡和飛利浦執行長討論他的計畫。

對飛利浦和美敦力而言，這是明顯的好機會。若能與蓋茲基金會一起投資該基金，他們將有更多機會銷售醫療設施給納克維計畫收購和興建的醫院與診所。該基金將會幫助他們走出北美與歐洲，在快速成長的市場占有一席之地，這些地方對品質佳收費低的醫療照護有著很大的需求。

二〇一三年末阿布拉吉的財務狀況愈來愈困窘，納克維卻準備就他的醫療保健基金計畫揭露更多細節。他邀請一小群投資人到他在牛津附近的鄉村別墅小聚數日，包括蓋茲基金會的茱莉・桑德蘭（Julie Sunderland）。另外還有管理顧問在場協助商討策略。

在這一切的幕後，納克維正瀕臨崩潰邊緣。賓客到達之前一日半夜，他在豪宅的客廳與維蒂維特皮萊、艾鐸－維杜、哈米德及其他團隊成員聚在一起，快速翻閱麥拉利和曼席花了幾個月準備的醫療保健基金的報告。兩人對自己的努力成果相當滿意，但納克維很不滿意，罵了曼席將近一小時。他大聲指責文件的調性大錯特錯。維蒂維特皮萊、艾鐸－維杜和哈米德一語不發。納克維說他不可能拿這種文件給投資人看，威脅要取消會議。這番暴怒讓麥拉利和曼席很難過。

納克維說：「你們得重做簡報。」

曼席弄到大約清晨四點，但都只是做表面的修改，將其中幾頁的順序調換，最後跑去睡覺。早餐時他再度拿文件給納克維看。

納克維說：「不錯。」

員工都很熟悉他這種發脾氣的模式。納克維常會大發雷霆，在最後一刻要求修改。一位員工說，這個過程讓納克維相信，要找出問題與解決問題，非他不可。

那天早上，納克維歡迎賓客時展現十足的魅力，仔細解說基金將如何運作。納克維的鄉村豪宅讓賓客印象深刻。隨時有管家來滿足賓客的需求，而且在老宅四周的典雅花園散步也是一大享受。

管理顧問在談話中不時穿插企業術語，諸如綜效、推出新產品之類。顧問的商業用語讓一位賓客感到不安，當大家在討論如何改善赤貧國家的醫療保健服務時，顧問談的概念似乎很不恰當。

這位與會者說：「那裡很多人完全不知道他們在說什麼，在新興市場的醫療保健領域也毫無經驗。那可是極具挑戰的工作。」

納克維把一切講得好像很簡單。

他後來告訴投資人：「那些市場過去的一大特點是系統性投資不足，但隨著收入提高、都市化和生活方式改變，人們對高品質醫療保健體系的需求會愈來愈高。」

納克維要投資人投入該基金十億美元。這筆錢要用在亞洲與非洲高需求低收入的城市，收購與興建十二間醫療保健公司。納克維不只要投資他的童年故鄉喀拉蚩，還要投資奈及利亞的拉哥斯、衣索匹亞的阿迪斯阿貝巴（Addis_Ababa）、印度的海德拉巴（Hyderabad）、南非的德班（Durban）、迦納的阿克拉（Accra）。納克維告訴投資人，阿布拉吉可以輕易克服基金運作的挑戰，包括找到足夠的醫院來收購，招募足夠的醫生與護士進醫院。他誇耀阿布拉吉投資醫療保健公司的成績多亮眼，其中確實有些是事實。阿布拉吉售出土耳其連鎖醫院 Acibadem 便確實賺了一筆。

納克維管理這十億基金將收取標準的私募股權年費二%——相當於一年二千萬美元——外加所有獲利的五分之一。

納克維的話術很高明，但牛津會議的與會者有不同的意見。阿布拉吉的主管打算要投資獲利機會很高的公司，蓋茲基金會的團隊感興趣是較可能幫助非洲最貧窮者的投資，比較不把重心放在獲利的潛能。在這一點上麥拉利和蓋茲基金會的幹部相抵觸，他決定只收購獲利足以自給自足、不需捐助就能成功營運的醫院和診所。他相信在亞非建立財務自足的醫療保健體系，可終結對西方補助的需要。

這樣的衝突讓納克維很傷腦筋。麥拉利是很重要的團隊成員，但納克維經不起失去蓋茲基金會的支持。納克維開始物色更有外交手腕的人來領導新的醫療保健基金。

招募賣沙給阿拉伯人的銷售高手

能言善道的財務主管卡瓦・曼恩（Khawar Mann）正符合他的需要。他生於英格蘭第二大城伯明罕的貧窮社區，父母從巴基斯坦移民過去後就住在那裡，父親開巴士和送郵件養家。曼恩早熟而聰明，在英國的教育體系快速過關斬將。他因成績優異可以進入劍橋大學醫學院，但轉讀法律。畢業後他依循傳統發展路徑來到倫敦金融區，三十歲前都在年利達律師事務所（Linklaters）擔任高薪的企業律師。一九九五年離職，到賓州大學華頓商學院（Pennsylvania's Wharton School）進修著名的企管碩士課程。接著到柯恩爵士的私募股權公司安佰深集團工作，後成為合夥人以及醫療保健投資團隊的共同領導者。

他平常若不是忙著找商機，就是到英國王儲查爾斯王子創立的慈善機構幫忙。這個機構專門指導貧窮社區的年輕人，就像曼恩成長的那種社區。曼恩的慈善工作贏得伊莉莎白女王二世頒發大英帝國勳章（Order of the British Empire），這是很讓人嚮往的獎項。

曼恩在英國體制內的步步高升因一件事戛然而止——他因為某一醫療保健項目投資不當，

損失數百萬美元。他因此離開安佰深集團前往莫斯科，在俄國一位富豪所有的私人醫療保健公司工作，那人後來被控洗錢。到俄羅斯的發展不順利，曼恩開始找上某一年在達沃斯認識的納克維。納克維認為他是爭取投資人的適當人選。如同一位投資人所說的：「曼恩有能耐賣沙給阿拉伯人。」他於二〇一四年加入阿布拉吉，協助帶領醫療保健基金。要在開發中國家改造醫療保健是野心很大的目標，讓他興致勃勃。

吸納更多金融菁英

納克維聘用金融業另一個大咖加入醫療保健基金，艾利．傑帝（Aly Jeddy）是紐約麥肯錫顧問公司的資深合夥人，負責為美國的私募股權公司擔任顧問。他的履歷一攤開都是知名機構。他畢業於達特茅斯學院（Dartmouth College）的經濟系，成績名列前茅，還擁有耶魯大學法律學位。曾任職聯合國前南斯拉夫戰爭法庭（UN War Crimes Tribunal for the former Yugoslavia）的檢察官辦公室，在世銀工作時為埃及設計福利制度。他是紐約上東城昂貴的私立預校道爾頓學校（Dalton School）的理事，達特茅斯的校友會成員，也在巴基斯坦服務盲人的慈善機構擔任董事。

傑帝和納克維相識近十年，是阿布拉吉的策略顧問。納克維指派傑帝領導醫療保健基金，曼恩擔任他的副手。投資人（包括國際金融公司）對傑帝不是很放心，因為他雖擁有菁英資歷，對於投資極貧窮國家的醫療保健並沒有經驗。

一位投資人說：「我們完全不明白為什麼指派傑帝，他在新興市場、醫療保健、投資等領域都沒有經驗。」

傑帝和曼恩與納克維、維蒂維特皮萊一起準備醫療保健基金的行銷文件。他們沒有一個真的是新興市場的醫療保健領域專家，卻都很擅長向投資人推銷私募股權基金。

傑帝告訴《富比士》雜誌：「世界都向我們的市場簇擁。」

傑帝和維蒂維特皮萊飛到美國見投資人，向蓋茲基金會和國際金融公司推銷——內容自然修飾得很動聽。

但傑帝很快就開始懷疑他決定加入阿布拉吉是否明智。他看到阿布拉吉內部的運作方式，對一些同僚的道德產生疑慮，納克維的做事方法也讓他不安。

一位前同事說：「他終於看清楚這是什麼公司。」他加入阿布拉吉不過幾個月便辭職不幹，回去麥肯錫。

傑帝的離開在投資人之間響起警鈴，但納克維很快採取行動控制損害。他告訴投資人他要親自帶領醫療保健基金，曼恩負責管理日常營運。

前英國健保執行長也加入

納克維希望聘用更大咖的人物來提升醫療保健的資歷，為了吸引名氣響亮的主管，他不惜給出部分員工認為荒謬的高價。結果他找到了大衛·尼克遜爵士（Sir David Nicholson），前英國國家健保局的執行長。

他進入國家健保局前不久才剛加入共產黨，剛畢業時是充滿理想主義的訓練生，一路攀升，成為以作風強勢聞名的經理。二〇〇六年被指派領導英國國家健保局，負責九百億英鎊的預算以及龐大的官僚機器，底下有超過一百萬名醫生護士，數千家醫院診所。

這是很高壓的工作，但依政府的標準而言他的薪水算很高，另外還有別的福利。二〇一〇年，他獲英國女王封爵。但他任職期間引發不少爭議，例如某一年除了二十一萬英鎊的薪資，另外又收下四萬一千六百英鎊的津貼，引發批評。另一項批評是他監督的一些醫院死亡率大量攀升，因為管理者太把重心放在財務上，他因此被迫以執行長及個人的身分道歉。

他離開英國國家健保局後，曼恩邀請他加入阿布拉吉集團。在蓋茲基金會的要求下，曼恩成立影響力委員會來篩選投資項目。曼恩提供尼克遜爵士年薪十二萬美元，一個月只需工作四天。這樣的年收入足夠在肯亞聘僱六名醫生，但尼克遜爵士的責任並不多。

合約中註明：「由顧問決定執行服務的方法、細節與手段，阿布拉吉無權也不會控制顧問提供服務的方式或程序。」

尼克遜爵士接受了。這項任命案引發醫療保健基金員工的驚愕，他們不明白為什麼這人做這麼少的事，領這麼多的錢。

成功募資四・六億美元

納克維和曼恩為基金的行銷資料做最後的潤飾，有些投資人（包括國際金融公司）認為要十億美元太多了。納克維拒絕傾聽。

他說：「要做就做大的，不然不如不要做。」只要基金規模愈大，阿布拉吉拿到的管理年費就愈多。

在與投資人討論時，另一個特別棘手的問題不斷浮現。私募股權基金的期限通常是十年，期間必須買賣公司。國際金融公司和蓋茲基金會認為，醫療保健基金的期限應該比一般更長一些，才能在艱鉅的條件下建立穩固的公司。醫療保健的法規很複雜，要找到員工不容易。更麻煩的是阿布拉吉建議從無到有興建醫院。納克維將這些問題都擺到一邊，因為他不希望計畫累積的動能停下來。他指示最好將醫療保健基金當做一般的私募股權基金來設計。

到二〇一五年夏天，阿布拉吉已準備好私募股權業所謂的「首次關帳」（first close）。意思是基金已募集足夠的資金可以開始收購公司。蓋茲基金會依約投資一億美元，美敦力和飛利浦也投資了。國際金融公司願意投資，但事後證明很難獲得核可。負責決定世銀資金運用的一個委員會不願核可一億美元的投資。費瑟斯頓告訴納克維，國際金融公司決定最多只投資五千萬美元。納克維很不高興。幾天後，費瑟斯頓接到一通電話。

納克維告訴他：「我真的要恭喜你了。」

費瑟斯頓一頭霧水，問要恭喜什麼。

納克維洋洋得意：「國際金融公司要投資一億美元，所以要恭喜你囉！」

國際金融公司的主管搞不懂納克維怎麼辦到的，竟可以從他們的組織拿到一億美元。他們猜想他是運用和國際金融公司執行長蔡金勇的關係。納克維告訴國際金融公司一名員工，確實是如此。

國際金融公司的這筆錢讓首次關帳的總募集金額達到四．六億美元。納克維邀請投資人到他在梅菲爾區的辦公室慶祝。這次是桑德蘭離開蓋茲基金會，自己創立醫療保健投資公司之前，最後一次和阿布拉吉聚會。

她離開時給的最後一個訊息是：「別搞砸了。」納克維手上現金滿滿，說服曼恩找尋新的投資標的。

買下印度關愛醫院

不久他便發現一個大好機會——關愛醫院（Care Hospitals）正要出售。這家印度公司挽救過潔西的性命，大家都知道醫生的素質很高。有些患者認為他們的主任醫師是宗教導師，具有近乎神祕的治療力量。關愛醫院為安巨集資本（Advent International）所有，這家美國私募股權公司重新裝修舊醫院，同時在印度各地開立新醫院，讓關愛醫院成功擴展。安巨集資本聘請投資銀行莫里斯公司（Moelis & Co.）管理關愛醫院的拍賣事宜。莫里斯邀請醫院營運業者、私募股權公司、主權財富基金出價，接著展開激烈的競標。阿布拉吉的對手是美國私募股權公司TPG與新加坡主權財富基金淡馬錫控股（Temasek Holdings）。新加坡的醫院營運業者湯申醫療中心（Thomson Medical）也參與競標。

曼恩一心想贏，他希望關愛醫院的醫院和醫師能成為阿布拉吉醫療保健基金的骨幹。他計畫將關愛醫院擴及國際市場，遍及亞非各地。關愛醫院的醫生護士可以訓練新員工，到孟加拉、奈及利亞等地的醫院工作。阿布拉吉有些主管對曼恩處理拍賣事宜的方式不滿意，認為他太早洩漏底牌，讓人清楚知道他多麼想要談成這筆生意。

最後出價日在二〇一五年秋天，預計十二月之前會宣布結果。但一直沒有消息，阿布拉吉主管還以為輸掉了。謠傳贏家是ＴＰＧ的團隊，帶領者比爾・麥格拉森（Bill McGlashan）是影響力投資界的領導人物，也是愛爾蘭搖滾明星波諾（Bono）的朋友。

然後曼恩收到意料之外的消息。ＴＰＧ退出了，阿布拉吉最有可能獲勝。安巨集資本願意給阿布拉吉一個快速成交的機會——給他們幾週的時間審查關愛醫院，確保獲利情況如醫院說的一樣。有些同事認為，曼恩沒有花更多時間分析公司的財務狀況非常冒險。二〇一六年初簽訂合約，阿布拉吉投資一・三億美元。

醫療投資三巨頭

二〇一六年一月納克維回到達沃斯，急著告訴世人他的新醫療保健基金。世界經濟論壇很樂意幫忙傳播訊息。納克維可是花了數百萬美元，才能年復一年到瑞士阿爾卑斯山參加會議。論壇安排一場記者會，主題是開發中國家醫療保健的未來。納克維上台時身旁伴隨醫療保健基金三大投資人——蓋茲基金會、飛利浦和美敦力公司。沒有一位來自開發中國家的醫生或護士獲邀發聲，也沒有讓貧窮的患者訴說他們的故事。會議的主持人格爾奧格・施密特（Georg Schmitt）提出第一個問題，根本是邀請納克維推銷他的新基金。

「請告訴我們，要如何運用民間資本，解決與對抗我們遭遇到的這項全球性的醫療挑戰。」

納克維答：「我們顯然有兩個目的，第一是賺錢。」

他說，第二個目的是提供醫療保健。「試看拉哥斯、喀拉蚩或加爾各答（Kolkata），你會驚訝這些地方連最基本的醫療保健都沒有，我們的任務就是實際把它做到位。」

蓋茲基金會的人幾乎無法隱藏對納克維新基金的熱烈支持。

馬克．蘇茲曼（Mark Suzman）說：「能與在座每個人成為阿布拉吉成長市場醫療基金的夥伴讓我們很興奮，因為我們將有機會徹底改變這個區域很多市場的服務，這是真正的革命——用這個詞或許有點強烈，但確實代表我們的中期期望。我們對於這檔基金的未來走向非常樂觀。」

納克維說，關愛醫院恰能反映新基金未來著力的重點。關愛醫院裡有很多印度醫生，阿布拉吉會將他們的專業轉移到其他國家的診所和醫院。

納克維說：「這裡真的有一群具備世界級專業能力的醫生和技術人員，如果我們可以將他們的專業知識與訓練應用到整個非洲，每個人都會是贏家。」

錢都花在肥貓高薪上

回到杜拜，曼恩卻面臨其他的問題。

簽訂第一筆交易的興奮熱潮過後，仔細檢視關愛醫院的帳簿，顯示財務上有不少挑戰。阿布拉吉匆忙簽約之下忽略了一些重要的警訊。關愛醫院的資深管理團隊開始有人離職，醫院達成財務目標的進度落後。關愛醫院的問題可以解決，但阿布拉吉為了取得解決這些問題的權利，已先付出高昂的價格。在一場內部會議中，納克維要曼恩向其他員工解釋收購關愛醫院出了什麼問題，讓他很難看。

曼恩的領導風格讓一些團隊成員感到不安。他提出的一些構想，讓那些在新興市場打滾數十年的人覺得根本是不可能的任務。有一次他將同事拉到辦公室，要他們開始進行奈及利亞的一項計畫案——要在半年內興建一間醫院並找好醫護人員。團隊成員覺得實在很誇張，他們很清楚要在奈及利亞招募與訓練員工多麼困難，更遑論從無到有興建醫院。

醫療保健團隊的士氣很低落。基金的設計者曼席辭職，麥拉利也想離開。納克維請他留下來等到募資結束，麥拉利同意了。

資深主管的豪奢與醫療保健基金的員工收入有天壤之別。一位主管從杜拜搭商務艙到奈洛比，只去開一場會議，晚上住諾福克飯店（Norfolk Hotel），那是殖民時期英國貴族最愛的高價飯店。短短一趟商務旅行的花費遠超過一個肯亞護士的年薪。

醫療保健團隊有些成員的薪水，即使依私募股權業的標準來看都令人瞠目結舌。撒米爾・克萊夫（Samir Khleif）是癌症權威，也是納克維的朋友，年薪數十萬美元。

二〇一六年七月阿布拉吉完成醫療保健基金的募資。銀行、富人、美國聯合基督教會（United Church of Christ）的退休基金、英國的CDC、法國的同類機構Proparco，承諾投資的金額總計八・五億美元。另外與美國政府的海外私人投資公司（Overseas Private Investment Corp.）協商一・五億美元的投資，若洽談成功，很快會讓基金規模提高到十億美元。

蓋茲將一億美元託付給納克維，要讓他為窮人興建醫院，此舉幫納克維多吸引了九億美元資金。納克維和蓋茲現在有錢可以改變幾百萬人的生活。然而納克維另有計畫，完成募資後不過幾個月，他又要求醫療保健基金的投資人再拿出數億美元。蓋茲基金會、國際金融公司和其他投資人依照阿布拉吉的要求給錢。阿布拉吉告訴投資人，這些錢要投資的公司包括關愛醫院，被巴士撞傷的印度女孩潔西就是被這家連鎖醫院救活的。結果納克維卻把其中數千萬美元拿去用在自己和員工身上。

• • •

阿布拉吉醫療保健基金的確開始在巴基斯坦、肯亞、奈及利亞、印度展開工作——收購巴基斯坦的一間診斷公司和肯亞的數間醫院，並開始在拉合爾、喀拉蚩和拉哥斯蓋醫院。

即使阿布拉吉沒有從醫療保健基金盜用幾百萬美元，為世界上最貧窮的民眾提供民營醫療服務還是很困難，這項偉大的資本主義實驗根本不可能成功——至少剛開始時不可能。阿布拉吉的文件顯示，該基金可以投資的診所和醫院不只服務一天生活費不到三美元的金字塔最底層，也服務一天賺三到十美元的中間階級。該基金的策略是先提供高品質醫療照護和診斷給負擔得起的人，再取得政府與慈善機構的資助來服務最貧窮的人。曼恩巡視阿布拉吉在拉合爾的醫院時，望向周遭的田野，看到極貧窮的農民拉著牛在辛苦工作。他知道他們永遠沒有能力進醫院，即使他願意為他們服務。

阿布拉吉勢必無法提供免費的醫療保健，因為他們從私募股權公司、管理顧問公司、私人醫院聘來的主管花費年薪數十萬美元，在達沃斯那麼大張旗鼓宣布成立的基金當然要賺很多錢才能生存。

13

「深呼吸，微笑，讚美真主，然後繼續向前」

「我要向你報告，我們將沒有錢可以支付集團的六月份薪水及其他重要的支出。」拉卡尼問納克維，是否可以繼續使用阿布拉吉的錢支付老闆的個人費用。納克維冷靜回答：「深呼吸，微笑，讚美真主，然後繼續向前。」

蓄白鬚的拉卡尼是很虔誠的教徒，一心服事阿拉和納克維，每日祈禱五次，除此之外，就是在阿布拉吉的杜拜總部最深處的角落忙著工作，旁邊環繞成堆的收據。這位忠心耿耿的現金管控主管整個二〇一六年都在抓阿布拉吉的銀行帳戶資料，找錢讓收支平衡。他發現愈來愈難竄改阿布拉吉的帳本，沉重的壓力正在損害他的健康。

納克維的一個祕書記得，拉卡尼準備進入老闆的辦公室時會顫抖。辦公室裡裝飾著幾張照片，有美國拳擊手穆罕默德·阿里（Muhammad Ali），也有納克維和蓋茲、巴菲特的合影。進去會聞到巴黎 Diptyque 香水味，那是納克維的一位管家最愛噴的。有時候祕書會偶然聽到納克維播放爵士樂和一九八〇年代的抒情搖滾歌曲，像是柏林合唱團（Berlin）的《神魂顛倒》（Take My Breath Away）。

拉卡尼每天都將阿布拉吉遍布全球的基金、公司、銀行裡的錢挪來挪去。一切由納克維、西迪克、戴維（Ashish Dave）指導核可，後者從安侯建業再回到阿布拉吉，擔任財務長。

拉卡尼一再告訴納克維，這種財務詐騙伎倆對阿布拉吉的體質和他自己的身心健康造成很大的壓力，已經難以承受，但老闆似乎不以為意。

到處找錢周轉

納克維仍然相信自己有能力躲掉付款期限，找到新的財源。他確定最大的資產喀拉蚩電力公司一旦賣出去，就可以解決現金危機。阿布拉吉真的讓喀拉蚩電力公司進步很多，但還不足以保障未來的發展。這家公司的發電量仍不足以讓巴基斯坦最大城的燈光全部亮著，未來還需要更多投資，但阿布拉吉無法提供。喀拉蚩的水公司還欠喀拉蚩電力公司幾百萬美元，後者又積欠國營天然氣公司數億美元。這些欠款引發一連串還未結案的訴訟和政治紛爭。納克維要找一個買家，利用阿布拉吉的經營成績為基礎繼續改善，但世界上很少公司能做到這點。

這時納克維的運氣來了。中國推出一個歷史性的計畫，要投資一兆美元協助鄰國進行基礎建設，包括巴基斯坦。中國的目的是創造現代的貿易與運輸網，就像古代將中國的絲織品帶到西方的絲路一樣。上海電氣集團（Shanghai Electric）是龐大的國營事業，負責中國最大城市的電力供應，有興趣收購喀拉蚩電力公司，公司主管開始和阿布拉吉協商。

二〇一六年夏天，中國和阿布拉吉的協商更加熱絡，納克維和羅迪重新加把勁爭取首相謝里夫兄弟的支持。納克維和羅迪與馬力克簽訂正式協約，這位中間人負責管理他們與巴基斯坦政治人物的關係。二〇一六年六月羅迪準備了一份二千萬美元的合約要和馬力克簽約，附在電郵裡寄給納克維審閱。

羅迪寫道：「老闆，請查閱附件後告知你的看法。我們已致力維持簡單扼要。」

納克維答：「避免太具體，從你的 Gmail 寄給他。」

納克維說，文件裡都不能提到阿布拉吉或喀拉蚩電力公司。「這份文件若落在不當的人手中很具爆炸性，不要再進一步尋求任何顧問的意見。」

羅迪答：「知道了。」

兩個月後，上海電氣集團公開宣布準備競標喀拉蚩電力公司，納克維開心極了。但這筆生意觸怒了美國一些官員，他們認為這會讓中國掌握更多影響力。

首相謝里夫公開支持收購協商。他歡迎納克維、馬力克和上海電氣董事長王雲丹到首都伊斯蘭馬巴德參加官方會議。首相在一間很正式的房間招待這些主管，房間裡最明顯的是巴基斯坦國父穆罕默德．阿里．真納（Muhammad Ali Jinnah）的巨幅肖像，瘦削的臉孔嚴厲地盯著那些政治人物和商人。肖像前華麗的花瓶插著盛開的花朵，旁邊是暗綠色的巴基斯坦國旗。納克維坐在馬力克和首相中間。會議結束後，納克維授權寄送出二千萬美元合約給馬力克。

•••

多數人初識納克維，都會相信他要他們相信的事：他是有錢的投資人，有心要讓世界變得更美好。但並不是每個人都能繼續維持信心，這可以從伊斯蘭馬巴德的會議結束幾天後的電郵往返看出來。

西哈比很多年沒有納克維說話了。二〇〇二年在阿布拉吉的前身拉斯馬拉，兩人曾是事業夥伴，但那幾個月的氣氛很緊張。納克維、西哈比和另外三人曾誓言一起合作，秉持人人為我我為人人的精神，沒想到合作關係很快就破裂。

沉默多年後，西哈比於二〇一六年九月寄了封電郵給納克維。他發現網路上有一篇他自己的傳記，錯誤地稱他為阿布拉吉的執行長。

「不知為何這篇文章在網路上流傳，我必須不斷糾正。總之我糾正過了，但你等於獲得免費的宣傳。」

納克維答：「我不受困擾，說不定某天真的給你工作。」

西哈比答：「是啊，說不定當檢察官的證人。」

納克維說：「老朋友，希望你一切安好。」

債主們紛紛出現

上海電氣（Shanghai Electric）將以一七．七億美元買下阿布拉吉在喀拉蚩電力公司的控股，消息於二〇一六年十月宣布。這項交易可望為阿布拉吉帶來巨大獲利，但錢入袋前，納克維必須先取得巴基斯坦幾個政府部門的書面核可。這個過程很複雜。巴基斯坦有些政府官員對於將喀拉蚩電力公司賣給中國人感到不滿。也有些人忌妒阿布拉吉能因此賺得五．七億美元。另一個麻煩事是喀拉蚩電力公司未付清天然氣帳單。有些官員希望先解決這件事再核可交易。

羅迪和馬力克為了向官僚收集所需的核章，好幾天在政府辦公室外冒汗等待。羅迪愈來愈不耐煩，對官員發飆，明明要爭取很重要的支持，卻反而把那些人推得更遠。有些官員在政府的層級比首相低了好幾級，但仍然有能力阻礙交易。納克維採取菁英策略，努力爭取最高階單位的影響力，讓決策往有利於他的方向發展，但這一套對於巴基斯坦政府並不管用。

喀拉蚩電力公司出售案一直延後，使得納克維和拉卡尼必須從阿布拉吉的基金盜用更多現金，好維持公司的營運。他們還積欠投資人國際網和薩哈姆集團的銷售所得數百萬美元。更多投資人注意到沒有收到錢，施壓納克維要趕快給。為了延遲付款，阿布拉吉的主管藉口說資訊科技出問題，導致系統亂掉。

二〇一六年十一月，阿布拉吉要求醫療保健基金的投資人投入四．一四億美元支付投資案。投資人立刻把錢奉上。錢進入醫療保健基金後，納克維和拉卡尼便將一．四億美元挪到祕密帳戶，其中三百二十萬美元再從祕密帳戶轉給納克維。

納克維必須支付阿布拉吉理應投入醫療保健基金的錢，但他已經沒有錢，便決定將他從基金支取的七千三百萬美元還回去，假裝那是阿布拉吉投入的錢。其實不是，那是投資人的錢。

當錢在阿布拉吉的不同帳戶間非法快速移轉，納克維展開新一輪自我推銷之旅。

他招待倫敦和紐約的投資人，告訴他們阿布拉吉的成績多優異、財務多健全。在紐約的一場聚會，和他同台的有阿布拉吉旗下公司的主管，包括土耳其網路零售商赫西布拉達（Hepsiburada）的創辦人漢札黛．多安．鮑納（Hanzade Do an Boyner）。

她在促銷影片中這樣敘述阿布拉吉：「我很喜歡我的夥伴，我們有同樣的願景，同樣的文化。」

• • •

到二〇一七年一月，公司現金不足的危機真的很嚴重。拉卡尼告訴納克維，到三月底前阿布拉吉需要八千五百萬美元——即使最近才剛盜用醫療保健基金。拉卡尼說，更糟糕的是，醫療保健基金承諾投資一．七三億美元的案子，實際上卻付不出來，因為基金剩下的錢不夠。

醫療保健基金在奈及利亞需要錢，因為阿布拉吉正與數十位醫生協商要蓋一間三百五十床的醫院；肯亞也需要錢，那裡的醫療保健基金同意投資奈洛比婦女醫院，做為受虐婦女的專門復原中心；醫療保健基金在巴基斯坦同樣需要錢，因為已承諾要在拉合爾蓋一間二百九十床的新醫院。

奢華晚宴、賄賂當局

這些救命計畫的錢不見了，二〇一七年一月納克維竟然還決定在達沃斯的世界經濟論壇開趴，而且花錢毫不手軟，讓人難以置信。他在眾富豪的年度聚會中表現得比以前更奢華。一月十八日傍晚，那個瑞士度假勝地下起雪來，納克維在莫羅薩尼施威策霍夫酒店（Morosani Schweizerhof Hotel）招待巴基斯坦的首相及其隨從享用盛宴。

這頓大餐花掉阿布拉吉三十四萬八千六百七十三美元，相當於二百七十一名巴基斯坦人平均年收入的總和。餐桌上裝飾的花朵花了七千三百五十七．五美元，等於五位巴基斯坦人的年收入。另外花了三萬五千美元請巴基斯坦歌星阿克達．雪納．札利（Akhtar Chanal Zahri）和梅沙．沙菲（Meesha Shafi）娛樂那群菁英，花一萬二千美元贈禮給賓客。這一晚由馬力克安排，與巴基斯坦官方代表前往達沃斯途中，在蘇黎世入住巴爾拉克飯店（Baur au Lac hotel），要阿布拉吉出資三千四百三十三．五美元，還外加未透露的額外花費九百八十一美元。

席間納克維站起來，介紹鄰座的特別嘉賓，首相謝里夫。他的目的是阿諛諂媚，因為喀拉蚩電力公司出售案還未完成，他比任何時候更需要首相的幫助。

納克維首先說：「Bismillah al rahman al rahim」（奉至仁至慈的真主之名），這是回教徒展開新行動的用語，「首相閣下，諸位好友。我在巴基斯坦之外建立事業和人生，建立一間為世人所知的公司，但有一件事讓我最感到驕傲，勝過我所做的一切，就是身為巴基斯坦人。」

五十位賓客爆出如雷掌聲，阿布拉吉可是為每個人的餐費花了二百五十瑞士法郎。

納克維說：「在這個國家你們每個人總會在某個時候經歷過病痛、辛苦、成長的煩惱，以我的例子來說，還有板球場上的挫敗，再也沒有什麼比這件事更讓我難過的。」這番話引發一陣笑聲。

「但事實是巴基斯坦是一個正在前進的國家，一個具有絕佳潛力的國家。

「很少地方的政府法規這麼清楚，我非常高興現任政府非常努力營造友善企業的環境——就我的經驗，勝過以前的歷任政府。」

換句話說，這段話可以解讀為要求首相加速核可喀拉蚩電力公司出售案。首相感謝納克維的招待，但沒有公開保證核可。

餐宴後納克維發電郵給拉卡尼，拉卡尼迫不急待要和他討論財務問題。納克維承諾很快和他談，在那之前他要拉卡尼善用常識判斷。

納克維寫道：「不要把公司關掉就是了！」

雙面人

在永無止盡的會議和媒體訪問中露臉，是納克維讓阿布拉吉維持營運的貢獻，他的公開亮相可以釋出訊息給投資人和銀行：公司狀況很好。

達沃斯聚會後數日，納克維飛到紐約，要在《經濟學人》雜誌的影響力投資高峰會中演講。他在台上接受畢夏普的訪問，這位記者出過一本書，談資本家可以如何結合投資與付出來拯救世界，他稱之為「慈善資本主義」（philanthrocapitalism）。納克維在敘述他的慈善資本主義時表現可圈可點。

納克維說：「重點不只是賺錢，而是讓這世界變得更好。」

納克維舉一個怪異的例子說明阿布拉吉如何兼顧賺錢和行善，就是強迫喀拉蚩電力公司的顧客繳電費。「這也是在發揮影響力——塑造更有社會責任感的公民——這就是影響力。」

納克維堅稱阿布拉吉是值得仿效的楷模。

「要建立偉大的公司，得先建立一家體質良好的公司。我們一定要重視透明化與公司治理，用心為社會多做更多事。」

《經濟學人》辯論之後數小時，納克維從拉卡尼那裡得到更糟糕的消息。阿布拉吉需要四百二十萬美元支付迫在眉睫的費用，拉卡尼說他要從醫療保健基金再拿五百萬美元去支付。拉卡尼在電郵裡附上一張表，顯示幾週前從醫療保健基金拿走的一．四億美元還未歸還。

拉卡尼很快又發一封電郵，但這次他有比較好的消息。他想出如何找到更多錢的方法，他們可以從阿布拉吉的私募股權四號基金多拿出一．一億美元，但必須有一個理由請該基金的投資人拿錢出來。納克維告訴投資人他要代他們收購突尼西亞的最大電話公司突尼斯電信

（Tunisie Telecom）。這個交易案的代號是蒂朵計畫（Project Dido），靈感來自現代突尼西亞所在的古城迦太基的第一位皇后。二〇一七年二月底阿布拉吉寄信請求投資人投入一・一億美元，一個月後就收到錢。但阿布拉吉一直沒有收購突尼斯電信，而是拿一千萬美元給另一批投資人——他們等待國際網和薩哈姆出售的獲利已等了一年多。

納克維並未就此罷手。他請醫療保健基金的投資人再投入一・一五億美元。到這時阿布拉吉已向醫療保健基金的投資人要了總計五・四五億美元。但依據寄給投資人的財報，只有三・〇五億美元用來買診所和醫院，二・四億美元不知為何一直沒有運用。因此，醫療保健基金的一、兩位投資人開始疑惑，阿布拉吉為什麼還要他們拿出更多錢？投資人有所不知，事實是納克維拿阿布拉吉的錢支付莫名其妙的各種費用和個人計畫，包括由他的前祕書紀芝蘭領導的新創事業。

二〇一七年三月國際婦女節，紀芝蘭創立網路時尚精品公司時尚家（Modist），以回教女性為目標消費群。就像納克維插手的所有事業，時尚家也是以行善的語言包裝。

紀芝蘭在新聞稿中說：「我們的目標是建立強大的目的感，賦予女性選擇的自由。我們希望能打破既定的觀念，建立社群與對話，為謙虛的現代時尚女性注入活力，提供資訊和掌聲。」

「四號基金沒有錢了！」

表面看來，阿布拉吉的財務崩壞並未影響納克維的自信。二〇一七年二月，他飛到柏林參加世界最大的私募主管年會，對著一群以歐美併購交易師為主的與會者演講，暢談如何以行善為目標。他甚至嘲弄「私募」這個詞，說寧可稱自己從事的是「夥伴資本業」（business of partnership capital）。他告訴與會者，私募業已失去夥伴的精神。他還提醒那些主管，在業界的認知裡，私募公司是一般夥伴，投資人是有限夥伴，兩者都是夥伴。但給納克維錢的夥伴其實暗中被搶劫。

柏林會議後數日，拉卡尼焦急地告訴納克維，阿布拉吉的一檔最大規模的基金是空的——四號基金沒有錢了。

拉卡尼說：「四號基金的現金餘額是零。現金狀況已失控，我不知道怎麼處理。」

納克維吩咐拉卡尼從醫療保健基金拿更多錢。拉卡尼又拿了二千五百萬美元，放在一個祕密銀行帳戶。

納克維在世界各地奔走時，拉卡尼繼續發電郵追著老闆跑。二〇一七年五月納克維在約旦時，收到一封真的很讓人憂心的信。納克維正在死海邊的一間飯店，主持世界經濟論壇的會議。他和法國廣告主管莫里斯・列維（Maurice Levy）及顧問公司麥肯錫的主管鮑達民

（Dominic Barton）一起坐下來後打開電郵閱讀。

拉卡尼在電郵中說：「我要向你報告，我們將沒有錢可以支付集團的六月份薪水及其他重要的支出。」

拉卡尼問納克維是否可以繼續使用阿布拉吉的錢支付老闆的個人費用。納克維冷靜回答。

「深呼吸，微笑，讚美真主，然後繼續向前。」

納克維說的「讚美真主」使用的是阿拉伯語，這讓那位精神緊繃的現金管控主管心情平靜下來。他要拉卡尼支付三十萬美元給他的長子艾山，並支付三十萬美元給紀芝蘭的公司時尚家。

納克維說：「兩人都沒錢了，明天就需要現金。」

接著納克維安慰拉卡尼一切都會沒事，因為德意志銀行將核可一．二億美元貸款，日本大型投資公司軟銀集團（SoftBank）有興趣收購阿布拉吉很大比例的股權。此外，伊斯坦堡、沙姆沙伊赫市（Sharm El Sheikh）和杜拜的房產銷售會讓更多錢進來。納克維說，如果一切順利的話。納克維告訴拉卡尼，巴基斯坦的首相百分之百有心終結他們的噩夢。

「同時有很多事在進行，我覺得應該讓你知道。」

拉卡尼終於發作了。

「我已依照你的指示轉錢給艾山和時尚家，請容我放肆指出一些問題。」

他細數納克維如何一次又一次從阿布拉吉挪用現金。納克維自己的費用帳戶積欠二千五百八十萬美元，另外有三百萬美元進入紀芝蘭的時裝公司，六百六十萬美元進入他幾個兒子的投資公司。和平基金會和納克維在倫敦、日內瓦、開曼群島的私人公司也拿走數百萬美元。

「你知道的，處理阿布拉吉的現金也讓我承受極大的壓力，現金不足的問題很嚴重，現在我根本沒錢支付基本開銷，像是六月份的薪水。你完全清楚狀況的。」

土耳其的阿布拉吉團隊追討積欠的錢，醫療保健的投資案沒有錢可以支付，科威特一檔退休基金沒錢付貸款，供應商的款項也到期了。

拉卡尼說：「講都講不完，我懷著謙卑和敬意請求你，拜託幫幫我處理這個情況。我受不了這種緊張和壓力，已經影響到我的健康、效率和工作表現。我不知道還能說什麼。」

納克維答：「我會處理。」

同日，拉卡尼透過銀線公司轉一百六十萬美元給納克維。

拉卡尼已無計可施，一個不容忽視的財務期限即將到來。二〇一七年六月三十日，他必須發布醫療保健基金和四號基金的年度帳戶報告，但兩者各短少二．二五億美元和二．〇一億美元。兩個洞都需要錢補起來，否則就會東窗事發。

拉卡尼說：「我們必須安排錢解決這件事。」

納克維有一個計畫。他建議將四號基金的財政年度結束日從六月三十日改為十二月三十一日，如此半年後才需要完成完整的財報，可爭取時間找錢補洞。

拉卡尼認為是好主意，但必須找到藉口，或者如他所說的，找到「可信的理由」掩蓋證據，說服投資人有必要做這樣的修改。納克維決定直接告訴艾鐸-維杜：「就這麼做吧！」

艾鐸-維杜配合行事，寄了一封信通知投資人，基金的年度結束日要從六月三十日改為十二月三十一日。

現在納克維和拉卡尼得把醫療保健基金的洞補起來。為此納克維再度找上他在阿拉伯航空的老友，要求主管提供新貸款，他們同意了。二〇一七年六月二十四日，他將借來的一．九六億美元放入醫療保健基金。這筆貸款讓人以為，二〇一七年六月三十日時基金的錢都完好無缺。幾天後的七月十九日，納克維將錢還給阿拉伯航空。還完後，醫療保健基金只剩二千八百萬美元可以投資貧窮國家的醫院和診所。

納克維的財務詭計再次擋掉災難。

他告訴拉卡尼：「有點像在玩撲克牌。」

14

川普當選，打亂全球化局面

納克維籌資的標的是西方世界的退休基金和金庫，在這方面川普的孤立主義對他的願景和行銷話術構成極大的威脅。

二〇〇一年管理顧問基托・德波爾（Kito de Boer）建議納克維創立私募股權公司，二〇一六年十一月德波爾在杜拜友人家中看CNN時，看到讓他大為震驚的新聞。唐納・川普（Donald Trump）選上美國總統。

德波爾那時已離開麥肯錫，跑去擔任聯合國促進以巴和平的四大聯盟任務領導者（United Nations Quartet），薪水減少很多。他是荷蘭人，長得很高，在職場上與世界各地知名的商業領導者和政治人物培養很好的關係。他和達沃斯的許多菁英一樣（包括他的朋友納克維），也是寄望希拉蕊贏得總統勝選。沒想到川普選上了，他們的世界頓時天翻地覆。

德波爾與中東馬歇爾計畫

德波爾的一生堪稱全球化的教科書樣本。他生於委內瑞拉，父母是荷蘭人，他在英格蘭的羅浮堡大學（Loughborough University）讀管理，之後展開跳國職業生涯，曾待過皇家荷蘭殼牌石油公司（Royal Dutch Shell），瑞典家電製造商伊萊克斯（Electrolux）。一九八五年進入倫敦的麥肯錫，一九九三年搬到新德里，六年後搬到杜拜，成立麥肯錫在中東的分公司。他在耶路撒冷和倫敦都有家，在海德公園西邊有一棟四百萬英鎊的白色灰泥聯排房屋，步行就能到納克維的公寓。房子裝潢細緻，有印度的藝術品、法國家具、紐約的沙發，地下室還有水池。

德波爾熱烈相信全球化可以發揮行善的力量。他認為商人不只可以賺錢，還可以解決社會與政治問題——甚至包括難纏的以巴衝突。他在麥肯錫的工作內容包括帶領歐洲、中東、非洲的公關與社會事務，以及擔任納克維這類執行長的顧問。

德波爾知道中東需要增加工作和投資，才能改善被戰火摧殘地區的人民生活。他在麥肯錫時曾為柯恩爵士（那個富有的影響力投資先驅）擬定一套改善巴勒斯坦經濟的計畫。德波爾和柯恩爵士相信，他們可以透過推動就業與企業投資來推展和平，雖則以巴兩國的政治人物頑拒協商政治議題，好比針對國界與未來巴勒斯坦國的首都位置達成共識。

德波爾和爵士想要發展巴勒斯坦經濟的計畫，與東尼．布萊爾（Tony Blair）有志一同。

二〇〇七年布萊爾卸任英國首相後，成為聯合國、美國、俄羅斯、歐盟的四大聯盟（the Quartet）在中東推展和平的代表。

二〇一五年，布萊爾和美國國務卿約翰・凱瑞請德波爾加入四大聯盟的工作。德波爾同意。剛開始他承擔制定經濟政策的責任，之後承接布萊爾的職位，擔任任務領導者。德波爾在耶路撒冷從事聯合國的工作時，發展出一項更宏大的計畫，要依據他推動以巴和平的經驗促成中東的改變。德波爾與凱瑞討論，草擬他所謂的「中東馬歇爾計畫」。多年來凱瑞一直在談類似的計畫，目標是爭取政府和投資人投入數十億美元，在伊拉克戰爭和阿拉伯之春後，重建中東的基礎設施。德波爾計畫由納克維扮演這項計畫的領導角色，針對數十億美元的投資方式提供意見。

二〇一六年五月德波爾寫給納克維的電郵中說：

> 利比亞、葉門、伊拉克、伊朗等國未來二十年將需要五千億美元以上，這些資金要用來推動馬歇爾計畫二・〇，因為我們體認到私募股權能扮演關鍵角色。
>
> 我們必須探索與開發以使命感為基礎的資本（motivated capital）。政府、主權財富基金、多邊金融機構、超高淨值的個人，都在找方法修正以前一味仰賴補助的做法，提供資金發展具高社會價值的永續性計畫。此外還有以信仰為基礎的資金。巴勒斯坦是基督教和伊斯蘭的交叉

點，伊斯蘭希望妥善運用大量的天課資金（Zakat，依循伊斯蘭教義每年捐助一定額度濟貧），消除人們對於影響力投資與企業不夠透明的疑慮。至於基督教——亞洲很多人想要投資聖地，會想要找方法投資有利和平的計畫。

德波爾設想由政界的重量級人物，如英國前首相高登・布朗（Gordon Brown）和奈及利亞前財務部長恩戈齊・奧孔約－伊衛拉（Ngozi Okonjo-Iweala），加上比爾蓋茲、世界經濟論壇創辦人、黑石執行長賴瑞・芬克（Larry Fink），和他本人以及納克維合作推動這項計畫。他相信阿布拉吉在其中扮演非常重要的角色，這世界需要十家、二十家甚至上百家這樣的公司，引導資金去投資市場。

德波爾告訴一位記者：「阿布拉吉最能代表我們需要的企業。在多數人認為很陌生和高風險的市場，他們卻有絕佳的人脈，過去建造與投資各種案子的成績都很亮眼。」

納克維自己在美國有他的政治人脈。他曾贊助柯林頓家族的年會，在華盛頓菁英圈很有名。理查・歐森（Richard Olson）是專業外交家，擔任美國駐阿聯和巴基斯坦的大使時和納克維熟識起來，二〇一六年初牽線讓納克維認識凱瑞。歐森後來告訴納克維，離開公職後想要加入阿布拉吉。

歐森向美國前義大利大使以及國務院顧問大衛・索恩（David Thorne）推薦納克維，認為應該讓納克維在二〇一六年一月的達沃斯會議和凱瑞見面。索恩同意了。索恩和凱瑞是終生好友，非常親近。他的雙胞胎妹妹是凱瑞的第一任妻子。索恩具備馬歇爾計畫的專業知識，因為他的父親參與過二次大戰後幫助歐洲的原始馬歇爾計畫。他的兒子也曾在阿布拉吉上班。

納克維和凱瑞在達沃斯見面，談他對世局的看法。

如果全球主義者希拉蕊在二〇一六年贏得勝選，代表已經有一種現成的運動，可以讓納克維成為美國更具核心地位的夥伴，多掌管數十億美元的政府基金。但她輸給乘著高漲的民族主義情緒而起的政治素人川普。被紐約房地產大亨起家、轉型電視明星、粗魯傲慢的川普奪走華盛頓，希拉蕊、凱瑞和他們的盟友從此被邊緣化。

川普進了白宮，德波爾和凱瑞實現馬歇爾計畫的希望愈來愈渺茫，原本考慮資助新馬歇爾計畫的阿拉伯政府失去了興趣。德波爾和納克維就和多數達沃斯的菁英一樣，在大選站錯邊。二〇一七年一月川普就職前幾日，凱瑞在華盛頓美國和平研究所（U.S. Institute of Peace）的會議中，最後一次請求支持中東的馬歇爾計畫。他的用詞讓人想起納克維的論調。

「我們迫切需要新的馬歇爾計畫，在世界上一些重點國家實施，尤其是中東、北非、中南亞，我們不能不面對這些地區年輕人口大增的事實。長期下來我們的投資可以有太多方式可以得到回報，包括節省資金，維護年輕人的寶貴生命，不必把他們送去其他國家打仗，只因為沒有及早做該做的事防患未然。」

記者茱蒂・伍德拉夫（Judy Woodruff）問凱瑞，他去職後是否還要繼續解決這些問題。

「是的，我還在思考方法——怎麼做最好，沒錯，我會繼續。」

伍德拉夫問：「你會創立自己的組織嗎？」

「不會，我沒有要創立什麼，我要運用既有的資源做對的事。」

但推動新馬歇爾計畫的懇切請求被置若罔聞，這些年來，凱瑞、德波爾和納克維一直成功地乘著全球化的浪潮順利發展，這回因川普的勝選大受打擊。

凱瑞演說後數日，新總統在美國國會大廈的台階上發表就職演說，譴責全球化造成美國受傷慘重。川普說，全球化奪走美國的財富，偷走美國的企業，讓數百萬個就業機會消失。

「我們讓別的國家變富有，我們國家的財富、力量、自信卻消失得無影無蹤。我國中產階級的財富被搶走，然後重新分配到全世界。」

「從現在開始，我們國家將追求新的願景。從此刻開始，我們的原則將是美國優先。」

納克維沒有隱藏對美國新總統的不欣賞，川普的政治願景看起來和他大相逕庭。

二〇一七年初，納克維告訴投資人：「民族主義、民粹主義、孤立主義，這些勢力又開始抬頭了，我們正在見證美國的巨大改變。」

向中國靠攏

當川普大談美國優先，出乎意料地一個新的全球化捍衛者站上世界舞台。二〇一七年一月，中國國家主席習近平出席達沃斯的世界經濟論壇，推銷他的理念。

習近平在這個瑞士小鎮說：「全球化曾經被視為像是阿里巴巴在《一千零一夜》（*The Arabian Nights*）裡發現的藏寶洞穴。全球化製造出新的問題，但我們不能因此一筆抹煞它的益處，而應該調整與引導經濟全球化，減少其負面衝擊，將它的益處帶給所有的國家和民族。」

這位中國國家主席讓達沃斯的眾人留下深刻印象。他說的是他們的語言，是納克維的語言。納克維告訴人們，習近平成為全球資本主義的捍衛者，從而填補了一個政治空缺。他稱讚中國的國際投資策略，稱其發揮的影響力相當於好幾個馬歇爾計畫——這個策略讓他的喀拉蚩電力公司賣得出去。

納克維說：「請想想二次大戰結束後，馬歇爾計畫對歐洲的貢獻，這等於是十五個馬歇爾計畫在越南、孟加拉、印度、巴基斯坦、肯亞和其他四十個國家一起實施。」

儘管納克維很認同習近平對全球化的熱烈擁護，這對他的籌資目的卻沒什麼幫助，因為納克維籌資的標的是西方世界的退休基金和金庫，在這方面川普的孤立主義對他的願景和行銷話術構成極大的威脅。

納克維把握每次機會向美國人宣揚全球化，希望讓他最需要的人因此聽不見川普的話。他在達沃斯接受彭博電視訪問時說，一個很大的全球市場是最好的。幾天後，他跑到柏林宣揚全球化。

納克維說：「在印度，每三十天就有將近一百萬人滿十八歲，這個事實不會因為美國和世界做生意的方式走向孤立主義就改變。這些人要工作，要成為中產階級，要消費。」

全球主義者原本相信與美國政府合作能帶來雙贏的結果，川普掌權後，他們愈來愈沒有機會了。德波爾和華盛頓的新政權從來不對盤，沒多久就卸下聯合國四大聯盟的領導角色。

需要新工作的德波爾遂加入阿布拉吉，年收入數十萬美元。二〇一七年九月，納克維發布新聞稿，表示將由德波爾統籌阿布拉吉的影響力投資作業，致力達成聯合國消除貧窮的永續發展目標。

在阿布拉吉內部，德波爾寫了封電郵給納克維和二十幾位同事，列出公司影響力投資策略的侷限。他提到人類經濟金字塔理論，印度學者普哈拉（C. K. Prahalad）認為最底層有賺大錢的機會。德波爾不太以為然。

德波爾寫道：「我們的目標市場是金字塔下半部，而不是最底層，這部分恐怕在經濟上難以長期維持。我們要把重心放在幫助經濟階梯底層往上爬，致力創造下個世代的消費者。」

15 做一個「史上最大私募基金」的夢

他決定加倍下注，為有史以來最大的新興市場私募股權基金籌募六十億美元。
點亮夜晚的這些新城市冒出一批中產階級，
此基金要收購的就是服務這個階級的公司。

自從一九六九年納克維第一次讚歎人類登上月球漫步以來，從太空看地球的面貌，會看到很大的改變。亞非拉丁美洲各地都冒出一簇簇新的黃白燈光。這是全球化傳播開來的印記，新興大都市的規模足可媲美倫敦、巴黎、紐約。曾經黑暗的地方現在光明一片，杜拜、喀拉蚩、開羅、利雅德、加爾各答、雅加達、利馬、拉哥斯一齊照亮夜空，與北美、歐洲等電力發達的都會中心一樣，躋身全球閃耀城市之列。

在納克維眼中，這些城市就像一甕甕黃金般亮閃閃。隨著數百萬人離開鄉村，這些新興城市成了待開採的寶藏，全球化的果實，新繁榮經濟的指標。

納克維告訴投資人和政治人物：「未來的經濟成長靠的是城市而不是國家。你可以投資城市的基礎設施，以及幾乎你接觸到的一切，不論是物流、醫療保健、教育、金融服務、消費產品與服務——我可以一直說下去——在都市化的過程中，你永遠可以找到可以投資的機會幫你賺錢。」

史上最大私募基金

要抓住這個機會，納克維想到最具野心、最不顧一切的計畫。二〇一六年他決定加倍下注，為有史以來最大的新興市場私募股權基金籌募六十億美元。點亮夜晚的這些新城市冒出一批中產階級，此基金要收購的就是服務這個階級的公司。阿布拉吉內部給這檔基金取了一個的代號：盤古大陸（Pangea），這是數億年前就存在的整片超級大陸。

籌募六十億美元是讓阿布拉吉維持不倒的唯一方法。公司的很多投資都不太賺錢，納克維不靠偷錢根本無法支應。但要說服投資人拿出六十億美元不是簡單的事，納克維說故事的能力將面臨最大的試驗。他推出大型行銷活動來宣告這檔懷抱宏大目標的新基金，請人設計精美的文宣，寄給投資人，同時在網路張貼華而不實的新影片。阿布拉吉聲稱一年的淨報酬率一七・

九%，躋身全球最佳私募股權公司之列。另外公司自誇投資虧損率奇低，不到二%。這些數字都是虛構。

新基金的正式名稱是阿布拉吉私募股權六號基金，登記在開曼群島，就像阿布拉吉的多數基金和營運單位一樣，如此可幫助主管和投資人盡量節稅。但阿布拉吉過度倚賴開曼群島做為法律管轄區（legal jurisdiction），也代表公司並未被真正授權可以在杜拜管理投資人的錢，這項法律技術問題讓有些員工感到不安。納克維和杜拜、倫敦、紐約的往來銀行及律師討論這檔基金。若能得到世界各地的法律事務所、銀行、會計事務所數百人的支持，對阿布拉吉的募資非常有幫助。紐約的威嘉律師事務所（Weil, Gotshal & Manges）是納克維這檔新基金的法律顧問，倫敦的法律事務所富而德和安理（Allen & Overy）也和他密切合作，安侯建業負責審計。

納克維寫信給紐約的一位顧問：「非常感謝你的全力支持，讓我們一起締造佳績吧！」

私募公司的聖盃——美國退休基金

對於想要籌資的私募股權公司，最希望拿到的聖盃就是口袋很深的美國退休基金。納克維聘請更多美國員工致力爭取他們的支持，其中之一是離開美國國務院加入阿布拉吉的維內・喬拉（Vinay Chawla）。另外納克維還爭取到田納西的福音派基督徒馬克・布如瓦（Mark

Bourgeois）。布如瓦矮小黝黑，頭髮整齊向後梳，有種南方人輕鬆愉快的魅力。他的打扮風格類似一九八〇年代的華爾街銀行家，偏好條紋西裝，顏色鮮豔的襯衫，衣領和袖口以不同顏色凸顯。布如瓦在金融業二十年期間，為私募股權基金籌資數十億美元。曾任職投資銀行瑞士信貸集團（Credit Suisse）和瑞銀（UBS），後成為紐約顧問公司太平洋—大西洋聯合資本（Atlantic Pacific Capital）的執行長。他在世界各地都有客戶，和 Hamilton Lane 的赫許是好友，美國退休基金投資私募股權基金數十億美元，就是由這家公司擔任顧問。

納克維會認識布如瓦是因為要聘用太平洋—大西洋聯合資本協助阿布拉吉籌資。布如瓦的同事反對和阿布拉吉合作，但布如瓦還是開始兼職幫納克維的忙。主管發現他的祕密副業後質問他，布如瓦哭出來，但離開公司不久就加入阿布拉吉成為全職員工。

納克維讓布如瓦負責籌募六十億美元新基金。他非常支持納克維的行善使命，平常就熱心投入本地教會，濟助非洲的孤兒院。但利他主義並不是他在阿布拉吉的唯一動機——如果籌資成功，他可以拿到一大筆分紅。

布如瓦為納克維打開華爾街的大門，他新聘請的另一個人則是幫他提高在華盛頓的聲譽。四十歲出頭的藍眼美國人麥特・麥奎爾（Matt McGuire）曾任職於商務部和避險基金，之後在世銀董事會擔任美國代表。他在世銀的工作是由歐巴馬總統提名任命的，兩人早期在芝加哥成為朋友，會一起打棒球，女兒又讀同一所學校。

麥奎爾從小就對美國以外的世界非常有興趣。父母都在和平工作團（Peace Corps）當志工——父親在東巴基斯坦（後來成為孟加拉），母親在迦納。他六歲時父親就去世了，但在他心中留下深刻的印象，一心希望利用美國的力量和影響力讓世界變得更好。

麥奎爾在世銀的時間接近尾聲時，想到成立政策研究院，促進新興市場的投資。他拿這個構想向美國最重要的私募股權大亨推銷，包括凱雷集團的魯賓斯坦，也和KKR的資深主管討論，最後才與納克維聯繫。麥奎爾和納克維一拍即合。對納克維而言麥奎爾正好可以和他完美互補，納克維很支持他的政策研究院構想，請他到阿布拉吉工作。麥奎爾打給歐巴馬，就接下來的事業發展徵詢他的意見。歐巴馬請他與大學老友哈米德聯繫，他是阿布拉吉的合夥人。麥奎爾聯繫哈米德，他沒有阻止麥奎爾加入阿布拉吉，但建議他先探聽一下。

二〇一七年三月麥奎爾飛到杜拜參加阿布拉吉的年度投資人會議。與會者五百人，包括有名的銀行家、政治人物和記者。剛卸下國務卿一職的約翰・凱瑞是演講者——納克維支付二十五萬美元請他出席。麥奎爾聽說納克維要聘僱凱瑞，開出數百萬美元年薪。凱瑞還在考慮，向朋友同事打聽阿布拉吉。

阿布拉吉的盛會在高聳的哈里發塔舉行，會後麥奎爾坐下來用餐，環顧整室的達官顯要，這樣的聚會並不會讓他覺得多了不起，但他得承認與會者都是重要人士。在場的有約翰霍普金斯大學高等國際研究學院（Johns Hopkins School of Advanced International Studies）的院長維里・

納斯爾（Vali Nasr），還有聯合國基金會的執行長凱西．卡爾文（Kathy Calvin）。由《金融時報》記者亨利．山德（Henny Sender）主持部分討論。麥奎爾心想，所有的跡象似乎都顯示，納克維是值得為他工作的人。他決定加入阿布拉吉。

偽造成績單

二〇一七年納克維展開新的世界之旅，傳播他要籌募新基金的訊息。布如瓦、麥奎爾和其他阿布拉吉的主管通常都會隨行。納克維在洛杉磯一場布希總統也參加的會議中演講，其他的演講者包括摩根大通集團（JP Morgan）和谷歌的領導人。會議主辦人麥可．米爾肯（Michael Milken）是美國富豪慈善家，曾因金融犯罪入獄，這時希望能重建聲譽。輪到納克維談他努力在做的事時，他將自己比做《聖經》中的先知摩西（Moses）。

納克維說：「重點是要創造更好的世界，但我們不會在燒毀的山上看到紀錄天啟的法版，一切要靠我們自己找出方法。我們是改變世人思考方式的先行者。」

要創造更美好的世界遠比納克維在演講中透露的困難許多，他的帝國正在多點爆發危機。

二〇一七年七月，首相謝里夫因被巴基斯坦最高法院判定貪污罪而去職，主因與家人持有倫敦的公寓有關。納克維原希望快速完成喀拉蚩電力公司的出售案，這項判決對他是沉重的打擊。更糟糕的是，帶領巴基斯坦聯邦調查署（Federal Investigation Agency）的警察是很受尊敬的巴席爾・梅門（Bashir Memon），他調查喀拉蚩電力公司未付帳款，認定公司積欠一家國有天然氣公司數億美元。

在沙烏地阿拉伯，阿布拉吉的兩筆投資都不賺錢。Tadawi 連鎖藥店和 Kudu 速食餐廳集團幾近破產，可能會讓投資人的數千萬美元化為烏有；在土耳其，優森的狀況很糟糕。這家乳品公司在同業間的地位降到第六名，二〇一七年上半年的銷售額大減二七％。

納克維回到杜拜，找最資深的同事召開會議，討論嚴峻的情勢。如果他們將實際困境告訴投資人，就不可能籌到六十億美元的基金。由於投資組合普遍績效低落，他們決定虛假提高阿布拉吉旗下公司的估值，不論實際狀況如何。儘管優森的銷售與獲利雙雙下滑，他們仍提高這家乳品公司的估值，如此在書面上的成績會比實際上好看，有助於納克維在籌募新基金時維持績效強勁的假象。納克維指揮同事提高其他投資項目的估值。

西迪克告訴納克維：「估值沒有朝我們要的方向修正。」

納克維和一個忠誠的員工坐下來談，這個員工幫忙協調估值的過程。討論結束時，那位員工聯絡阿布拉吉最優秀的併購交易師艾鐸－維杜。

員工告訴艾鐸－維杜：「我們和納克維討論過估值，依照建議修改。」

沒多久，他們將剛剛以人為方式提高的估值拿去給納克維看。納克維寫電郵給拉卡尼和阿布拉吉的財務長戴維：「這樣夠嗎？還要調整多少才安全？」戴維將電郵轉傳給一位員工，指示他將修改過的估值「插入」行銷文件給投資人。前歐瑞斯資本管理者、阿布拉吉的資深合夥人維蒂維特皮萊加入討論，建議醫療保健基金的價值可以提高五百萬美元。

阿布拉吉內部這種有系統的估值詐欺並不是無人質疑。有些資淺員工知道這是錯的，抗拒配合。納克維和他的團隊想要將Kudu（沙烏地連鎖餐廳）的估值設為阿布拉吉投資額的一．四倍。但美國私募股權公司TPG也是Kudu的投資人，認為該公司只值阿布拉吉所提報價值的一半，一位資淺的阿布拉吉員工便在內部電郵指出這一點。

另一位員工回應：「我們必須降低估值，反映實情。」艾鐸－維杜將電郵轉傳給納克維，他一點都不想討論。納克維告訴艾鐸－維杜估值不能減，還指責他應該管好下面的人。

納克維在電郵中說：「要讓他們了解整體局勢，以及我們為什麼這麼強力要求。即使是寫出Kudu這樣的小事都萬萬不可，應該在其他方面展現公司的遠大理想。」

「我需要阿布拉吉控股至少獲利二千萬到二千五百萬美元，才能讓這個該死的事業維持不倒，讓銀行看到我們很穩。」

那位勇敢反對估值造假的資淺員工根本無人理會。納克維指示艾鐸－維杜，若還有任何團隊成員建議進一步的降低估值，要制止他們發聲。Kudu 虛增的價值被放在績效裡。阿布拉吉總共將其資產價值提高五億多美元。

緊張的討論讓納克維和艾鐸－維杜的關係起嫌隙，艾鐸－維杜無法應付納克維愈來愈暴躁的脾氣。二〇一七年夏天有一次吵得比較兇，納克維對艾鐸－維杜、他的連襟西迪克和幕僚長阿梅德說教，最後和艾鐸－維杜幾乎打起來。

艾鐸－維杜禮貌問納克維：「可以請你重複一次嗎？我好像沒有聽懂。」

納克維連珠炮大罵，這種情況下艾鐸－維杜通常會道歉或沉默，但這次他決定要回應。

「如果你不願意解釋剛剛的話，我留在這裡就沒有意義了。」

「如果你走出去，以後大概都不用進來了。」

「這個主意其實不錯。」

他站起來走出去。納克維跟到走廊質問，姿態富攻擊性，伸手指艾鐸－維杜的胸部。艾鐸－維杜咒罵他，頭也不回離開。那晚艾鐸－維杜在家時電話響起，是納克維，艾鐸－維杜不想和他說話，但還是接了。

納克維說：「我心情很低落，你可以來我家嗎？」

「為什麼？」

納克維說他很後悔和他吵架，想要再談談。他要求艾鐸－維杜道歉，艾鐸－維杜拒絕。納克維說阿梅德看到艾鐸－維杜反抗他，他需要告訴阿梅德他道歉了。艾鐸－維杜再次拒絕。納克維事後告訴阿梅德艾鐸－維杜道歉了，因為他必須維持公開的形象。

納克維的反覆無常讓資深員工的善意被消耗殆盡。艾鐸－維杜決定辭職。但要逃離可沒有那麼容易，因為納克維的態度怪異地摻雜霸凌與和善，逼迫他繼續服從。兩人吵架不久，艾鐸－維杜的母親因癌症去世，他回到開羅的家參加葬禮。他將阿布拉吉的壓力拋在一邊數日，與家人朋友一起哀悼母親。納克維得知消息後便飛到開羅致意。納克維是艾鐸－維杜最不想看到的人，但他都上門了，也不可能避不見面。艾鐸－維杜讓他進門，兩人坐在一起幾個小時。納克維的這個舉動讓艾鐸－維杜有些感動，沒多久便回去上班，努力完成六十億美元的籌資。

愈來愈多受害者奉上資金

欺騙投資人的決定奏效了，新基金吸引資金湧入。華盛頓州投資委員會（Washington State Investment Board）是世界最大、最有經驗的私募股權基金投資人，考慮首度投資阿布拉吉二・五億美元。並為華盛頓州提供諮商的 Hamilton Lane 推薦阿布拉吉，因為看起來報酬率高，虧損率低。

納克維飛到華盛頓州的奧林匹亞市（Olympia），和退休基金的官員見面，哈米德和阿梅德也一起去。抵達時，華盛頓州投資委員會的官員法布里奇奧・那塔利（Fabrizio Natale）對他們的資金要求表示支持。

那塔利告訴同事：「阿布拉吉有龐大的制度化團隊，在新興市場和新領域市場（frontier markets，意指發展中國家市場經濟）經驗豐富，很有影響力。」

納克維向華盛頓的官員解釋，阿布拉吉投資的領域涵蓋開發中市場許多城市的消費產品、金融服務、物流、醫療保健和教育，讓聽者留下很正面的印象。

退休基金的創新總監史蒂芬・貝克霍姆（Stephen Backholm）告訴基金財務長：「你務必看看阿布拉吉今天在私募股權市場會議中的簡報，內容很棒，資訊豐富。負責簡報的那位創辦人讓我覺得口才很好，也很有見地。」

華盛頓一致核可對阿布拉吉的二．五億美元投資。這是很重要的支持，不久，其他單位也跟進承諾投資，包括德州退休基金（Texas Retirement System）、路易斯安那教師退休基金（the Teachers' Retirement System of Louisiana）、夏威夷員工退休基金（Hawaii Employees' Retirement System）、美國音樂家聯合會（American Federation of Musicians）與雇主退休基金（Employers' Pension Fund）。

納克維終於成功敲開美國的退休金寶藏。但在阿布拉吉內部，謠言盛傳納克維在操縱投資估值，八卦消息讓一些老手感到不安。維蒂維特皮萊雖與納克維共謀，同時也感到良心不安。他知道他待在阿布拉吉就等於為納克維的違法行為提供掩護。

維蒂維特皮萊告訴同事：「就是我們這種人讓納克維那樣的人物看起來可以信賴，因為投資人雖知道納克維是自行其事的人，同時也會認為，我們大概不會支持那類不法情事。但我們既當著投資人的面確認納克維說的鬼話，他們也就將自己的直覺拋到一邊。」

16 吹哨者與爆料信件

「請要求查看阿布拉吉的財務報告，並查核相關的交易，不要相信合夥人。不要相信幻燈片、簡報或你們看到的任何資訊……。不要相信他們說的話，要查核事實，保護自己。」

——檢舉信件內文

若不是二〇一七年末一個關鍵時刻，安德魯．法納姆（Andrew Farnum）注意到有些數字合不攏，納克維的計謀可能還會繼續下去。法納姆在蓋茲基金會管理二十億美元的資金，包括投資阿布拉吉醫療保健基金的一億美元。他不明白阿布拉吉為什麼一直要求他投入更多錢，看起來阿布拉吉明明沒有運用已經給他們的錢。

法納姆是深思熟慮的投資人，很認真看待他的工作。他身材瘦削，笑容溫暖，態度認真，誠摯相信從事金融業應該不只是為了賺錢。他在普林斯頓大學研讀過分子生物學，童年的夢想是成為神經科學家，後來因為厭惡長時間在實驗室解剖老鼠而改變方向。一九九九年畢業後他改而追求另一項興趣──金融──最後在紐約的高盛集團找到很好的工作。當時是科技泡泡吹到最大時，網路和電信公司的估值狂飆。法納姆負責通訊產業的投資，工作之一是爭取當時股市投資人的最愛──世界通訊（WorldCom）──的生意。他與該公司很強勢的創辦人伯納德·埃伯斯（Bernie Ebbers）見了幾次面後，這家電信公司就倒了，埃伯斯被判詐欺罪。與埃伯斯交手的經驗，讓法納姆得以親眼見證詐欺犯的言行舉止，以及一個公司如何快速從最高點向下滑落，最後化為烏有。

不久法納姆在高盛集團愈來愈不安。二〇〇一年夏天，他和兄弟及一位朋友展開一年的旅行，探索世界遙遠的角落。他們去了俄羅斯、烏克蘭、印度、中國和尼泊爾，二〇〇一年九月抵達東土耳其，旅程意想不到地轉了個彎。他們驚駭地看著電視中兩架飛機撞進世貿中心，距離法納姆以前在高盛集團的辦公室不遠。友善的當地人對待他們非常親切，稍稍解緩他們的震驚與憤怒。但行程因恐攻受阻，他們放棄前往已變得太危險的巴基斯坦。

法納姆去過的地方風景極美，但民眾的貧窮程度同樣讓人驚歎。當他終於回到美國金融界工作，感覺似乎不太對勁了。於是他開始以全新的角度思考金融業的發展：是否可以透過投資，幫助他去過的那些開發中國家的窮人？

他先嘗試在私募股權公司TPG工作，負責水資源開發的基金。那檔基金也有投資開發中國家，但在法納姆看來似乎主要目的仍是讓富者更富。他希望人生的成就不只是如此，決定回到哈佛讀開發經濟學。其後進入美國政府的千禧挑戰公司（Millennium Challenge Corp.）工作，專門為開發中國家提供援助。這份工作帶給他更高的目的感，但法納姆無法忍受公職的緩慢步調和官僚作風。

二〇〇八年他搬到倫敦，為英國億萬富翁、避險基金經理人克里斯・霍恩（Chris Hohn）工作，因為他設立了一個影響力投資業務。在倫敦幾年後，他遇到一個無法拒絕的好機會：蓋茲要在西雅圖成立自己的影響力投資業務，很靠近法納姆的家鄉。二〇一一年法納姆加入蓋茲基金會，上司桑德蘭安排基金會投資阿布拉吉的醫療保健基金。二〇一六年桑德蘭離職，由法納姆接手她的業務，包括阿布拉吉。他一向和阿布拉吉的主管意見分歧，覺得很難信任他們，因為法納姆提出的問題通常得不到直接的答案。

法納姆會開始起疑，是因為阿布拉吉將他們在非洲醫療保健基金的一些投資項目賣給自己的全球醫療保健基金（規模十億美元）。他擔憂阿布拉吉的主管可能為了讓自己多拿一些分紅，花太多錢收購非洲基金的資產。

其後他看到阿布拉吉要求投資人投入數億美元到全球醫療保健基金，卻沒有用那些錢收購醫院和診所，讓他更加憂心。二〇一七年九月十二日他終於失去耐心。

他在寫給阿布拉吉的電郵中說：「向投資人收取的資金和實際投資金額之間有落差，讓我感到擔憂。似乎有很大筆的資金長期閒置。因此我要提出兩個問題：第一，可否請你將資金在哪裡以及目前的投資方式寄一份詳細說明給我？第二，可否寄一份時間表，說明預期何時實際進行投資？」

法納姆的語氣很禮貌，但提出的問題帶有不祥的暗示。他是請阿布拉吉證明，他們沒有濫用世界首富的錢。

阿布拉吉的主管拉吉・莫加里亞（Raj Morjaria）回覆：「我已請財務會計部門回報資金確切所在，會很快與你聯繫。」

「塞錢打通關係」的陋習

法納姆寄那封電郵時，納克維正在熱帶城市國家新加坡，準備在一場會議發表演講，談論如何打破新興市場的迷思。納克維與全球金融界幾個最大咖同台，世界最大資產管理公司黑石的高階主管馬克・懷斯曼（Mark Wiseman）負責提問。納克維左邊坐著邦德曼，TPG的富豪創辦人，法納姆的前雇主，不久之前才剛和愛爾蘭搖滾明星波諾創立影響力投資基金。第四位參與討論的是必諾・喬德里（Binod Chaudhary），來自喜馬拉雅的國度尼泊爾的富豪，靠賣麵致富。

納克維散發冷靜的自信，銀髮整齊往後梳。他以資深教授式的鎮定權威開始演講，向觀眾講解新興市場為什麼應該稱為成長市場。

納克維說：「稱之為新興市場一部分是因為懶惰，一部分是高高在上的心態。」黑石的懷斯曼認同地點點頭。他問：但那些市場不是有一個問題嗎？簡單兩個字，貪腐。尼泊爾的麵食王喬德里看法一致，貪腐是一直存在的問題。他承認，在開發中國家，太遵守法規行不通。

喬德里說：「我們談的是完全不同的遊戲規則。如果你把自己定位為可信賴、透明化的組織，也能維持這樣的企業識別和形象，但又有自己的一套機制可以處理『必要之惡』，滿足某些人的期待，還是可以用自己的方式處理。」

他這番坦白引發納克維的強烈反應。

「很抱歉，喬德里，但我必須強烈表達反對。貪腐確實存在這世界每個市場。」

「重點是做為有紀律的投資人，你必須有所為有所不為。如果你很重視有所不為的部分，我認為可以很寬鬆地將這部分當作企業的外交政策來經營。」

「私募股權其實最能揭露企業的本質。你在做盡責調查時真的能發掘真相，弄清楚你要不要做。我們知道自己的主張，知道哪些事不能做，其實也等於默默在做一件事——就是同時將好的經營方法帶入市場。我認為這是我們所做的事情當中最重要的一項。」

這番演說很動聽，但喬德里不相信。

「不論是世界最大的跨國公司或私募股權公司，任何人若告訴我，在新興市場不用講人情靠關係，我不認同。」

納克維答：「這下有趣了。」

「八年前，我們在巴基斯坦的喀拉蚩投資一家電力公司，巴基斯坦不是以透明化著稱的國家，和巴基斯坦的政府打交道，通常會被要求給好處或金錢等等。」

「我們投資那個組織時，知道如果把全世界的顧問都雇用來設計一家爛公司，也比不上他們。」

「我們一切照章行事，甚至被寫成世界各地的商學院個案研究。我們避開必須與政府打交道、因而必須塞錢的每個點——即使是公用事業。因為我們主張做對的事，整個社會都會支持我們。」

「這些事是可以做到的，問題只在於你要如何定位自己而已。」

那位尼泊爾的麵食富豪認輸了。

喬德里說：「那是納克維才辦得到，他面對的那些公務人員知道有納克維在，不必依個案處理。」

納克維說：「這樣說太簡化了。」

「為什麼？」喬德里惱怒地問。

「那叫擇善固執，重點是用對的方法做事情。」

當納克維在新加坡大談做對的事，他的同事正在杜拜做不對的事。他們在辯論如何誤導法納姆和蓋茲基金會的調查方向，掩蓋史上最大膽的詐欺罪行。首先，他們決定拿模糊的答案搪塞法納姆。

二○一七年九月十五日阿布拉吉的莫加里亞告訴法納姆：「資金目前在基金投資工具之一，表現優異的的開曼控股公司（Cayman Holdco）。」

法納姆對這樣的回答不滿意，「這個帳戶有幾億美元，你有沒有銀行帳戶或投資的資料可以分享？」

他的窮追不捨讓阿布拉吉的財務長戴維擔憂。寄發醫療保健基金真實的銀行對帳單給蓋茲基金會絕對不行，那就會顯露錢沒有在該在的地方。

戴維有更好的計畫。阿布拉吉可以給法納姆一個月前的對帳單，內容會顯示二○一七年六月三十日醫療保健基金有二．二四億美元——當時基金裡滿滿都是向阿拉伯航空借來的錢。戴維和資深同事也同意應該試著嚇嚇法納姆，將他孤立於其他投資人之外，以免法納姆把他擔憂的事告訴別人。

幾天後他們寄給法納姆杜拜商業銀行舊的對帳單，顯示二〇一七年六月三十日基金有二．二四億美元。一位員工強調，他們給這份對帳單已是破例。

那位員工寫道：「基於一次性要求及阿布拉吉與蓋茲基金會的關係，我們最後同意提供這份資訊，僅供貴公司內部使用，不得洩漏。」

最重要的募資演說

寄出假的對帳單給法納姆後，納克維爭取到時間可以繼續全球籌資之旅。二〇一七年九月十八日他在紐約發表最重要的演說。那一天的目標是說服更多投資人承諾投入數十億美元到新的基金。當納克維在中央公園旁的飯店文華東方酒店（Mandarin Oriental）演講時，世界各國領袖也抵達幾條街外的聯合國總部，參加大會的年會。

在多數觀察家眼中，納克維正處於權力顛峰，為他著迷的媒體以及管理全球財富的金融家還是很支持他。阿布拉吉和美國銀行一起贊助這場影響力投資會議，納克維是主題演講者。他在講台上宣稱影響力投資的時代已經來臨，他願意承認的唯一罪行是：可能因動作太慢而錯失行善的機會。

納克維說：「擺在我們眼前的是難得一見的轉折點，一個很好的機會才剛出現，我們若不趁現在立刻把握住並充分發揮，浪費大好良機可是一大罪過。」

現場觀眾主要是美國人，納克維提醒他們，將新興市場想成比自己的國家風險更大是傲慢的想法。

「我們的風險觀與風險的實際來源並不相稱。容我放肆說一句，當全球金融體系乃至我們所有人的生活遭遇風險時，來源其實就是紐約市，二〇〇八年雷曼兄弟破產事件。」納克維談論的當然不是他自己的問題，而是全球經濟與全人類的問題。

「我們先從體檢金融體系的固有結構說起，這個體系已經崩壞。我們一向仰賴現有的全球金融來推動成長，但效果不彰。我的意思是，這套體系沒有將資本分配到需求最大、因而潛在報酬最高的地方。」根據納克維的說法，阿布拉吉是這些問題的解方，因為他的公司已證明，賺大錢同時改善社會是可能的。「我們公司充分證明這是事實，我們就是這樣投資的。」

發表這番慷慨激昂的演說是必要的，因為阿布拉吉真的破產了。拉卡尼發電郵給納克維，請他延遲三項醫院投資案，因為阿布拉吉沒有足夠的錢可以支付。還談什麼治病濟世，納克維早把錢都花在公司和自己身上。

九月那一週剩餘的時間，納克維都在和地球上最有權勢的政治人物和富豪往來應酬。他在麥可・彭博（Michael Bloomberg）首度舉辦的全球商業論壇（Global Business Forum）擔任演講者，與蓋茲、柯林頓、黑石執行長芬克、高盛集團執行長勞埃德・布蘭克費恩（Lloyd Blankfein）、聯合國祕書長安東尼歐・古特瑞斯（Antonio Guterres）同台。

他在彭博論壇問觀眾一個修辭性的問題：「行善和賺錢只能二選一嗎？不是，你可以兩者兼顧。」

他告訴聯合利華執行長保羅・波曼（Paul Polman）和義大利車商飛雅特創辦家族的繼承人約翰・埃爾坎（John Elkann），全球金融體系已崩壞。人們對阿布拉吉投資的市場沒有足夠的信任，西方人誤信那些市場風險太大。

爆料信件

那一週在紐約看到納克維的人，沒有人會相信他遭遇麻煩。但阿布拉吉的問題即將流出：一位員工發現阿布拉吉涉及詐欺，不願成為共犯。納克維在紐約時，那位員工跳出來檢舉，寄匿名信給六十億美元新基金的投資人，警告阿布拉吉已有多年的違法紀錄。

你們要做好盡責調查，提出對的問題，結果會讓你們大吃一驚。你們應該留意的是類似未實現利益的部分——這些部分被操弄到你們在任何基金都不曾見過的地步，很容易就能發掘。不要輕信合夥人寄給你們的資料。

阿布拉吉四號基金是最大的受災戶，已被挪去補助阿布拉吉控股許多年。你們要查核那些真正仍在阿布拉吉工作的常務董事，和那些好幾個月前辭職但要等到六號基金籌資結束再宣布的人。

請要求查看阿布拉吉的財務報告，並查核相關的交易，不要相信合夥人。董事和下面的人都知道真相。喀拉蚩電力公司被當做阿布拉吉的成功故事宣揚，細節要追究到底。

不要相信幻燈片、簡報或你們看到的任何資訊，自己盡責調查原始資料就會發現真相。

不要相信他們說的話，要查核事實，保護自己。

納克維對阿布拉吉的鐵腕控制正在鬆動，但對最重要的投資人仍有相當大的影響力。塔朗・克提拉（Tarang Katira）是Hamilton Lane的員工，負責管理公司與阿布拉吉的關係，當他收到資深同事給的匿名電郵，便轉傳給納克維，提醒他注意吹哨者。克提拉與納克維建立了很好的關係，不免難以同時兼顧對納克維與對公司的忠誠。納克維提出優厚的條件邀他跳巢阿布拉吉——等到六十億美元新基金完成籌資後——因此克提拉當然不會就匿名電郵大作文章，那樣並不完全符合他的利益。

但Hamilton Lane的主管確實拿電郵的指控詢問納克維，他的反應是大怒。「竟然有人會暗示本集團使用有限合夥人的錢做為營運資金，這真的很怪異，坦白說也很難理解。」他沒有提出任何證據證明電郵指控不實。

納克維的當務之急是找出吹哨者，讓他噤聲。他懷疑寄電郵的人是一位心懷不滿的前員工，要資深同事付五十萬美元封口費給他。另外聘請前聯邦檢察官所創辦的紐約調查公司納德洛（Nardello & Co.）查明吹哨者的身分。丹尼爾．納德洛（Daniel Nardello）很多年的時間都在抓罪犯，這時卻在無意間幫助一個將要與執法單位最後攤牌的人。納德洛的團隊嘗試揪出洩密者，但終無所獲。吹哨者使用俄羅斯的電郵帳戶，無法追蹤。

樹倒猢猻散

納克維編織的謊言之網正在快速崩解。海外私人投資公司的官員也開始起疑了。美國政府的這個基金在二〇一七年九月底給阿布拉吉六千八百萬美元投資醫療保健基金，但納克維沒有拿去蓋醫院診所，而是立刻將一半以上花在別的用途。

在阿布拉吉內部，納克維盡可能表現得很有信心。二〇一七年末，公司在杜拜希爾頓舉辦年度全員大會，他告訴三百五十名從世界各地飛去的員工，一切都依照計畫進行：新基金已籌得三十億美元。員工很高興聽到數十億資金進來。他們等著拿分紅已等了快半年，也許現在可以拿到了。

在台上，納克維隨機從金魚缸裡抽出員工寫在紙上的問題。其中一個問題特別具挑戰性：詢問阿布拉吉在北非的主管阿梅德・貝卓丁（Ahmed Badreldin）是否要離開公司。納克維將問題轉給觀眾席中的貝卓丁。

納克維問：「你要離開嗎？」

貝卓丁聽了很驚訝，因為納克維已經知道答案，幾個月來他都在協商離職的事。

他回答：「我是要離開。」

這樣直接公開承認，讓納克維嚇一跳，在台上來回踱步像隻憤怒的熊。觀眾又提問紅利何時發，讓情況更糟糕。有些員工刻意低頭避免和納克維眼神接觸。氣氛很尷尬，一個員工覺得他寧可爬過碎玻璃離開現場，也不願看納克維的表現。

更多主管謹慎計畫離開。斯皮奇利是自從阿布拉吉創立以來最為納克維信任的顧問之一，他也想離職。主管們討論著醫療保健基金出問題的謠言，飯店裡到處有人壓低聲音說話。

要同時處理阿布拉吉的所有問題已經是不可能的事。許多付款期限紛紛逼近，公然撒謊是打發債權人的唯一方式。向科威特政府退休基金借款的五百萬美元利息即將到期，納克維問同事怎麼辦。

納克維問：「你們可以想出什麼煙幕彈延個幾星期？」

戴維建議，告訴他們出售一家公司的錢延遲入款。納克維同意了。

「抱歉，我忘了兩億美元放在哪裡了」

納克維的伎倆對蓋茲基金會沒有效果。法納姆對他的回答不滿意，和醫療保健基金的幾個投資人談過他的擔憂。二〇一七年十月十二日在奈洛比的醫療保健基金會議中，那些投資人可沒在客氣。

英國政府CDC的主管克萊莉莎・狄法蘭柯（Clarisa de Franco）問，阿布拉吉為什麼支取醫療保健基金一半以上的錢，沒有全部運用。

阿布拉吉的一位主管回答，錢沒有運用是因為醫院的興建案出現預期之外的延遲。法納姆從他在西雅圖的辦公室打電話進奈洛比的會議，請阿布拉吉確認基金的錢在哪一個銀行帳戶。

醫療保健基金的財務長巴德魯丁・希勞爾（Badruddin Hilal）說，在開曼群島標準銀行（Standard Bank）的一個帳戶。這個新進主管是在轉述拉卡尼給他的資訊。法納姆很驚訝。阿布拉吉先前給他的對帳單是杜拜商業銀行的，不是標準銀行。法納姆請希勞爾解釋。

一陣尷尬的沉默。曾任微軟主管的希勞爾說他需要去檢查一下錢在哪裡，一有答案就會回覆投資人。

法納姆腦中的注意訊號現在變成警鈴大作，心想，基金經理人不會忘記兩億美元放在哪裡。一家基金管理公司竟然承認，計畫在貧窮國家蓋醫院的數億美元忘了錯放在哪裡，這太糟糕了，尤其是一家自誇專業與治理能力的公司。

會議結束後，法納姆傳訊息到群組的電郵帳戶，那是所有醫療保健基金投資人共用的，結果電郵被退回。管理該帳戶的阿布拉吉將它停用，不讓投資人互相溝通。

法納姆將阿布拉吉給他的杜拜商業銀行對帳單轉傳給 CDC、世銀的國際金融公司以及法國政府的基金 Proparco。法納姆告訴他們：「他們提供兩份不同的資訊，我認為一定要和各位分享。現在我們絕對要確認錢投資到哪裡了。」

阿布拉吉的莫加里亞發電郵給投資人，說很快會告知錢的下落。

法納姆答：「我們需要盡快看到回覆（記得兩億多美元放在哪裡沒那麼難吧）。」

又過了兩天，希勞爾告知投資人是他弄錯了。他們的錢確實安安穩穩放在杜拜商業銀行，而不是他在會議中說的標準銀行。

他在電郵中說：「總共支取有限合夥人的資金五・四四八億美元，其中已運用三・一八九億美元，所以尚餘現金二・二五九億美元。」

投資人不再信任阿布拉吉，要把錢拿回去，問題是阿布拉吉沒錢可以給。法國政府管理 Proparco 的官員湯姆．羅斯坦（Tom Rostand）負責這個案子。他代替 Proparco、蓋茲基金會和世銀國際金融公司發電郵給阿布拉吉，要求提供最新的銀行對帳單，且未運用的錢應該退還。維蒂維特皮萊在給他和他的上司及其他投資人的回覆中痛斥羅斯坦。

維蒂維特皮萊寫道：「你下面這封電郵很不恰當。阿布拉吉已經直接就這件事與世銀國際金融公司、CDC 和蓋茲談過。」

羅斯坦表達歉意。「我沒有被告知這件事，如果你們即將提供我方要求的所有資訊，抱歉造成不便和混淆。」

納克維將往返的電郵（包括法國人的道歉信）轉傳給世銀國際金融公司，引發更多人表達歉意。

世銀國際金融公司在中東的主管摩亞德．馬克洛夫（Mouayad Makhlouf）寫道：「我們要代替世銀國際金融公司表達對這種溝通不良的歉意，非常抱歉。」

法納姆回覆這一連串電郵上的所有相關人士，包括阿布拉吉的主管和投資人。他寫道：「我要在底下重述羅斯坦電郵中提出的問題，同時要求歸還支取的資金。」

納克維轉傳這封電郵給法納姆在蓋茲基金會的上司克里斯多福．埃利亞斯（Christopher Elias），還在信中說他態度差沒禮貌。納克維指出 Proparco 和世銀國際金融公司已經向他道歉，但法納姆還沒有。

納克維寫道：「我很不高興。法納姆先生一、兩個月前要求我們提出資金的證明，因為資金放在銀行帳戶未使用。儘管這樣的要求讓人尷尬（我們從未遇過這樣的要求），我們還是提供銀行審核證明（audit certificate），做為查核程序的一部分。一、兩個月後情況並未改變，卻再次提出要求，坦白說很侮辱人。」

「恕我直言，我以及我們並不是管理一般基金的一般經理人。我希望你不介意我這樣直白說明我的觀點，好讓你清楚了解我的想法。」

埃利亞斯找來法納姆討論情況，法納姆解釋不禮貌的人是納克維，不是他。法納姆確定納克維涉及詐欺，否則面對幾個合理的提問，為什麼會以這麼極端的方式反應？」

在世銀國際金融公司，執行長菲利普．勒奧魯（Philippe Le Houerou）接到納克維的電話，要求他的下屬停止提出問題。這次對話後，勒奧魯打給負責世銀國際金融公司投資私募股權基金的瑪麗亞．寇茲拉斯基（Maria Kozloski），問她到底是怎麼回事。寇茲拉斯基解釋，納克維對簡單明瞭的問題也會惱怒，讓她覺得真的有嚴重的問題。勒奧魯要她仔細調查，不必理會納克維的抱怨。

決心追查到底

回到蓋茲基金會，更多主管齊聚討論因應之道。納克維自稱是慈善家，也簽署了捐贈宣言，是蓋茲努力建造更美好世界的重要夥伴。他真的是詐欺犯，是小偷？法納姆的老闆同意，應該進一步施壓納克維，追根究柢。於是法納姆要求阿布拉吉提供更多資訊。

他寫道：「請提供從二〇一六年十一月二十四日到二〇一七年十一月三十日所有投資的錢存放在每家銀行的實際對帳單，顯示所有的交易。我要說清楚，我們要求的是實際對帳單，不是另一種形式的摘要。」

納克維要維蒂維特皮萊不要將法納姆最新的要求洩漏出去。

納克維告訴他：「請暫時還不要轉傳給內部的任何人。」

維蒂維特皮萊為爭取更多時間，使用詭計搪塞法納姆。

「我剛從奈洛比抵達倫敦，我知道杜拜因宗教慶典停止上班到下週二，因此多數人會趁這個機會休假一週。相關人士一回來上班，就會處理這項要求。」

接著納克維向戴維、西迪克和拉卡尼建議一項解決方法。

「我們輕易就可以請阿拉伯航空週一借一億美元，放入指定帳戶一週。這樣可以解決嗎？」

結果真的奏效了。

納克維又向阿拉伯航空借一・四億美元，二〇一七年十二月五日放入醫療保健基金的銀行帳戶。這筆借款放在帳戶裡不到十天——足以讓十二月七日的銀行對帳單顯示基金有一・七億美元。納克維命員工寄出新的銀行對帳單給法納姆及其他投資人，證明一切都沒問題。但十二月七日的對帳單讓投資人更擔憂。法納姆要求的是一整年的對帳單，不是十二月的某一天。

法納姆和其他投資人指派美國會計事務所Ankura了解實際狀況。維蒂維特皮萊試著安撫法納姆，解釋說醫療保健基金的運作就像一家公司，而不像一般基金，在這種情況下，長時間保留現金餘額很正常。

現在納克維唯一的選項是將醫療保健基金少掉的所有錢退還投資人，希望他們不要再問問題。他必須找到兩億美元才能支應。二〇一七年十二月納克維找上富有的阿聯投資人哈米德・賈法（Hamid Jafar）借錢。賈法是阿布拉吉早期的投資人，在伊頓學院受過教育的兒子巴德（Badr）是阿布拉吉的董事。

賈法同意借三・五億美元，兩個月歸還。賈法堅持要預收一千八百萬美元的高昂費用，但相信納克維會還錢。他太相信納克維了，甚至只有口頭協議，沒有書面文件。

二〇一七年十二月納克維還賣了一億美元的阿布拉吉股權給瑞士富豪湯瑪斯・史密丹尼（Thomas Schmidheiny）和印度富豪普拉卡許・洛希亞（Prakash Lohia）。史密丹尼擔任阿布拉吉的董事，納克維則是投資過洛希亞的一家公司。

納克維拿籌到的一部分錢歸還醫療保健基金的投資人，但投資人還是要答案。現在光是還錢已經不夠。美國、英國、法國政府的錢不見了，官員要知道用到哪裡去。

納克維改變策略對付法納姆。他一再打電話給法納姆，試著用阿諛諂媚拉攏他。納克維說他密切關注法納姆的事業十年了，當蓋茲基金會拔擢他帶領影響力投資案時，他一點都不意外。他希望法納姆取消 Ankura 法務會計師（forensic accountants）的調查，督促他改指派安侯建業或其他大型會計公司來查核。

無論如何，戲都要演下去！

少數員工知道情況岌岌可危，都非常緊張。

二〇一七年十二月一位主管告訴艾鐸－維杜：「這是詐欺，就這麼簡單。」

艾鐸－維杜答：「甚至更嚴重。」

納克維為了籌募六十億美元基金仍賣力參加會議。他飛到紐約見更多潛在投資人，宣揚同一套謊言。阿布拉吉的投資總是比別人更賺錢，鮮少虧損，公司治理無懈可擊。

納克維為維持績效優異的假象，堅持阿布拉吉的投資應該維持虛假膨脹的估值，直到籌資結束。布如瓦說降低估值會影響籌資。

布如瓦說：「簡短直白地說，如果我們像平常一樣在年末宣布認列資產減值，我真的相信對於後面階段的投資人會有負面的影響。有些人可能會因此卻步。」

維蒂維特皮萊同意他的看法，認為維持高估值比較有機會為基金籌到更多錢。

17

「對詐欺犯不必客氣」

「面對詐欺，投資人必須快速尋求專業的法律顧問與調查人員的協助，必須以最強悍的態度，讓壞人的聲譽與淨值得到最大的損害，將他們送進監牢，剝奪自由。」

二〇一八年一月底，一群富豪和政治人物展開年度的資本主義朝聖之旅，前往瑞士山城達沃斯。那年川普總統首度參加會議。納克維也在那裡（十多年來幾乎每年一月都是如此），與三千位參與者交流。

每天晚上外面都下著雪，在歐洲飯店（Hotel Europa）的鋼琴酒吧溫暖親切的氣氛中，加拿大藝人貝瑞．寇森（Barry Colson）邊彈琴邊唱流行歌曲。寇森是達沃斯深夜的一則傳奇，一群政治人物和企業主管是他的鐵粉，會跟著他唱，站上桌子跳舞。他們明白酒吧裡任何一位記者都不會把這些醜態寫出來。納克維每次都會去聽寇森演唱，他會坐在寇森身後的窗檯，邊喝威士忌邊聽歌。今年，寇森注意到納克維要走上通往鋼琴酒吧的樓梯時停住腳步，看起來不像平常那麼自信。寇森一直覺得納克維人很好——他是目前為止達沃斯給小費給最多的人。但這次，納克維沒有走進酒吧，而是等在外面。寇森聽到謠言——阿布拉吉出狀況了。

謠言四起

達沃斯會議開始前的週四，住在倫敦的威爾．勞區（Will Louch）在寒冷早晨的七點醒來。如果不是瞄到手機上有電郵，他可能還會回去睡。一則訊息引起他的注意，凌晨四點五十一分一位不知名人士傳來的，電郵地址是 wbabraaj@mail.com。

信中說：「阿布拉吉集團的董事總經理，歐瑞斯資本創辦人維蒂維特皮萊辭職了。」

他快速用谷歌搜尋阿布拉吉，找到一篇文章，說這家私募股權公司爭取投資人投入新基金六十億美元。《紐約時報》和《財星》（*Fortune*）都以讚譽有加的文章介紹阿布拉吉的創辦人，納克維．納奎。他似乎是很重要的人。阿布拉吉籌資的新聞讓維蒂維特皮萊可能離職一事更值得注意，因為私募股權公司的資深主管通常不會在籌資時離職，因為會把那些工作上密切接觸過的投資人嚇跑。

勞區發電郵給維蒂維特皮萊，詢問他是否真的要離開。

維蒂維特皮萊立刻回答：「我沒有離開阿布拉吉，這個消息我也聽到一些，已經告訴所有人我沒有要離開。」

勞區發電郵給神祕發信人，幾小時後得到回應。

我是阿布拉吉的員工，無法接受阿布拉吉現在向投資人籌募新的六十億美元基金，假裝公司的董事總經理還在那裡工作。此外，阿布拉吉有一支十億美元的全球醫療基金可能涉及詐欺，世銀國際金融公司、蓋茲基金會、CDC和Proparco正在調查。

如果屬實，這是天大的新聞，但這時候問題比答案還多。資訊是正確的嗎？寄信者真的在阿布拉吉工作？他聯絡我的動機是什麼？

網路有很多關於阿布拉吉的正面報導，YouTube到處都看得到納克維，他同時也出現在彭博、CNN、CNBC的新聞裡，還報導他與布蘭森、邦德曼及其他富豪的辯論。這樣的人會捲入詐欺案，似乎太誇張了。大型私募股權公司有時候會因為投資不善而虧錢，但是很少被指控公然A錢。

寄信人當天又發了一封電郵，信中提供了很具體的細節，若說是捏造的就太奇怪了。

二〇一六年末，他們從投資人那裡拿了兩億美元用於投資，但實際上卻用來支付阿布拉吉的營運資金，美化資產負債率和其他應付款。

一家私募股權公司這樣拿基金的錢去使用很沒道理，因為他們都會向投資人收取高額費用以支付員工薪資。勞區又迅速發一封電郵給神祕爆料人，緊張地期待回信。隔日一大早，收到一封千字信，裡面有很多文法錯誤和很小的細節。這是記者最夢寐以求的。

信中說：「隨著問題愈來愈嚴重，納克維必須找到更大筆的錢來堵住破洞，只能短期從基金借走愈來愈大筆的錢。現在到處都在失血，很多合夥人辭職。」

「祝你報導順利。重點是阿布拉吉內部根本沒有治理，導致情況惡性循環，納克維掌控一切，沒有人知道問題的全貌。」

「現在他們要想辦法脫身，但已經太晚了。關鍵是這樣遮掩是否能瞞住新的六號基金投資人直到最後關帳日（final closing）。」

勞區要求和對方通電話。這次那人的回答沒什麼幫助。他不想要對話，還說他們也發電郵給《紐約時報》了，所以現在要競賽誰先爆出壞消息。我們必須找人證實匿名者提供的訊息，因為爆料者拒絕透露真名。

那天是週五，回教國的休息日，但阿布拉吉在杜拜的發言人米塔莉．阿塔爾（Mitali Atal）仍在回覆電郵。阿塔爾是印度人，是記者訪問阿布拉吉的第一個接觸者。她對納克維忠誠不貳，對他致力改善世界的使命確信不疑。她小心篩選哪些記者可以和主管說話，通常會設下嚴格的條件。但她一接到勞區的電郵，立刻安排讓勞區隔日和阿布拉吉的主管麥奎爾通電話，麥奎爾曾在世銀工作。

電話中的麥奎爾相當友善。他說起在世銀服務時認識某個《華爾街日報》的記者，還有一個以前是他的學生，他都說得出名字，表示很有人脈。兩位記者勞區都不認識，因為他是新進人員。他詢問阿布拉吉是否因濫用醫療基金的錢遭調查，得到堅定的回答。

麥奎爾說：「阿布拉吉絕對沒有任何地方的錢不見了，如果我們那樣搞，就不可能有今天這樣的規模和聲譽。我離開美國參議院通過的工作，繞過半個地球飛來這裡，自己當然會先做很多盡責調查。這裡不是那種公司。」

麥奎爾說，阿布拉吉不可能A錢不被發現，因為公司在七個司法管轄區接受監督，絕對不可能。

阿塔爾說，這樣的問題很不禮貌。

對話就這樣結束了。

達沃斯會議開始前，那個週末不只是阿塔爾和麥奎爾兩人還在杜拜工作。納克維正和艾鐸－維杜、維蒂維特皮萊開會策畫詐欺。他們仍一心想要幫阿布拉吉的投資組合撐住虛偽提高的估值。納克維告訴他們，估值的確不實在，他低聲笑著解釋他接下來打算怎麼做。六十億美元籌資完成後，估值就會逐漸降低。

他笑著說：「但絕不能現在就做，因為那等於是賽跑之前先把自己的雙腿砍掉。對吧？那樣很笨，對吧？」

「所以每當你們或某人發電郵給我，說『這樣的估值站不住腳』。我就是這樣做」，他說著比一個手勢。「你知道為什麼嗎？因為有些事終究只能拖到時機成熟時再說。」

•••

幾年來克拉克和納克維及阿布拉吉其他主管都見過面，最近和德波爾聯絡，談他在阿布拉吉的新工作。勞區告訴克拉克匿名信的事，他發電郵給德波爾，詢問醫療基金是否有兩億美元被以某種方式挪用。德波爾接到電郵時正準備去達沃斯，他說不知道有任何不法情事，過去兩週他都在亞洲與美國見阿布拉吉的投資人。

德波爾說：「沒有半個人對你說的問題表達擔憂，我相信你聽到的訊息是錯的。我會試著去了解情況以及為什麼會有這種傳言。」

德波爾安排隔日打電話，他要麥奎爾和醫療基金的負責人曼恩也參與。他們也準備去達沃斯。通電話之前德波爾發出一封電郵，說富而德律師事務所（Freshfields Bruckhaus Deringer）的律師是阿布拉吉的顧問。

德波爾說：「富而德顯然認為阿布拉吉完全遵守法規。」

富而德律師的紀錄係依據客戶的文件以及訪談客戶的結果，最後相信沒有涉及不法。德波爾相信富而德可以為阿布拉吉的聲譽提供公正可信的保證。

阿布拉吉和富而德的關係很密切。富而德在中東的董事總經理波維茲・阿克達（Pervez Akhtar）曾任職阿布拉吉，他在電郵中將阿布拉吉的基金管理未涉不法的紀錄，轉傳給法律總顧問安德魯・赫瓦塔爾（Andrew Chvatal）。阿克達還擔任納克維在英國的慈善機構和平基金會的董事，納克維的兒子在羅馬舉辦婚宴時他是座上賓。

德波爾強調他自己一心為窮人和阿布拉吉的投資人做好事，他稱投資人為有限合夥人（limited partners）。

他寫道：「我們真的讓艱難的市場裡幾百萬人的生活變得更好。我們遇見的有限合夥人同樣很高興能參與開創性的計畫。這很不容易——我們在條件欠佳的地方興建醫院，像是拉哥斯、喀拉蚩、拉合爾。」

「在幾乎不可能的條件下管理影響力基金有時候不是那麼順利。我們的有限合夥人都很成熟，了解我們用很少的資源創造成績。投資人期待於我們的是清楚、透明和用心。」

「我知道在投資人的要求下已退還一些未運用的基金。」

德波爾的這最後一句話透露出某些訊息。這是阿布拉吉的主管承認資金已退還給醫療基金的投資人，這是匿名者的爆料內容第一次獲得證實。

德波爾在那通週日的電話中提供更多細節。他說，阿布拉吉的醫療基金有數百萬美元沒有運用，因為巴基斯坦和奈及利亞的醫院興建計畫延遲了。曼恩說，興建計畫將拯救成千上萬人的性命，延遲興建只是稍微影響進度。電話結束。

動用關係介入調查

在達沃斯，納克維最念茲在茲的是和最重要的人脈談話。他私下和克里斯蒂安·索英（Christian Sewing）談，不久之後索英將被任命為阿布拉吉最大股東之一德意志銀行的執行長。納克維平常的跟班都不准進入談話的房間。

另外他還和道瓊執行長、《華爾街日報》的發行人威廉・路易斯（William Lewis）及歐洲編輯索羅爾德・巴克（Thorold Barker）見面。納克維的說詞是要利用這次會談討論廣告，以及阿布拉吉與《華爾街日報》在新興市場的合作方式，但談話過程中逐漸可以看出他的另一個動機：納克維要我們停止調查。一位參與會議的人告訴克拉克：「他幾乎挑明說，叫克拉克和勞區停手，表現得很明確。他很用力要讓《華爾街日報》的資深主管制止你想做的事。」那人說，路易士聽著，但沒有接受。

週四大約午餐時間，納克維在達沃斯一場關於全球醫療保健的電視轉播辯論中成為矚目的焦點。他和蓋茲及另外三人同台。納克維很緊張，開始討論前他在休息室轉來轉去，和其他演說者（包括蓋茲）寒暄，後者似乎想要保持距離。

他們走出去，在達沃斯的聚光燈下，納克維就坐在正中央。蓋茲在遠遠的左邊。納克維在舞台上很有魅力。他稱讚蓋茲的十億美元基金激勵阿布拉吉努力為巴基斯坦、奈及利亞、肯亞和印度提供平價的醫療保健。

納克維說：「比爾幫助我們實現願景。」

蓋茲在座位上不自在地變換姿勢，緊閉嘴唇。每當納克維嘗試和他眼神接觸和互動，蓋茲都望向別處。

納克維繼續說：「一切始於和比爾的一場討論。」

納克維聲稱阿布拉吉的醫院已經在獲利，這是他很典型的樂觀表演。億萬富豪就坐在旁邊，納克維沒有讓人看出阿布拉吉出現大問題，一張撲克臉的蓋茲也沒有洩露絲毫訊息，其實他的團隊已經就阿布拉吉的狀況提供完整的報告。

蓋茲幾乎成功避開納克維想要和他互動的嘗試。但一小時的辯論即將結束時，蓋茲稱讚歐美的醫療監管機構——美國食品藥物管理局（FDA）或歐洲藥品管理局（EMA）。

「即使是開發中國家也期望藥物獲得黃金標準監管單位（gold-standard regulators）的核可。除非獲得美國食品藥物管理局或歐洲藥品管理局這兩個黃金標準監管單位核可，就無法進入。」

納克維聽到這番話時疑問地盯著蓋茲看。他激起納克維的敏銳嗅覺，馬上看出西方老大哥高高在上的態度。

納克維說：「比爾，我可以補充一個稍微有點挑釁的觀念嗎？我的說法可能有點簡化，但你知道嗎，這些黃金標準監管單位和他們在歐美核可的藥物，基本上也有很大的瑕疵。」

納克維說，歐美的監管機構帶有偏見，因為他們的藥物主要測試在白人身上，白人的基因並不能代表全人類。這是納克維的典型策略，依據的是他從學生時期以來漫長的辯論經驗——很有說服力地提出一個高明的論點，讓聰明的對手不得不改採守勢。納克維的這項觀察讓蓋茲看起來似乎太肆無忌憚，可能還有點殖民主義的味道。

納克維說：「事實是我們都不一樣。」醫療保健產業應該收集更多亞非裔人士的資料，才能做出更適合他們的藥物，這就是納克維和他的醫療保健基金能發揮作用的地方。納克維說，他們要透過收集這些資料做出巨大的貢獻。

蓋茲不得不同意。

蓋茲說：「是的，這些監管機構已開始注意這些問題。」一種藥物一旦獲得歐美監管機構核可，就可以讓全世界七十億人口使用，確實不應該是這種狀況。

討論結束時，納克維越過舞台走向微軟創辦人蓋茲，但那位美國富豪還是不想和他說話。蓋茲的團隊快速引領他穿過後台走道。

更多的爆料

納克維在達沃斯舌戰蓋茲時，神祕爆料人發送更多訊息給倫敦的勞區。他在電郵中說：「請詳讀附件中阿布拉吉的醫療保健基金報告。」

報告顯示，阿布拉吉的多數醫院都在虧錢，而不是如納克維在達沃斯聲稱的賺錢。報告也證實了爆料者另一項重要的指控，阿布拉吉將醫療保健基金裡投資人的兩億多美元閒置很長的時間。

我們還需要更多證據，因為爆料人拒絕透露身分。又經過一週的電話查訪，證實投資人正在調查阿布拉吉是否不當管理他們的錢，但沒有一個人準備公開談這件事。我們得知，包括蓋茲基金會的醫療保健基金投資人已指派法務會計公司 Ankura 調查他們的資金流向。現在我們有足夠的資訊可以寫一篇文章了。

達沃斯會議結束後，納克維飛到倫敦。他告訴他的高階管理團隊丟下手邊的所有工作，到阿布拉吉的梅菲爾辦公室見他，要做最後一次努力，制止我們的新聞報導。芬斯伯里公關公司（Finsbury）的顧問經常到阿布拉吉，該公司的經營者是當時英國的內政大臣安珀．魯德（Amber Rudd）的哥哥羅蘭．魯德（Roland Rudd）。

我們一再查核文章裡提到的事實，確保準確無誤，並由公司的律師審核。我們再給阿布拉吉機會發表評論。在一次讓人不安的對話中，麥奎爾承認阿布拉吉和部分投資人之間有些問題。他說公司已請安侯建業查核醫療保健基金的帳戶。

報導刊出

二〇一八年二月二日倫敦時間晚上七點十分，我們發表一篇文章，揭露蓋茲基金會和其他投資人聘請稽核追蹤資金流向，阿布拉吉小心培養的公共形象終於崩壞。不久《紐約時報》也刊出一篇文章。新聞報導透過筆電和手機的網路消息散播全球，數百名投資人和債權人打電話要求納克維解釋，洪水沖破阿布拉吉的閘門，一發不可收拾。

納克維說報導是假新聞，但很難相信《華爾街日報》和《紐約時報》會一起搞錯。銀行催還貸款，增貸計畫也取消。納克維已經沒有選擇了。

《華爾街日報》的文章刊出次日是週六，納克維還在倫敦。納克維在辦公室和CDC主管開會，緊張又激動地向投資人保證他沒有做錯事。情況的演變讓CDC主管非常擔憂，因為事關重大，他們投資很多阿布拉吉的基金，蓋茲基金會只投資兩檔。如果阿布拉吉垮了，對CDC的影響會比蓋茲基金會大很多。

消息很快傳到距離杜拜西方一萬二千公里以外奧林匹亞市的華盛頓州投資委員會。華盛頓州退休基金的主管大衛・尼倫伯格（David Nierenberg）看了新聞後憂心忡忡。該基金代替教師、警察、法官、消防員管理超過一千三百億美元資產。尼倫伯格緊急發電郵給同事：

> 面對詐欺，投資人必須快速尋求專業的法律顧問與調查人員的協助，必須以最強悍的態度，讓壞人的聲譽與淨值得到最大的損害，將他們送進監牢，剝奪自由。
>
> 就好像你不會和恐怖分子協商一樣，對詐欺犯也不必客氣，他們唯一聽得懂的語言是武力。我們甚至不知道如何理解他們的行為，他們的頭腦構造不一樣。

如果確實有任何不法情事或者讓人懷疑的跡象，我們就要立刻追根究柢，採取所有適當的保護行動。

布如瓦寫信給華盛頓州投資委員會和其他投資人，告訴他們沒有理由驚慌。信中說：「你們可能看到媒體報導了，裡面有一些不實的指控，我們已斷然否認。從投資人取得的資金都是獲得允許可以投資的，有些資金未如預期那麼快速運用，主要是因為新醫院的興建在法規上遭遇未能預見的延遲。」

狐狸尾巴露出來了

納克維請員工放心，公司絕對沒有涉及不法。他和德波爾、麥奎爾、曼恩、維蒂維特皮萊及其他人在倫敦開會，討論該怎麼做。德波爾完全搞不清楚到底發生了什麼事。

德波爾說：「我們到底在討論什麼事？」

安侯建業的一份報告帶給納克維短暫的希望，阿布拉吉聲稱該報告證明醫療保健基金的資金運用未涉不法。但報告並未公布，因此阿布拉吉自己發出新聞稿，指稱安侯建業已發現阿布拉吉的作為「符合議定的程序。」

安侯建業根本不算公正的評審，因為與阿布拉吉的關係太盤根錯節。安侯建業負責審核阿布拉吉的多數基金及其投資的公司，包括阿拉伯航空。安侯建業的杜拜主管是納克維的好友，阿布拉吉的財務長戴維曾在安侯建業工作。

二月某天早上，德波爾步出阿布拉吉的倫敦辦公室，和曼恩散步。他們要討論發生的狀況。兩人行經梅菲爾區的豪奢店鋪和咖啡廳。他們不希望任何人聽到他們的對話。曼恩有消息要告訴德波爾：納克維告訴他，他如何利用阿拉伯航空借給他們的錢填補醫療保健基金的洞。納克維不認為這樣的貸款有什麼問題，德波爾不以為然。這是要蓋醫院的基金，怎會和航空公司的貸款扯上關係？簡直瘋了。更糟糕的是，安侯建業的報告甚至沒有提到阿拉伯航空借錢給基金的事。關於阿拉伯航空的訊息太具爆炸性，德波爾和曼恩談論時都使用代號：鴿子。

德波爾說：「阿拉伯航空的貸款太讓人震驚，會造成很大的衝擊。」

Ankura 繼續代替醫療保健基金的投資人調查，二〇一八年二月派兩名專家從美國飛到杜拜進行法務審計（forensic audit）。讓－米歇爾・費拉特（Jean-Michel Ferat）曾協助追蹤猶太大屠殺受害者在瑞士的錢，也曾挖掘聯合國在伊拉克的石油換食物計畫所涉及的大筆賄賂與回扣。柯林・安德森（Collin Anderson）則是依據資料進行法務會計的專家。

阿布拉吉並未允許費拉特和安德森在阿布拉吉總部工作——這樣的拒絕對稽核並不常見——而是給他們一箱文件，讓他們在哈布圖爾宮飯店（Habtoor Palace hotel）工作，安排一個保鑣。他們的工作是追蹤醫療保健基金在銀行帳戶的金錢進出，但那箱文件並不完整。賽拉特和安德森一再要求提供全部的銀行對帳單，不容拒絕。兩人與阿布拉吉的幹部進行激烈的對話之後數日，終於拿到銀行對帳單，顯示發生了很不尋常的事。大筆金錢從阿拉伯航空轉入醫療保健基金，這家航空公司沒有明顯的理由介入。狐狸尾巴露出來了。

納克維的世界開始崩塌。他開支票給賈法作為三．五億美元借款的保證金，二〇一八年二月在阿聯跳票了。在阿聯跳票是刑事犯罪，因此這個危機必須快速解決，否則納克維得直接入獄。為了籌措現金，納克維在香港的佳士得拍賣行變賣阿布拉吉的六件藝術品。

納克維透過法國南部一名仲介，出價二千萬美元要賣掉豪華遊艇。

杜拜金融服務總署開始詢問阿布拉吉困難的問題。Hamilton Lane 告訴杜拜監管機構，阿布拉吉私募股權四號基金和醫療保健基金的錢可能都有被挪用。

納克維嘗試控制傷害。二〇一八年二月二十三日他宣布一項計畫，希望有助於恢復投資人對他的信任。他將阿布拉吉分割成兩家不同的公司：阿布拉吉投資管理和阿布拉吉控股。前者管理私募股權基金，由羅迪和約根錫奧格魯共同擔任執行長，納克維承諾不再參與這部分的業務經營。阿布拉吉控股繼續投資基金，由納克維領導。但這樣的分割未能讓任何人放心。華盛頓州投資委員會的資訊長蓋瑞．布魯貝克（Gary Bruebaker）命令他的團隊停止和阿布拉吉合作。

天主教會正在準備二〇一八年夏天要召開梵諦岡影響力投資高峰會，阿布拉吉從邀請名單中被刪除。

在杜拜，新分割的基金管理事業部門的主管開始檢查公司的帳冊資料。拉卡尼警告納克維，二〇一八年三月一日下午三點，新的稽核會進總部。拉卡尼知道有幾箱文件內含轉帳給納克維的敏感資訊，非常煩惱。

納克維告訴拉卡尼：「我會派司機去取那些箱子，總共幾箱？」

拉卡尼答：「九箱。」

「好，一定要讓司機從靠近會計的門拿出去，而不是主要接待處。那邊有一台推車可以一次裝好幾箱，就用推車裝吧。」

箱子拿走次日，羅迪和約根錫奧格魯告訴投資人，六十億美元募資已取消。

接下來是一團混亂。

阿布拉吉成立以來納克維一直以無可挑戰的權威管理，現在他的掌控力已經大不如前。少了新基金可以賺進來的九千萬美元管理年費，阿布拉吉無法生存。

阿布拉吉甚至已依據收取年費的預期，向法國興業銀行（Societe Generale）貸款一．五億美元。

納克維最親近的同事試圖走人滅跡，二〇一八年三月戴維告訴路透社，他年前已離開阿布拉吉。維蒂維特皮萊也試圖在公司即將崩塌前明哲保身，他告訴記者和律師幾個月前已辭職。

內部倒戈

幾個較盡責的員工選擇留下，努力穩住公司。阿布拉吉在敘利亞的營運長貝瑞利（Bisher Barazi）捲起袖子，協調公司與杜拜金融服務總署之間的討論。

貝瑞利個性火爆，但很多員工尊敬他，因為他可能是唯一敢挺身對抗納克維的資深主管。納克維告訴貝瑞利，公司的問題沒那麼嚴重，不過是把醫療保健基金的錢混在一起。就衝著這句話，貝瑞利願意留下，但不想捲入嚴重的財務醜聞。他曾在杜拜擔任政府某檔投資基金的財務長，後來基因發生財務困難，他不想再經歷相同的事。納克維說服他加入阿布拉吉時，強調他和公司都恪遵最嚴格的治理標準。

貝瑞利對於處理艱難的問題很有經驗。貝瑞利一九七二年生於大馬士革，一九九一年登記要讀貝魯特的美國大學，沒想到學校被恐怖分子炸掉，他的父母不得不堅持要他轉讀大馬士革大學。不能離開敘利亞讓他很失望，便把讀書的精力拿去玩樂和踢足球。

他的態度讓父母很挫折，便介紹他到他們合作的安達信會計師事務所（Arthur Anderson）暑期打工。貝瑞利面試時留長髮，穿牛仔褲和印有齊柏林飛船樂團（Led Zeppelin）的運動衫，戴著出生以來不曾離身的金鍊子，圓盤型墜子上刻著《可蘭經》——那是親戚送他的禮物——以及烏克蘭祖母送的吉祥符。

貝瑞利在大馬士革的安達信喜歡上會計。邊讀書邊在那裡工作，每年都故意讓數學當掉，好延畢逃避兵役。九年後的二〇〇〇年，他還沒畢業，但想要在安達信有更進一步的發展，為此必須通過一項特別的考試，成為註冊會計師（certified public accountant）。問題是多數地方都必須畢業後才能考，只有蒙大拿州不用。於是貝瑞利飛到美國北方遙遠的蒙大拿州考試。

二〇〇〇年，在敘利亞軍的嚴密監督下，貝瑞利終於從大學畢業，讓安達信將他調到沙烏地阿拉伯。旅居海外的敘利亞人可以繳錢逃避兵役，貝瑞利的事業在海外發展得很好，他從安達信跳到阿拉伯灣的投資公司，一度代表他所任職的杜拜投資公司，擔任阿布拉吉的董事。

二〇一六年貝瑞利加入阿布拉吉成為全職員工後，納克維提醒他，多年前他擔任董事時曾質疑納克維過度掌控阿布拉吉。貝瑞利驚訝納克維擁有駱駝的記憶——中東人用這句話形容一個人過目不忘。

貝瑞利說他問過西迪克關於《華盛頓郵報》二〇一八年二月揭露的爭議事件：「裡面有任何事實嗎？」

貝瑞利說，西迪克回答，寫文章的記者因為妒忌阿布拉吉太成功才討厭他們。事後西迪克否認他說過這樣的話。

不久之後，貝瑞利得知四號基金和醫療保健基金的錢確實被挪用，真的很生氣，因為納克維向他保證過，阿布拉吉在醫療保健基金之外沒有其他問題。

納克維將阿布拉吉分割為二時，貝瑞利被任命為基金管理事業的財務長。為強化兩家新公司的分割，貝瑞利將阿布拉吉在杜拜國際金融中心三、四樓的辦公室通道封閉。三樓將成為基金管理事業的總部，四樓給阿布拉吉控股（仍然由納克維掌管）。貝瑞利關閉樓梯通道的決定深深激怒了納克維。

阿布拉吉冒出第三檔基金管理不當的問題後，納克維在一場會議中把問題怪罪到西迪克、拉卡尼和戴維頭上，貝瑞利和其他主管也參加該場會議。基礎設施與成長資本基金所持有的阿拉伯航空股權已被阿布拉吉拿去抵押貸款，沒有支付合法受益的投資人。現在錢不見了。納克維在會議中羞辱西迪克，聲稱他本人和這個新問題毫無關聯。

會議隔日，貝瑞利說他和西迪克一起去杜拜四季飯店頂樓的月空酒吧（Luna Sky Bar）喝酒，談著談著西迪克哭了出來。

貝瑞利問：「你怎麼受得了？」

貝瑞利引述西迪克的回答：「他在霸凌我。」

西迪克說他常和貝瑞利去月空酒吧，但否認有過這段對話。

貝瑞利這時已對納克維完全失去信心。數日後納克維到他的辦公室求助法律問題，貝瑞利拒絕，他說因為納克維要求他做不對的事。納克維指責貝瑞利變了，不再尊敬他，幾天前納克維走進一個房間時他沒有站起來。

「我不知道你是思想這麼沒有灰色地帶的人」，納克維說著哭起來。

他說：「當我擺脫這個困境時我需要保留三樣東西——財富、尊嚴和聲譽。」

貝瑞利說：「如果有人說你可以帶著這三樣東西走出這個爛攤子，那是癡心妄想。」

「我們不是有同樣的背景嗎？」納克維懇求貝瑞利用他的角度看這件事。

貝瑞利說他得離開去開會。他起身去廁所，納克維跟過去，和他併排站在尿盆前。

納克維說：「我不會一個人倒，會把所有人都拖下水，到時候大家都一無所有了。」

貝瑞利答：「祝你好運。」

納克維抱怨：「我只能單打獨鬥，艾鐸－維杜在哪裡？維蒂維特皮萊在哪裡？」

貝瑞利不畏困難繼續調查阿布拉吉的財務，要求拉卡尼讓他看財報和銀行對帳單。拉卡尼提醒納克維貝瑞利和其他會計師都在要求資料，文件會顯示納克維如何A走公司的錢，因此拉卡尼試圖加以篡改以隱藏轉帳實情。

拉卡尼告訴納克維，在某份對帳單裡：「餘額出現在你的名字下，我會將這筆應收款轉到阿布拉吉控股，這樣你的餘額就會是零」

但銀行對帳單還是可以看到轉帳給納克維和他的公司。

• • •

在倫敦，德波爾正面臨自己的財務挑戰，因為阿布拉吉不再支付薪水給他，原本說好年收入數十萬美元，薪水是其中一部分。倫敦一個下雨的午後，德波爾匆匆趕到梅菲爾區的康諾特酒店（Connaught Hotel）。他和克拉克約好在飯店大廳見面，為籌措現金，赴約之前先到佳士得拍賣行，談銷售印度藝術收藏品的事，耽擱了些時間才會遲到。

德波爾喝著咖啡，說起阿布拉吉一點都不透明，治理也很有問題，公司甚至沒有一個董事長可以嘗試要求納克維負責，因為最後一任董事長三年前去世後就沒有人接任。

會後克拉克陪伴德波爾快步走過柏克萊廣場，到新龐德街（New Bond Street）的珠寶店，去拿一只送修的手錶。然後一起走到海德公園下面有管制的停車場，德波爾的車在那裡洗。最後這位荷蘭人開車回肯辛頓。

克拉克走到最近的地鐵站。他欣賞與尊敬德波爾能真心努力改善世界上的經濟不平等，但阿布拉吉與他們聲稱要幫助的窮人之間似乎從來沒有這麼大的差距。像德波爾這樣的阿布拉吉主管是在鍍金的梅菲爾世界運作，與肯亞、巴基斯坦、其他開發中國家多數人實際過的貧窮生活有太大的差距。多數巴基斯坦人一輩子都不會走進德波爾與克拉克剛見面的康諾特酒店——住一晚要價四千四百五十五美元，等於多數巴基斯坦人三年所得。

一大堆付不出的帳單

在杜拜，阿布拉吉的派對幾乎要結束了。最後一次投資人會議——曾經因蒂娜．透納、約翰．凱瑞增色不少的狂歡活動，還有在熱沙灘慢慢融化掉的冰酒吧——二〇一八年三月取消了。但阿布拉吉的年度藝術獎繼續舉辦最後一次，約旦出生的藝術家勞倫斯．阿布．哈姆丹（Lawrence Abu Hamdan），以一幅描寫敘利亞受虐囚犯的政治作品贏得最後一筆十萬獎金。

達沃斯最受歡迎的音樂家寇森飛到杜拜，準備在藝術活動中表演。納克維告訴他，年度節目中為他保留表演場次。

寇森在溫暖的阿拉伯夜晚裡演唱，賓客議論紛紛阿布拉吉是否能存活下來，納克維是否會現身。沒想到納克維無預期出現，那群優雅的杜拜人都僵住了。寇森想著，那一刻真像在荒野西部突然出現劫匪，一切凝住不動。人們放下香檳杯子和開胃小點心，藝術品的目錄也暫時收起來。寇森繼續彈奏。

寇森回到加拿大，發現為納克維演唱的那最後一首歌將拿不到錢。他打去阿布拉吉詢問為何還未收到酬勞，一位主管告訴他阿布拉吉已經沒錢了。他收到長長一列債權人的名單，他的名字幾乎墊底——名字是依照金額大小排列的。排在第一位的是賈法，被欠了數億美元。寇森看到這份名單時心想，這是納克維厄運臨頭的預兆。

納克維還在頑抗，相信沒有人能指責他應該為阿布拉吉的倒閉負責。他的信心建立在他自述與杜拜金融服務總署監管人員的對話。

納克維在電話中告訴布如瓦：「沒有人會展開調查。他們說是因為承受壓力才要問一些程序性的問題。」

馬克聽了非常驚訝：「哇！」

納克維說：「過程中沒有人會完蛋，沒有人會受傷害，這也是我一直以來告訴大家的。」

布如瓦再次驚呼：「哇！」

18 打開犯罪的黑盒子

銀行對帳單顯示，多年來資金在阿布拉吉不法流動，流入納克維的私人帳戶。隨著追出每一條線索，發現問題愈來愈駭人，財務黑洞愈來愈大。

保羅・莫里斯（Paul Morris）睡覺時床邊放著一把刀，賈爾斯・蒙哥馬利－史旺（Giles Montgomery-Swan）則是會檢查車子底下有沒有炸彈。這兩個阿布拉吉的員工決心要挖掘公司裡發生了什麼事。他們讀了《華爾街日報》二〇一八年二月的文章後，不再相信公司的領導階層了，資深主管的解釋和否認都不再讓人信服。

莫里斯在阿布拉吉擔任會計，蒙哥馬利－史旺負責資訊科技。當阿布拉吉一分為二，取消籌募六十億美元基金時，兩人都考慮辭職，但最後還是決定留下來，因為終究有一份工作可做，且牽涉到投資人數十億美元的資金。

莫里斯下定決心：「我不能袖手離去。」

調查阿布拉吉很危險。這兩個英國人必須小心行事，有時候甚至擔憂自己有生命危險。納克維仍是很有權勢的人，依舊擔任國際刑警組織基金會和聯合國全球盟約的理事，也沒有跡象顯示杜拜當局要起訴他。本地報紙由政府密切監控，仍在刊登支持納克維的文章。

莫里斯和蒙哥馬利－史旺努力要和貝瑞利及麥奎爾一起整頓阿布拉吉，公司一分為二後，後面這兩人被指派為基金管理事業的營運長。

打開祕密帳戶

公司祕密財務的心臟阿布拉吉密帳的守護者仍是任何調查的最大阻礙。拉卡尼和他的忠誠部屬繼續掌控財務部門，很不願意和任何人分享資訊——尤其是銀行對帳單和財報。照道理納克維和阿布拉吉的基金管理事業應該完全沒有關係了，但實際上他仍然能影響財務部門，指導拉卡尼和其他忠誠的員工。

二〇一八年四月四日貝瑞利發電郵給拉卡尼，請他提供急需的資訊。拉卡尼將電郵轉傳給納克維：

「供你參考——請詳見底下來自貝瑞利的電郵，他要求取得甲骨文（Oracle）的存取權限，將可看到 mcmhl 會計帳務紀錄。」

「我會和貝瑞利談，了解他為什麼發這封電郵。」

裡面提到的 mcmhl 是梅納沙資本管理控股（Menasa Capital Management Holdings Ltd.）的縮寫，那是設立在開曼群島、由阿布拉吉所控制的公司之一，從阿布拉吉收受數百萬美元。甲骨文是資料庫系統，貝瑞利存取後將可看到一直以來非法付錢給納克維的狀況。

納克維回答：「從甲骨文拿掉 mcmhl，讓他看之後的資料，不能回溯。」

貝瑞利要求取得財務部的資料，被納克維拒絕。納克維在視訊會議中告訴他，過去的事就別操心了，會開立新的銀行帳戶。這使得貝瑞利無法看到舊帳戶的付款紀錄。納克維告訴他，阿布拉吉的問題不是導因於帳戶，而是洩漏消息給記者。

在視訊會議中，納克維將自己比做好萊塢電影《赤色風暴》（*Crimson Tide*）中的潛水艇指揮官。由金．哈克曼（Gene Hackman）飾演的指揮官，在一次嚴重出狀況的危險任務中遭部屬挑戰。叛變事件後，指揮官與部屬和解，光榮退役。

對偷聽到電話的莫里斯而言，阿布拉吉上演的可是非常不同的劇情。他認為：「這是犯罪現場且犯罪正在進行，財務部有一大堆想要隱藏的資訊。」

羅迪和約根錫奧格魯是阿布拉吉基金管理事業的新聯合執行長，貝瑞利和麥奎爾不清楚他們的優先考量是什麼。是要徹底搜出不法行為的證據，發現任何問題立刻向監管單位通報嗎？

羅迪的做法很快就會變得更清楚。

莫里斯正在調查納克維如何設定阿布拉吉資產的估值。阿布拉吉在北非的主管貝卓丁拿電郵給莫里斯看，顯示主管施壓他違背意願膨脹估值，莫里斯看過之後準備了一份報告，將證據電郵給彼得・布雷迪（Peter Brady），阿布拉吉的法令遵循主管（chief compliance officer）。布雷迪電郵給羅迪、約根錫奧格魯、貝瑞利和麥奎爾，知會他們他要將資訊交給杜拜金融服務總署。麥奎爾告訴布雷迪儘管交出去。

不久羅迪做出回應：任何情況下都不應將資訊交給監管機構。布雷迪在電郵中告訴羅迪，為時已晚，因為他已交出去。幾個小時後，羅迪打電話給布雷迪，大罵快一個小時。羅迪的立場再清楚不過。

有一個辦法可以繞過固守阿布拉吉密帳的拉卡尼。阿布拉吉的祕密另外儲存在公司的資訊科技系統，裡面有所有的員工電郵、財報、銀行對帳單等，但莫里斯和蒙哥馬利－史旺都無法完全存取資訊科技系統。蒙哥馬利－史旺雖掌管該系統，卻無權觀看全部內容。倒是蒙哥馬利－史旺的團隊成員之一查爾斯・強納森（Charles Jonathan）有權進入系統。資訊科技系統的存取密碼由貝瑞利和強納森保管。蒙哥馬利－史旺請貝瑞利允許他為收集資料監控阿布拉吉的電郵系統。

二〇一八年四月八日，貝瑞利寫電郵給蒙哥馬利－史旺：「我同意你的要求，已知會麥奎爾。」

隔天阿布拉吉一位員工找上蒙哥馬利－史旺，說納克維迫不急待要和休假在印度的強納森聯絡。另一位員工問蒙哥馬利－史旺，公司的電腦是否為阿布拉吉控股所有（阿布拉吉控股仍為納克維掌控）。

兩週後，蒙哥馬利－史旺帶著重要的消息再與貝瑞利及麥奎爾聯絡。電腦使用紀錄顯示強納森在二〇一八年二月五日晚上十一點零五分進入麥奎爾的電郵，刪掉附有安侯建業關於醫療保健基金報告的電郵。蒙哥馬利－史旺和莫里斯問強納森為什麼刪掉電郵，他說是應拉卡尼的要求。強納森既承認他是代納克維的左右手拉卡尼行事，貝瑞利一定要提供蒙哥馬利－史旺存取資科系統的完整權限。

現在蒙哥馬利－史旺和莫里斯握有王國的鑰匙了。資訊科技系統是資訊的寶庫，銀行對帳單顯示，多年來資金在阿布拉吉不法流動，流入納克維的私人帳戶。納克維和羅迪在完整保存的電郵中討論如何賄賂巴基斯坦首相和他的兄弟。隨著他們追出每一條線索，千方百計四處調查，發現問題愈來愈駭人，財務黑洞愈來愈大。

當納克維發現蒙哥馬利－史旺和莫里斯能完全取用資訊科技系統，他打給羅迪，威脅要殺掉所有的員工。羅迪嚇到打給貝瑞利，轉述納克維的怒氣。

內部亂成一團

納克維焦急地捍衛王國的殘餘領土。債主要求還款，他找藉口爭取時間，指派紐約的顧問公司華利安諾基（Houlihan Lokey）為阿布拉吉投資管理公司尋找買主。很多公司表示有興趣收購全部或部分股權。

納克維夫婦二〇〇八年創立的家族慈善機構和平基金會這時已停擺，因為基金會沒有錢了。原本會提供獎學金給巴基斯坦青少年，讓他們讀威爾斯的私立住宿學校大西洋學院（Atlantic College），結果也很不光彩地取消了。所幸該校的學生為巴基斯坦同學發起的緊急募款活動很成功。大西洋學院某棟建築有個牌子以金漆列出捐款者，納克維夫婦的名字還留在上面。他們的名字上面是安德里亞．貝拉（Andrea Vella），前高盛主管，因涉入馬來西亞金融醜聞，導致該國首相納吉．拉薩（Najib Razak）去職，遭聯準會禁止從事金融事業。

在喀拉蚩的酷熱街頭拯救生命的和平救護車將轉移給其他慈善機構。

阿布拉吉的投資人仍每日要求解釋金錢流向。醫療保健基金的投資人要阿布拉吉放棄掌控，讓別的私募股權公司來管理他們的錢。

員工將阿布拉吉杜拜總部的氣氛比擬做羅馬末日。以前必須在納克維虎視眈眈下做得要死要活，現在無事可做。他們在陽台聊天，用公司電腦看Netflix，到附近的酒吧喝酒，開玩笑說每一天都可能是最後一天。然後有一天真的成真了。某天數十人同時被裁員，員工稱之為「紅色婚禮日」——電視劇《權力遊戲》（Game of Thrones）裡殘酷大屠殺的一幕。

有的人哭了，有的人很高興離開沈船。對多數人而言，失業代表必須離開杜拜。來自世界各地的主管被高薪與社會使命吸引，齊聚在這家公司工作。他們的工作簽證與阿布拉吉綁在一起，因此現在必須離開，否則可能被驅逐出境。

阿布拉吉亂成一團，但只有一小部分的詐欺事蹟被公開。納克維堅持他沒有做錯任何事，繼續規避記者的問題。二〇一八年三月在一次冗長的電話訪問中，他極力施展魅力拖延回答。問他是否有其他基金的錢不見，他顧左右而言他，關於他與蓋茲基金會的爭端則是加以淡化。他說他們只是對一件事有些意見分歧：根據與投資人的協議，阿布拉吉是否可以暫時將醫療保健基金的錢移出。

納克維說：「他們完全有權做某種解讀，我們自認也有權依照我們的方式解讀。如果你問我，以後見之明來看，我們是不是可以有不同的做法？是有可能。」

納克維在與我們的通話中願意承認的最糟糕的事，就是回答太冗長，「有些囉嗦」。他要我們相信他很謙虛。

「我很喜歡一再告訴人們，今日的孔雀是明日的拂塵。」

我們很難證明匿名者對納克維的指控，這讓人感到挫折。來源寄給我們十六億美元四號基金的財報，說這檔基金與醫療保健基金的錢遭濫用。納克維斷然否認。我們得找到更多證據。一位投資人提供情報，說納克維要召開會議討論十六億美元基金——二〇一八年五月底在倫敦五星級的朗廷酒店（Langham Hotel）宴會廳舉行。在一個晴朗的週三清早，我們沿著攝政街（Regent Street）走到ＢＢＣ總部對面的大飯店。

朗廷酒店的宴會廳極寬敞，一天的租金就要兩萬英鎊，多數肯亞人要花十四年才能賺到這麼多錢。我們禮貌地問飯店員工是否能進入宴會廳，他們禮貌拒絕了。從門縫望進去，可以看到受邀的不過幾個人，相較之下那房間大得離譜。我們買了咖啡，坐在宴會廳外的大廳等待。

一長串阿布拉吉的主管和投資人抵達會場。布如瓦穿著招牌細條紋西裝走過，停下來和我們簡短聊一下，說他要盡最大力量幫助投資人，談到他對阿布拉吉的社會使命以及他支持的烏干達孤兒院，仍然很有信心。我們請求和納克維說話，布如瓦說他會看看能不能安排，還說他隨時可以和我們通電話，但之後不曾回電。用餐時間約根錫奧格魯快速走過，眼睛筆直朝前看，完全不看旁邊。

我們認識的一個投資人離開宴會廳，朝飯店出口走去，無聲示意我們跟著他走。他感冒頭痛流鼻水，要找間藥局買藥，越過攝政街，進入 Boots 藥局。我們跟著進去，在擺著牙刷、香皂、洗髮精的走道中停下來說話。他似乎有些恍惚，一部分是因為感冒，但也因為納克維剛剛在宴會廳告訴他和其他投資人的話。

他一邊吸鼻子一邊說：「阿布拉吉拿我們的錢資助他們的事業，現在尚未把錢還給基金。」納克維告訴投資人（包括美國銀行和 Hamilton Lane），他們的錢超過兩億美元被他用在費用上，而沒有照規定收購公司。納克維告訴他們，這是絕對機密的資訊，任何人若洩漏細節就是違反保密協議，阿布拉吉會控告他。那位投資人走出藥局要回飯店，我們等了一會兒才出去，以免被看到和他在一起，接著打了幾通電話。阿布拉吉的一位資深主管確認了那位投資人的說法。

會議持續到下午，我們發表文章，指出阿布拉吉的第二檔基金濫用投資人的錢。

會議大約下午五點結束。這時我們才有機會和納克維面對面說話，但他避不見面，從飯店後面穿越院子離開。我們試著和更多投資人說話。Hamilton Lane 的克提拉從飯店正門出去，跑步上街離開，不理會我們在後面大聲提問。美國銀行的一位女士傲慢地拒絕評論，說會議是機密級，一邊跳上黑色計程車駛入晚上的車潮。他們不願談沒關係，關於阿布拉吉挪用第二檔基金的新聞已刊出。

十三個問題

當晚十點四十八分，克拉克發電郵給納克維，詢問十三個問題，主題是：「如何了解阿布拉吉？」信是這樣寫的：

納克維你好：

今天我坐在朗廷酒店大廳一整天，希望和你碰面。遺憾的是沒有碰到面。

我非常希望和你見面，再次談談。你這一週剩餘的時間會待在倫敦嗎？

阿布拉吉集團的透明度太低了，你不是一直大聲疾呼企業一定要透明化？

然而一般大眾——似乎連投資人——都無法真正了解阿布拉吉的運作方式。

阿布拉吉有多少債務？股東是誰？債主是誰？與阿布拉吉私募股權基金的完整關係如何？那些基金可都是投資人基於信任拿自己的錢堆出來的。

十二小時後，收到納克維的回覆：

你若早一點發電郵就好了，我昨天就可以和你見面！我很快就會回來，但為了讓見面的時間更有意義，我得先說明以下幾點。

你所寫的大部分都是斷章取義，不符事實，但就算我嘗試好好說明給你聽也不會有用。

你想要知道的任何細節我並未嘗試隱瞞，但若你懷著成見，提供訊息給你又有什麼意義？

你昨天刊出一篇文章，同樣又是斷章取義。有些人別有居心，你剛好提供材料給他們。裡面充斥錯誤的數字、未經證實的事實和脈絡。

阿布拉吉集團或阿布拉吉控股都很透明，但這是私人公司，我們也都配合所有投資人對於資訊與報告的要求。公司的投資人和利害關係人為數眾多，素質很高，你真的認為我們能夠違背他們的要求經營事業？

如果我認為你用心維持客觀不帶偏見，我當然願意和你溝通！面對面可以發揮很好的溝通效果，尤其當你對於新興市場和影響力投資抱持正面的心態。事實上有很多正向的事情正在發生，只是你都不願意談這方面。

祝一切順心

兩小時後，克拉克回覆：

納克維你好：

感謝你回信解釋你的觀點。

上一封電郵我提出十三個問題，你一題都沒有回答。請不要認為回覆我的問題沒有意義。我真的很想了解狀況，而且也抱持開放的心態。期待收到你的回覆，希望很快能見面。

獻上最誠摯的祝福

四天後，納克維從伊斯蘭馬巴德回信，說他在巴基斯坦處理延宕已久的喀拉蚩電力公司出售事宜。

我確實覺得你懷有成見，四面八方都有人亂丟「資料」給你，其中有些人的意圖可能不像你那麼客觀！

現在是伊斯蘭馬巴德現任政府最後一個工作週，到週四之前我無法從這裡和你談話（為了完成這項交易，有一些先前的問題和需要核可的事項，都要他們來解決和釐清），因為這項交易對於解決阿布拉吉的很多問題至關重要。

我們顯然需要花一整天的時間好好溝通。週五或週六怎麼樣？地點呢？

祝一切順心

納克維

克拉克隔天一早就回覆：

納克維你好：

謝謝回信。我很高興週五或週六能和你見面，地點可以選擇英國任何對你方便的地方，我都可以。這是可行的嗎？

獻上最誠摯的祝福

隔天，《華爾街日報》的記者裴瑞西刊出一篇文章，說科威特一檔退休基金要在開曼群島的大法院（Grand Court）迫使阿布拉吉進入破產程序。阿布拉吉積欠社會保障公共機構（Public Institution for Social Security）一億美元。文章引發納克維做出氣急敗壞的回應，報紙刊出隔日再次發出電郵。

克拉克，抱歉延遲回應，但你應該已經猜測到，我被捲入沒完沒了的各種討論。

你不斷報導「發展中的事」，導致我們要面對很多不確定性，但我想你只是在善盡職責，我也一樣啊！問題是我們是在做創造價值的工作，需要全心全時投入，報導這些新聞卻會拖慢我們的腳步。

你是否可以給我幾天的時間不要報導，或將上帝給的二十四小時變成一天三十四小時?!

很抱歉先前提議可能在週五、六見面。大概要延後很多。

這是我們從納克維那裡收到的最後一封電郵。他聘請倫敦的法律事務所 Simkins 幫他代言，這家公司專門擔任媒體和娛樂產業的名人代表。Simkins 對我們可能報導納克維涉及不當或違法行為表達擔憂，說這樣的不實敘述會對他造成嚴重的傷害。聘請律師阻礙或延遲記者的報導是這位富豪的慣用伎倆。那些律師拖慢我們揭露真相的速度，為納克維爭取到更多時間。

尋求買家

阿布拉吉已瀕臨破產，一家花了好幾年建立起來的公司短短幾個月就內爆。納克維幾乎找遍每一家金融機構和認識的有錢人借錢，最後開始往更遠的地方求助。狗急跳牆之下，連看似最不可能的地方都考慮求助。

美國兩家最有勢力、政治關係最好的私募股權公司考慮買下阿布拉吉。湯瑪斯・巴瑞克（Thomas Barrack）的柯羅尼資本（Colony Capital）和史蒂芬・芬伯格（Stephen Feinberg）的博龍資產管理（Cerberus Capital Management）都在進行評估。買下阿布拉吉的事業有助於在亞非拉丁美洲的新市場取得一席之地。諷刺的是，他們對於收購阿布拉吉的興趣恰印證了納克維的論點：新興市場確實代表未來的希望。

巴瑞克是川普的親密盟友，負責主辦他的總統就職典禮，在中東有強大人脈關係。巴瑞克出生於黎巴嫩裔家庭，為沙烏地的皇室家族工作過，他的公司專門經營全世界的房產投資。

博龍資產管理是紐約私募股權公司，公司名 Cerberus 取自希臘神話中守護地獄門的三頭狗。大家都知道這家公司擅於收購經營不善的企業，最後轉虧為盈。就像柯羅尼資本一樣，博龍資產管理的富豪創辦人和川普關係很好。芬伯格是總統情報諮詢委員會（president's intelligence advisory board）的會長，負責監督美國情報員的工作。

博龍資產管理願出價一・二五億美元收購阿布拉吉，其中大部分要用來償還四號基金的投資人被拿走的錢。但交易還未完成，已有一位債權人出面要迫使阿布拉吉破產。富有的阿聯投資人賈法，就在阿布拉吉倒台前幾個月出借三・五億美元，很憤怒阿布拉吉沒有依約償還。他將借款轉給一家基金管理公司，後者申請清算開曼群島的阿布拉吉。

此舉迫使納克維要求開曼群島法院監督阿布拉吉的重整。一位法官指派勤業眾信聯合會計師事務所（Deloitte）和資誠聯合會計師事務所（PricewaterhouseCoopers）的清算人調查阿布拉吉的狀況，銷售阿布拉吉的資產，籌錢償還十億美元以上的債務。指派清算人一事激發納克維寫了一封充滿情感的告別電郵給員工和顧問。

阿布拉吉的好朋友們：

我從來沒有想到這家公司能做到規模遍及全球。

我們創造就業，也建立軟硬體基礎設施，還擴建了維持生命的服務，讓許許多多的個人和家庭受惠。

他說他很驕傲透過輔導新手和慈善行動幫助那麼多人，包括最近為阿富汗需要心臟手術的孩童籌資。

這些行動在阿布拉吉內部並未獲得全面性的支持，但這項文化是我最驕傲的，而且從來沒有妥協過。一路上我們影響了千千萬萬弱勢者的生命。

他提到導致阿布拉吉破產的問題時用詞小心翼翼。

> 今年早些時候，我們的內部治理和營運程序被發現有缺漏，其後持續在非常艱難的條件下努力經營。如同你們可以想像的，阿布拉吉承受很多負面的報導，其中很多都是斷章取義，嚴重傷害公司的價值，在過去四個月的不同時間點造成經營的困難。不僅如此，這些因素（包括很多私人的因素）都被當做公開資料揭露，結果只是造成我們的損失加劇。

他堅稱用心追求更美好的世界，絕未違反任何法律。

> 儘管有很多不利於我們以及我個人的謠言和訊息，就我所知，公司內部並無不法。
> 我與同事能與你們以及你們的組織一起努力創造更美好的世界，至感榮幸。

博龍資產管理取消出價，納克維最親近的盟友離他而去。除了阿布拉吉最近上任的董事長，西恩．克里利（Sean Cleary）、巴德爾．賈法（Badr Jafar）和史密丹尼都辭掉阿布拉吉控股的董事職位。羅迪和約根錫奧格魯跟隨先一步去職的貝瑞利和麥奎爾，辭去阿布拉吉投資管理事業的工作。

勤業眾信和資誠的清算人重新與許多私募股權公司開啟銷售阿布拉吉的協商。柯羅尼資本、博龍資產管理、TPG和英聯投資（Actis）都有興趣。納克維仍想要在這些討論中扮演一個角色。

柯羅尼資本和博龍資產管理提出的新收購價更低，清算人接受柯羅尼資本的出價。但阿布拉吉基金的投資人反對，世銀尤其不滿意。協商一拖再拖，柯羅尼資本決定不玩了。

二〇一八年七月博龍資產管理二度出價，這次要求付錢給他們來接管阿布拉吉基金，但會拿出二千五百萬美元讓公司短時間內能營運下去。

這時新的競爭者——歐巴馬的前任商務部長潘妮．普利茲克（Penny Pritzker）——加入戰局。普利茲克出身美國創立凱悅酒店集團的超級富裕家族，她是芝加哥人，認識歐巴馬多年，為歐巴馬二〇〇八年的總統競選活動帶領財務團隊。她與歐巴馬的老友瓦希德．哈米德（Wahid Hamid）一起競標阿布拉吉。兩人及其他與歐巴馬關係緊密的財務專家密切合作，包括歐巴馬的私人密友馬丁．內斯比特（Marty Nesbitt），捐款給歐巴馬基金會的麥可．塞克斯（Michael Sacks）。這個投標團隊計畫運用哈米德在新興市場的經驗與對阿布拉吉的了解，結合他們的政治人脈及金融專業。

他們需要阿布拉吉投資人的支持才能成功。普利茲克找上華盛頓州投資委員會的資深主管泰瑞莎．惠特馬什（Theresa Whitmarsh），普利茲克在同年稍早和惠特馬什在達沃斯見過面，請求幫她介紹認識阿布拉吉的投資人。

普利茲克在二〇一八年八月的一封電郵中寫道：「惠特馬什，我希望妳今年夏天過得很好，再次謝謝妳在達沃斯的照顧。」

普利茨克說她已組成一個投標團，成員「與政府及民間產業的最高層級都有很好的關係，妳知道這對於打開新興市場的成長契機非常重要。」

接著他們與阿布拉吉的投資人有更多討價還價，但未能達成協議。

有意完整收購阿布拉吉這家公司的標案全部失敗，因此清算人決定把它拆解，分開出售。納克維最後一次急切地提出有意購回他創立的這家公司，但遭到拒絕。

大量證據到手

二〇一八年當人們紛紛逃離杜拜讓人難忍的八月酷熱，阿布拉吉的一些員工仍然每天到辦公室協助清算人調查，驚人地發現多年的詐欺和竊盜罪證。

克拉克和部分調查人員談過，他們談話時非常謹慎，不希望洩漏身分或被發現。有一次通電話時出現雜訊，克拉克可以聽到有別人在講話，驚駭地發現聽到的是他剛剛與人對話的開頭。顯然電話被錄音，這時播放出來。克拉克掛掉電話，再次撥打來電號碼。對方出乎意料的態度輕鬆，他說，進出阿聯的電話都會被政府錄音，這種重放錄音的問題以前就發生過了。

對方同意提供阿布拉吉的部分電郵和銀行對帳單。通了幾個月的電話後，對方同意在距離倫敦塔幾步的咖啡廳見面。我們終於有機會證明阿布拉吉內部的實際狀況了。

消息來源在電話中說，他們會交出大量資料。在兩個小時的訪談中，對方秀出筆電中的數十封電郵和銀行對帳單給我們看。克拉克請求允許拍攝螢幕上的一些文件，對方同意，說他們會想辦法傳送更多電子資料。但後來一直沒有傳，因為對方擔憂會留下電子足跡被追蹤。訪談後，克拉克快速越過倫敦橋走回新聞編輯室，一路上緊緊握住手中的證據。

事後證明拍下電郵和銀行對帳單的照片就已足夠。電郵顯示納克維和羅迪討論如何賄賂謝里夫，以及從阿布拉吉轉錢給納克維的兒子和紀芝蘭。另外也看到拉卡尼奉命將公司的錢轉出時已經焦頭爛額。

另一位調查員在電話中解釋電郵和銀行對帳單的重要。財務部（調查員稱之為阿布拉吉密帳部）把阿布拉吉全部的錢當做一大堆現金來管理，並未真正區分錢的來源。蓋茲基金會、美國政府、英國政府、美國銀行的錢都和銀行貸款及其他資金混在一起，然後支付給納克維、他的家人、朋友、員工，也在需要時拿去投資及支付其他費用。這表示，美國政府提供來資助貧窮國家蓋醫院的錢，可能會被用來支付納克維的慈善事業或賄賂政治人物。

財務部每個月給納克維一份試算表，顯示所有進出阿布拉吉的錢。他把阿布拉吉的基金當做好像自己的錢，因而可以活得像億萬富豪，即使他並不是。

• • •

布雷迪、莫里斯和蒙哥馬利－史旺為了做更多事來保護阿布拉吉的投資人，想要與世界各地的其他金融監管機構聯繫。布雷迪二〇一八年九月發電郵給杜拜金融服務總署，告知他計畫與其他監管機構分享資訊。對方告訴布雷迪，他們無權告訴他是否應與其他監管機構聯繫，應由他自己決定。

布雷迪將阿布拉吉舞弊造假的資料傳給紐約、倫敦和新加坡的監管機構。

大約這時候，布雷迪有一、兩天沒有如莫里斯預期的到阿布拉吉的辦公室。有一段時間莫里斯聯絡不上他，開始擔憂起來。莫里斯打算去杜拜的阿爾巴沙（Al Barsha）警局通報失蹤，但他還沒到警局，布雷迪已回覆消息。布雷迪說他從來沒有感覺受到威脅，莫里斯沒有必要這麼擔憂。

• • •

我們細看過電郵和銀行對帳單，分析阿布拉吉的債權人名單——顯示他找了眾多顧問幫忙，包括管理大師弗利彭以及在紐約開設調查公司的納德洛，最後我們決定在倫敦將調查結果刊登在《華爾街日報》。阿布拉吉甚至欠Shred It公司錢，這家公司專門提供銷毀文件的設備。謝里夫兄弟的律師說，他們和納克維或阿布拉吉都沒有財務往來。我們的調查於二〇一八年十月十六日刊出，顯示投資人的錢至少六．六億美元在不知情中被挪到阿布拉吉的祕密帳戶，之後二億多美元再流到納克維和他親近的人。納克維否認不法。

看來全世界似乎沒有一個管理當局有意願或權力讓納克維負責。二〇一八年十一月納克維在與債權人的視訊會議中怒指阿布拉吉的清算人太無能，批評他們賤賣藝術品，四百七十萬美元的出售價只有預估價值的四分之一。又指責清算人未能出售阿布拉吉的基金管理事業，等同價值毀滅，而且沒有為這種情況負責任。

尋求政治庇護

二〇一八年十一月新的匿名爆料者透過電郵和我們聯繫，提供納克維最近的荒謬新聞：納克維在巴基斯坦為新首相伊姆蘭汗擔任顧問。伊姆蘭汗曾經是國際板球明星和花花公子，他承諾要消滅貪腐猖獗的問題，四個月前剛當選。結果他沒有去調查納克維在阿布拉吉的不法行為，反而向他討教如何管理國家的經濟。納克維曾資助伊姆蘭汗的政治野心，伊姆蘭汗的前妻萊罕姆（Reham）在自傳中說，伊姆蘭汗二〇一三年競選首相失利，三分之二的經費由納克維支付。

根據巴基斯坦聯邦調查局（Federal Investigation Agency）局長巴席爾．梅門（Bashir Memon）的說法，伊姆蘭汗告訴他，納克維是好朋友，為他的政治活動提供金援。伊姆蘭汗也向梅門抱怨調查喀拉蚩電力公司一事，因為調查結果發現喀拉蚩電力公司積欠國營天然氣公司數億美元，梅門又將此結果告知巴基斯坦的民營化委員會和金融監管機構。伊姆蘭汗抱怨他的調查毀了喀拉蚩電力公司，原本公司要賣給上海電氣，現在因為這件事延後了。

梅門對首相說：「我有什麼責任？怎麼能怪我毀了喀拉蚩電力公司？」

梅門服務國家三十多年即將退休前幾週，很丟臉地被調離聯邦調查局長這個尊榮的職位，他辭職以示抗議。首相發言人拒絕評論。

新的爆料者透過電郵和我們聯繫，說納克維和首相及財政部長阿薩德．烏瑪爾（Asad Umar）一起創立主權財富基金，稱為Sarmaya，將控制巴基斯坦的國營事業，考慮由納克維及阿布拉吉的前員工擔任該基金的主管——如此一來他們在巴基斯坦將掌握大權。

我們去電詢問納克維與那些政治人物在進行什麼計畫，政府發言人的反應簡短無禮：「首相伊姆蘭汗和財務部長烏瑪爾是公眾領導人，國內外的企業領袖都能與他們接觸。」

納克維愈來愈常與伊姆蘭汗一起公開露面。

爆料者說：「他經常到伊斯蘭馬巴德與政府資深官員開會，想要取得某種政府豁免權，以逃避檢驗或捲入詐欺案。」

「伊姆蘭汗不是貪腐，而是易受騙。納克維讓他相信這是西方人對一個沒有做錯事、事業有成的南亞人獵巫……必須趕快讓真相大白，以免再次造成更大的傷害。」

19 一千五百萬英鎊交保金

納克維一踏出飛機，班尼迪克立刻上前逮捕，宣讀他的權利。
紐約南區法院控告他詐欺，已發出逮捕令，
美國執法官員請英國逮捕他，再引渡到紐約受審。

十六年前，納克維創立了杜拜最具代表性的公司之一，但現在讓他致富的這個阿拉伯城市國家已不再歡迎他。他的皇宮般的阿聯酋山莊豪宅已蒙上灰塵，破敗失色。

從二〇一八年中旬之後，納克維必須遠離杜拜，否則可能被逮捕。他因為數百萬美元的支票跳票，被前盟友賈法提起刑事告訴。二〇一八年末，一項訴訟獲得法庭外和解，杜拜到處謠傳納克維將他的阿聯酋山莊豪宅轉讓給賈法。二〇一九年初納克維依舊無法擺脫坐牢的威脅，阿拉伯航空因為投資阿布拉吉數億美元造成損失，開始對他進行法律訴訟。

納克維往返英國和巴基斯坦之間，華伊札和他們的兒子住在倫敦的公寓。他的電話不再一天到晚響。納克維乾坐盯著電話看，等待銀行家和政治人物來電，但現在很少人打給他了，因為他已經變成負債。這個西洋棋大師變成自己無法控制的棋子，任人宰割。

納克維仍嘗試完成家鄉喀拉蚩電力公司的出售案。如果能解決未付帳款和法規問題，上海電氣集團依舊很有興趣，納克維相信成功售出後就能恢復他的部分財富和名譽。阿布拉吉的清算人不反對納克維繼續設法出售喀拉蚩電力公司。

包括習近平主席的中國官員都質疑喀拉蚩電力公司的銷售案為什麼一再延宕。納克維和一些巴基斯坦的政治人物懷疑是美國從中作梗，以免中國在巴基斯坦的影響力坐大。

納克維堅稱他沒有違反任何法律，但旅行時還是採取預防措施。他往返倫敦和巴基斯坦時會搭直航班機或在卡達轉機，以避免在杜拜停留，在那裡他可能被捕。搭機前他會檢查自己的名字是否被國際刑警組織列入國際犯罪嫌疑人紅色通緝令。所幸他的名字從來沒有出現過。

在機場被逮捕

二〇一九年四月十日週三，偵查佐馬修・班尼迪克（Matthew Benedict）站在倫敦的希斯洛機場，等待伊斯蘭馬巴德飛來的一架商務客機。飛機降落，沿著跑道滑行到下機門，這位來自倫敦大都會警局（Metropolitan Police）引渡部門的警探立刻展開行動。

納克維一踏出飛機，班尼迪克立刻上前逮捕，宣讀他的權利。納克維很驚訝，他告訴偵查佐他檢查過國際刑警組織是否對他發出紅色通緝令，他看到沒有才放心上機。但班尼迪克不需要紅色通緝令，紐約南區法院控告他詐欺，已發出逮捕令，美國執法官員請英國逮捕他，再引渡到紐約受審。

納克維將旅行袋交給班尼迪克，裡面有四本護照。兩本來自巴基斯坦，第三本來自加勒比海小國聖克里斯多福及尼維斯（St. Kitts and Nevis），第四本是國際刑警組織的旅行文件。納克維寫了七個電話號碼給警官，一個是巴基斯坦首相伊姆蘭汗的，一個是國際刑警組織基金會理事的。

警官將納克維載到倫敦南方的旺茲沃思監獄（Wandsworth Prison），維多利亞時代興建的森嚴堡壘，裡面的一千六百名收容人最近才獲准在舍房安裝電力。

隔天早上，紐約警察突然逮捕阿布拉吉的另一位主管艾鐸－維杜，當時他正帶著兒子去參觀大學。這位埃及人在四季飯店被捕，在家人面前被帶離開，送進大都會矯正中心（Metropolitan Correctional Center），墨西哥毒梟喬奎因・「矮子」古茲曼（Joaquin "El Chapo" Guzman）就是關在那裡。不久之後，因性侵被定罪的傑佛瑞・艾普斯坦（Jeffrey Epstein）也會關進去。艾鐸－維杜知道要去那裡後很想死。

在倫敦，納克維第一次從監獄到西敏寺治安法院（Westminster Magistrates' Court）出庭，表示希望以二十五萬英鎊交保。他希望能住在南肯辛頓的家等待引渡審判，屆時由法官決定是否將他送到美國。代表美國政府與納克維打官司的英國律師告訴法官，被告若交保可能會逃離英國，因為納克維非常有錢，而且在世界各地都有權勢很大的朋友。如果他逃到巴基斯坦，美國執法單位將很難再抓到他。結果法官不准交保，納克維被送回旺茲沃思監獄。

納克維和艾鐸－維杜被捕的消息在阿布拉吉分散世界各地的前主管之中引發一陣恐慌。一位在杜拜的前主管說：「每個人都嚇死了。我必須回家一趟，家人希望在我被捕之前再見我一次。」

謠言滿天飛，前員工說拉卡尼逃到阿富汗的托拉波拉洞穴（Tora Bora caves）——賓拉登在九一一攻擊後的藏身之所。

納克維和艾鐸－維杜被捕之後幾天，克拉克到中倫敦和維蒂維特皮萊見面，約在梅菲爾區的布朗飯店吃早餐。這間飯店仍是阿布拉吉主管最愛約見面的地方，雖然附近的辦公室已經關閉。七點三十五分維蒂維特皮萊突然發訊息取消見面。

「我今天不會在倫敦，必須帶妻子赴另一場約會。很抱歉這麼晚通知，會再和你約時間。」

但從此沒有再約。

一個警官剛在維蒂維特皮萊位於倫敦西北部林蔭道上的豪宅敲門。維蒂維特皮萊已離家，他的妻子梅娜卡（Menaka）開門。她打電話告訴丈夫警察要抓他。接近早上八點時，維蒂維特皮萊走進倫敦警局自首。他不要任何人知道他被捕，甚至試圖隱瞞兩個小孩。

法庭辯護戰

納克維為了不要引渡到美國受審，準備了金錢能夠買到的最好的法律辯護。他聘請經驗老到的律師雨果・基斯（Hugo Keith）——他和前首相大衛・卡麥隆（David Cameron）的哥哥亞歷山大服務於同間律師事務所。基斯的同儕形容他處事極圓滑且非常聰明。他曾代表伊莉莎白女王二世參與黛安娜王妃的死因審理，也曾成功幫助被控訓練九一一恐怖分子的阿爾及利亞駕駛辯護。

二〇一九年四月十八日早上，基斯到西敏寺治安法院為納克維辯護。法官艾瑪・阿巴斯諾特（Emma Arbuthnot）整個早上都在忙著處理一連串引渡案。羅馬尼亞人、波蘭人、法國人、義大利人、拉脫維亞人被控詐欺、竊盜、傷害，不是親自出庭，就是在牢房透過視訊應訊。一個案子一個案子審，全球司法的輪子緩慢轉動。

「下一個案子」，法官說。

書記官回答：「他要上來了。」

納克維在法院下面的小房間站起來，走出去，上樓梯到法庭的被告席，一個女獄警跟在後面。納克維和法官之間隔著厚厚的玻璃隔板。

納克維穿著休閒牛仔褲、運動衫和深色短夾克。往後梳的頭髮還是和年輕時一樣濃密，但已摻雜些許白髮，身形很久沒有這麼消瘦了。小小的旁聽席一時安靜下來，華伊札帶著她的兩個兒子、一個媳婦、幾個朋友和顧問，先前記者還得和他們搶位子坐。

華伊札很冷靜，身上是典雅的深色褲裝和圍巾，站著微微前後擺動。左鼻孔盯著小小的金飾釘。納克維微笑向她揮手，她也揮手，右手指微微彎起來。

簡短聽審中間納克維沒有說話，法官快速安排下週再次聽審。基斯說會提出相當高的交保金額。接下來是維蒂維特皮萊在旺茲沃思監獄透過視訊應訊。

法庭書記官對獄警說：「請帶上維蒂維……特皮萊先生。」他的姓氏很難念。

維蒂維特皮萊穿著栗色運動衣，在一個淺藍色牆壁的小房間坐著，雙臂交疊。聽到法官的呼喚他站起來，露出灰色的運動褲。

法官阿巴斯諾特努力搞清楚阿布拉吉案的細節。

律師說：「維蒂維特皮萊先生是董事總經理、影響力投資主管和全球投資委員會成員。」

法官問：「什麼主管？」

律師答：「影響力投資。」

法官重複：「影響力投資。」似乎對這個名詞的意思很好奇。

維蒂維特皮萊的律師解釋，影響力投資除了追求獲利，還致力改善社會與環境，阿布拉吉是這個領域的專家。維蒂維特皮萊是地方的中堅分子，沒有參與阿布拉吉的任何不法行為。律師又說，維蒂維特皮萊並不認同納克維專斷獨裁的管理風格。

為了說服法官讓維蒂維特皮萊交保，律師解釋他是英國公民，在英國經營老人院，也擁有房產。他的兒子讀牛津大學，在菁英私校當學生代表。他的女兒即將畢業，成績名列前茅。子女還不知道父親入獄。

律師說：「子女最近都有很重要的考試。」

維蒂維特皮萊願意付五十萬英鎊作為交保金，錢存在顧資銀行（Coutts Bank），那也是伊莉莎白女王二世往來的銀行。

代表美國政府的律師蕾秋・卡皮拉（Rachel Kapila）說，維蒂維特皮萊在阿布拉吉的層級僅次於納克維，在詐欺案中扮演重要的角色。

卡皮拉說：「這顯然是很重的罪。」

法官阿巴斯諾特認為維蒂維特皮萊個人應該沒有在詐欺案中獲利，而且有強大的社區連結，同意以一百萬英鎊交保。命令他戴電子追蹤器，每日到警局報到。

一週後，納克維和律師又回到法庭。排在他前面的案子包括被控走私毒品的巴西人、被控洗錢的印度珠寶商、被控傷害的羅馬尼亞人。納克維一心要交保，離開旺茲沃思監獄，但他的幾個前同事擔憂他會逃跑。

西哈比在 WhatsApp 寫道：「納克維幾乎一定會棄保潛逃，而且是利用最精密的方法。他明白這是他唯一的希望，即使必須游過泰晤士河，他也會想辦法找最厲害的私家偵探幫忙！」

為了說明這一點，西哈比傳送訊息時還附上一則新聞的連結，標題是〈潛逃的殺人犯可能利用破壞剪鋸斷監測腳鐐〉。

「請納維克先生上來」，召喚納克維的書記官念錯他的姓氏。

納克維再次走入被告席。這次他穿得很時髦，暗色西裝、領帶、淺藍襯衫。

卡皮拉說：「我們強烈擔憂他會逃到巴基斯坦，永遠無法讓他回來。」

納克維願意以一百五十萬英鎊交保。卡皮拉說這個金額少太多了。

「牽涉到的金額太龐大，就算提高到十倍也只是九牛一毛。」她估計納克維的個人財富介於四億到十億美元之間。

卡皮拉說：「他被控欺騙投資人，在數百萬美元的詐欺案中扮演帶頭的角色。阿布拉吉為一檔醫療保健基金募集十億美元，號稱要針對醫院和診所進行影響力投資。」

法官問：「所以是和醫療有關的？」

卡皮拉答：「是的。」

律師解釋，二〇一六年到二〇一八年間阿布拉吉為六十億美元的新基金募資。阿布拉吉提供資料給投資人時，不實提高投資項目的估值，使投資人依據錯誤的資訊做決定。阿布拉吉依據所管理資產的一定比例收取管理費，膨脹估值讓納克維及阿布拉吉其他主管得以增加收入。阿布拉吉將資產價值提高了五億多美元，詐欺背後的主導者就是納克維。

「他到美國參與募資，與阿布拉吉的其他人在電郵中談到，必須將阿布拉吉基金持有的部位抬高估值，儘管有些較資淺的員工抗拒。」

納克維的兩個兒子都穿著時髦的暗色西裝，聽到這段話不認同地搖搖頭。長子艾山一頭黑髮向後梳，和他父親一樣的髮型。小兒子費里斯（Faaris）比較瘦，理平頭。

卡皮拉說，投資人想要知道他們的錢到哪裡去了，納克維等人卻一再提供不實的保證。納克維是阿布拉吉銀行帳戶唯一的最高等級簽署人，這表示要移動大筆資金一定要他授權。不法行為的證據包括在電郵和錄下的對話中討論如何隱瞞事實。卡皮拉告訴法官，阿布拉吉主管提供偽造的銀行帳戶給投資人、會計師和監管機構。美國政府的調查人員祕密追蹤金錢流向數月。卡皮拉強調，納克維在巴基斯坦有位高權重的朋友可以幫助他逃脫。

「他有一處院落（compound），與巴基斯坦目前的政治領導階層關係很好。」律師說納克維最近曾搭私人飛機到巴基斯坦，務請法官不要准許交保。

卡皮拉的結論是：「沒有任何交保的條件能夠降低這項風險。」她坐下來，換基斯上場嘗試推翻檢方論點。

他告訴法官：「我必須就這所有反對交保的理由提出質疑。報導說納克維先生身價高達五到十億美元，這完全是胡說八道。這可能是指幾年前阿布拉吉正在顛峰的時期，他現在不是這種狀況了。

「還有人提到私人飛機。機票顯示納克維先生四月五日其實是搭巴基斯坦國際航空離開英國，司法部的心態就是這麼充滿懷疑。」

「登機證就在我手上」，基斯揮動一張巴基斯坦國際航空的登機證。「這個案子的一些基本事實被人簡化曲解成好像比實際狀況更糟糕得多，這恐怕就是一個很負面的例子。」

基斯說，納克維是品格優良的人，沒有前科，是一個聲譽很好的執行長，卻因種種指控被污名化。從納克維的品格、名聲、慈善捐獻來看，很難想像他會違背法庭命令。畢竟，納克維是倫敦政經學院的榮譽院士，聯合國全球盟約的成員，國際刑警組織基金會的理事，曾獲頒奧斯陸企業促進和平獎（Oslo Business for Peace Award）。

基斯說：「他絕對值得法庭信任，事實上他根本不應該被羈押。」

納克維和英國有很深的關聯。他有永久居留權，長居倫敦二十多年，與妻子、小兒子和八十四歲的老母親住在一起，長子和孕妻住在隔壁。律師做結辯時，納克維的小兒子用力握緊母親的手。基斯說，納克維其實是受害者。

基斯說：「美國媒體——其中有些人今天也在旁聽席——很強調美國投資人的錢被挪用。他多次前往巴基斯坦嘗試完成喀拉蚩電力公司的出售案，大可以滯留不歸，但他回來了。」

「阿布拉吉沒有涉及不法。」

「阿布拉吉管理的基金非常成功。」

「納克維的任何錯誤都是無心之過。」

基斯說：「集團的花費超過收取的管理費及營收，導致資金短缺。銀行是借款方，但看到媒體報導就撤資了。大家都想把錢抽走，更加速了集團走向倒閉。」

基斯說，納克維離開公司之前就把他欠阿布拉吉的錢還清了。

「認真算起來，是公司欠他錢。」

「司法部只看他們要看的，指控他圖利個人是錯的。」

他也就納克維被捕時交出來的那包護照提出解釋。其中一本巴基斯坦護照已過期。納克維和家人有聖克里斯多福及尼維斯聯邦的護照，以方便到更多國家。攜帶這本護照可以免簽證進入一百五十六國，幾乎是巴基斯坦護照的五倍。國際刑警組織旅行文件，是納克維加入國際刑警組織基金會的理事會時獲得的。

「至於說可以取用資金，我的博學多聞的朋友說他財力雄厚」，他指的是卡皮拉。「他的四本銀行帳戶已被封鎖。世界上每家銀行都看到他的新聞，沒有一家會讓錢經過他的手或他的帳戶。」

法官阿巴斯諾特詢問基斯，是否有資淺的阿布拉吉員工拒絕配合虛偽提高估價，詐騙投資人。納克維搖搖頭。

基斯說：「反對交保的理由根本站不住腳，你若要在大陪審團面前起訴火腿三明治也是可以成功的。」他指的是授權逮捕納克維的美國陪審團。

基斯坐下來。

法官阿巴斯諾特說：「基斯先生的說法很有說服力。」但還不夠說服她，因此不准以一百五十萬英鎊交保。「我擔憂他會跑去巴基斯坦，我不要到時候牽扯一堆麻煩複雜的程序。」

英國史上最高交保金——一千五百萬英鎊

之後法官又改變心意。也許證明金錢比律師更有說服力，二〇一九年五月一日她准許納克維以一千五百萬英鎊（約五．六億新台幣）交保，當時創下英國歷史紀錄。多數巴基斯坦人要工作一萬四千八百年才能賺到這筆錢。法官命令納克維要戴著腳踝電子追蹤器，而且必須住在南肯希頓的公寓，二十四小時不得外出。美國政府立刻向高等法院提出上訴。

兩天後納克維的家人、律師和記者來到弗利特街（Fleet Street）那棟維多利亞時代興建的哥德式皇家司法院（Royal Courts of Justice），走進錯綜複雜的石廊和木鑲板房間。四十年前納克維就讀的倫敦政經學院就在不遠處。納克維繼續監禁在旺茲沃思監獄，律師繼續打最後的交保戰。

穿著紅袍的法官麥可・沙普斯通（Michael Supperstone）說：「嚴重的詐欺指控仍然存在，如果證明屬實，刑期很長的。」

卡皮拉戴傳統白色假髮，穿黑袍，呈給法官一封她前一晚收到的信。來自阿布拉吉的清算人之一勤業眾信聯合會計師事務所，信中說在阿布拉吉倒閉之前，納克維拿走的錢至少比他應得的多二・五億美元。為了隱瞞此事，刻意將錢轉到海外的公司，包括開曼群島的銀線公司。

卡皮拉說：「被告仍有數億資產，存在各個企業和個人信託。納克維存放資產的事業據說設在金融祕密法很周延的數個司法管轄區。」

基斯也戴白色假髮穿黑袍，堅稱當事人遭受的所有指控都不是事實。他列出納克維提供的獎學金計畫和參與的社區建設，包括資助北倫敦清真寺的社會中心，他的父親二〇〇九年去世前，一直和妻子住在那附近。為了證明納克維不會交保潛逃，基斯說納克維死後要葬在倫敦。

「他與英國的關係根深柢固，他的父親、叔叔和其他親戚都葬在瓦特福市（Watford）的卡本德公園墓地（Carpenders Park Cemetery）。」納克維已為自己和家人買了墓地，確保他最後的安息所與父親同在英國的土地。基斯說，讓納克維交保才是公平的。畢竟，維蒂維特皮萊和艾鐸－維杜已分別以一百萬美元和一千萬英鎊交保。

卡皮拉強調納克維耗費多少心力損害美國政府的權益。

「這個案子很奇特的地方是，被告不僅否認犯罪事實（當然這要靠審判決定），甚至否認他被指控幾項罪名的事實。我們認為投資人有相當龐大的金額被挪為個人私用，納克維先生正是此計謀的主使者。」

為了說明納克維的不法行為，她讀出納克維寫給拉卡尼的一封電郵。

「深呼吸，微笑，感謝真主，然後繼續向前。轉三十萬美元到艾山的英國帳戶，同樣轉三十萬給紀芝蘭的時尚家帳戶。兩人都沒錢了，明天就需要現金。」

接著她讀出拉卡尼的回覆。

「你知道的，處理阿布拉吉的現金也讓我承受極大的壓力，現金不足的問題很嚴重，現在我根本沒錢支付基本開銷，像是六月份的薪水。你完全清楚狀況的，請幫助我。」

沒有證據顯示阿布拉吉裡有任何其他人命令盜用公款。

納克維就是頭號人物。

卡皮拉說：「他說他只依據合約賦予的法定權利收錢，無論民刑事這都有爭議。」

納克維的三個朋友——包括老同學艾哈邁德——願提供六十五萬英鎊保證金給法庭，如果納克維潛逃，他們就會損失這筆錢。卡皮拉說錢無法保證他不逃，因為納克維可以拿到大筆現金，必要時償還他的朋友。

基斯辯稱納克維從阿布拉吉拿的錢本來就是他應得的。他批評卡皮拉不該把納克維在巴基斯坦的房子形容為院落，會讓人聯想到陰魂不散的賓拉登，因為賓拉登就是在巴基斯坦的一處院落被殺的。

法官詢問納克維的身價多少：「他是不是極度有錢，但難以變現？」

基斯答：「是的。」

法官說：「使用信託就無法知道變現能力了。」信託是使用祕密的海外銀行帳戶。

基斯說：「他是世界知名的全球執行長，有條件得到法庭的信任。他和這個司法管轄區有很強烈的連結，他在這裡受教育，大多數家庭成員也都在這裡。」

全體起立，法官離開去審酌判決。

一小時候法官回來，駁回美國政府的上訴，准許納克維以一千五百萬英鎊交保。納克維的勝利很短暫。

不到一個月，美國檢察官公布更詳盡的控訴內容。如果所有的罪名都成立，納克維將面臨二百九十一年的牢獄。他被控將阿布拉吉經營成犯罪組織，就像黑幫一樣。拉卡尼、西迪克和戴維也被提起公訴，將和納克維、維蒂維特皮萊、艾鐸－維杜一起受審。

• • •

二〇一九年六月艾鐸－維杜在紐約就七項詐欺和犯罪組織非法活動（racketeering）的指控認罪。他的律師保羅・謝克曼（Paul Schechman）說這位埃及人是好人，曾試圖補救納克維的瘋狂行徑。艾鐸－維杜向法官陳述意見：

「簡單地說，應該分開的錢全混在一起，投資人沒有被告知這個事實。」

「阿布拉吉私募股權四號基金尤其是如此，這檔基金二〇〇八年推出，資金來源包含美國的投資人。」

「二〇一六年阿布拉吉開始為新的六號基金募資。我們向機構與個人募集了大約三十億美元，包括美國的投資人。我們在曼哈頓和潛在投資人見面，發電郵到美國。在募集基金時，對潛在投資人謊報阿布拉吉的財務狀況。」

「我們將公司描繪得蓬勃發展，一片大好，實際上公司正經歷我敘述的嚴重的流動性問題。我們也過度提高阿布拉吉的績效：引導潛在投資人相信先前一些投資案比實際上更成功。為了達到這個目的，我明知估值被不實提高卻還是核可，公司其他同仁想要調低估值，我在納克維的極力要求下加以拒絕。」

「與潛在投資人開會時，公司虛偽抬高阿布拉吉的績效與描繪不實的財務狀況，當時我沉默旁觀。投資人與潛在投資人很敬重我，我明知不實的陳述因為我的在場而更增可信度。」

「法官，起訴書指控這是一個犯罪企業，包含好幾項共謀罪，但阿布拉吉的領導者之間並沒有正式協議犯法。我們之中有些人反對納克維的不法行為，只是最後往往放棄了。我們知道，這會造成投資人和潛在投資人看到不夠誠實的公司樣貌，而我們有責任坦誠以告。」

「當時我知道我參與了不對的行為。二〇一四年情況惡化時，我就應該離開。我考慮過離開但沒有走，我為了忠於阿布拉吉而沒有顧及是非判斷，最後偏離自己的本質，為此我感到羞愧。我原希望留下來可以遵守對投資人的承諾，保護他們的權益，這個希望沒有實現。整件事我有部分責任，我懊悔的程度超乎任何人的想像。」

• • •

二〇一九年聖誕夜，納克維傳送簡訊給以前的同事和顧問：

祝福你們有個平安的假期，有最美好的未來。願上帝賜福你和家人，永遠沐浴在祂的恩典下，平安順心。如果我曾經讓你們難過或痛苦，請原諒我。過去一年來我真的領悟了謙卑的真義以及人與人的連結多麼重要。當一切陷入黯淡荒涼，上帝會想辦法給你希望和同情，尤其是愛、寬恕與溫暖安慰。祝大家平安快樂，獻上我最大的祝福。阿里夫．納克維敬上。

軟禁的日子

二〇二〇年四月，納克維被捕一年後，仍然大部分時間關在南肯辛頓的公寓。他只有幾種情況可以出門：見律師，每天下午到海德公園散步兩小時，週五到附近的清真寺。他告訴精神科醫師他會做極可怕的噩夢，甚至害怕入睡。他充滿羞辱感，財務與情感都已崩潰，必須服用抗憂鬱劑和贊安諾（Xanax），心理健康每下愈況。

他以前的朋友和事業夥伴薩拉夫仍住在不遠處，但從來沒有見面。薩拉夫的新公司相當成功，買下漂亮的舊遊艇凱麗瑪號（Kalizma），電影明星理查．波頓和伊莉莎白．泰勒曾經擁有過。據說波頓將遊艇獻給泰勒時，在船上準備了六十九克拉的鑽石。薩拉夫的這艘遊艇是在印度富豪維傑．馬爾雅（Vijay Mallya）經濟困難時向他買的。馬爾雅也住在英國，正在想辦法避免被引渡回印度面對詐欺官司。

二〇二〇年六月，納克維的律師回到西敏寺治安法院進行引渡審判。為防堵新冠疫情，法庭制度有些改變，納克維不需親自出庭。可以在他的公寓透過視訊參與。但第一法庭的影像連線有問題，因此基斯用手機打給當事人。納克維的臉出現在螢幕上，臉頰和下巴布滿白色鬍渣，中分的白髮反常地蓋在額頭上。

基斯告訴納克維：「依照法律，法官必須能看見你，你也要能看見這裡的情況。」

法官阿巴斯諾特進入。基斯將手機立在一堆書上面，讓納克維和法官可以看見彼此。

基斯說：「我們讓納克維先生使用 FaceTime 視訊。」

幾天前維蒂維特皮萊才出庭過，同意引渡。檢察官期待他認罪，他的律師拒絕評論。

納克維依然抗拒引渡。基斯說他的當事人疑似染疫住院後健康情況很差，基於兩理由主張不應將納克維送到紐約。第一，納克維被控告的罪行在倫敦就可受審。第二，納克維受審前可能羈押在紐約的監獄，那裡的監獄狀況非常糟糕，足以侵犯納克維人權，提高自殺的風險。

基斯告訴法官：「他相信自己完全無辜，這個信念無可動搖，他確實有自殺的風險。」基斯說，納克維罹患重度憂鬱、冠狀動脈疾病、高血壓、高膽固醇、糖尿病、胃炎、竇性心跳過速（sinus tachycardia）、睡眠呼吸中止症、蕁麻疹、神經炎。監禁在旺茲沃思監獄的創傷還在，是因為有華伊札的密切照看才讓她的丈夫能活下來。

曼哈頓的大都會矯正中心（Metropolitan Correctional Center）一位前獄卒莫琳・貝爾德（Maureen Baird）被傳喚當證人，那是監禁艾鐸－維杜的地方，也是艾普斯坦喪命的監獄。貝爾德說那裡過度擁擠，管理人力不足，老鼠、黴菌、幫派分子很多，是個危險的地方。她形容就像古拉格（gulag，前蘇聯勞改營）一樣。「那裡的情況糟透了，就像是第三世界的監獄。」

有自殺傾向的受刑人會關在小小的單人舍，水泥床，四周有窗戶讓警衛可以看見。要穿防自殺衣，很像是有魔術帶的毯子，三餐使用紙袋紙餐具，以免自傷。

貝爾德小姐說：「監所人員的注意力會放在當下發生的事情，所以即使他們知道納克維先生的狀況，還是可能因為處理一大堆事情而輕易遺忘他。他目前的狀況風險很高，可能會發生糟糕的結果。」

另一所監獄——布魯克林的大都會拘留中心（Metropolitan Detention Center）一樣糟糕。

納克維的律師說，一位聯邦法官形容那裡也像第三世界。

美國檢察官說他們不反對納克維在紐約交保，這樣受審前就可避免羈押在兩所監獄的任何一所，但基斯說他們的保證還不夠。

他說：「建議交保不足以抵銷羈押的真實風險。」

基斯努力不讓納克維住進紐約第三世界的監獄，最後果然有收穫。美國檢察官最後讓步了，同意審前羈押不會被送去曼哈頓或布魯克林的監獄，他們會提議別所監獄。

聽審結束時，基斯很不滿地對卡皮拉說：「換到關達那摩灣監獄好了，那樣我們就真的可以再吵個十年。」

清算

納克維和他的律師在倫敦力抗引渡，阿布拉吉倒台的震波仍在全球金融體系往外擴散。二〇二〇年夏天，阿布拉吉的清算人傳喚十六家銀行，找尋失落的資金。納克維在三千七百筆交易中總共拿走阿布拉吉七．八億美元，其中三．八五億美元去向不明，數千萬美元轉入開曼群島的銀線。根據傳票內容，納克維是銀線的唯一股東，公司的董事包括拉卡尼、阿布拉吉的另一位員工阿西姆．哈米德（Asim Hameed）、管理納克維私人事務的瑞士銀行家亞歷山卓．奇拉諾（Alessandro Celano）。

清算人要求銀行提供資訊，讓他們知道納克維將短少的錢轉去哪裡。這些銀行都是在世界上最重要金融中心裡最有聲譽的機構，足以證明納克維已成為多麼厲害的全球主義菁英，直通各國權貴。被要求提供資訊的機構包括美國的美國銀行、紐約梅隆銀行（Mellon）、花旗、高曼、摩根大通集團、富國銀行（Wells Fargo）；英國的巴克萊銀行（Barclays）、匯豐、渣打集團（Standard Chartered）；加拿大豐業銀行（Bank of Nova Scotia）；阿聯的馬士禮格銀行（Mashreq Bank）、瑞士的瑞士銀行（UBS）；德國的德意志銀行和德國商業銀行（Commerzbank）；法國的法國巴黎銀行（BNP Paribas）和法國興業銀行。他們被要求檢查轉帳給納克維兒子、妻子華伊札、妹妹霍季雅（Fawzia）、親戚夏希德（Shahid）和歐維斯（Ovais）、妹婿西迪克的資料。

繼續有新的官司冒出來。阿布拉吉的清算人控告十億美元規模的醫療保健基金，要拿回一・〇九億美元還給蓋茲基金會和其他投資人。二〇一七年十二月納克維利用賈法的借款填補醫療保健基金，清算人要他把這筆錢還給債權人。賈法也控告阿布拉吉和醫療保健基金，希望拿一些錢回去。

二〇二〇年七月，律師再次回到倫敦的法庭。美國檢察官提議如果需要審前羈押，可以讓納克維待在紐澤西州的艾塞克斯郡監獄（Essex County Correctional Facility），與紐約隔著哈德森河（Hudson River）。前阿布拉吉員工很驚訝納克維還在為達到自己的目的奮鬥，這一次竟是要挑選自己待在美國哪所監獄。

一位前員工說：「也許只有富人才能享有這種特權，讓司法看起來很諷刺。我完全贊成引渡官司要謹慎，但這太荒謬了。」

• • •

二〇二一年一月二十八日法官阿巴斯諾召回納克維到法庭聽取判決。他站在法官面前，身穿暗色西裝黑色套頭毛衣，雙手銬在一起放在前面，凝視地上。他的兩個兒子坐在法庭後面，華伊札沒有來。法官核准他被引渡，但可以上訴。納克維舉手發言。

「我只是要謝謝妳在整個審判過程展現同情心，不論結果如何。」

離開法庭時他傳遞訊息給一些人，訴諸更高的權威。

納克維寫道：「所有事情的發生都是依循阿拉的意旨和時間，我完全相信祂永遠會為我選擇最好的道路。」

後記——一則關於謊言、貪婪、理想主義扭曲的精彩故事

二〇一九年五月，華盛頓州投資委員會的律師蘇珊・梅傑（Suzanne Mager）寫信給我們：

「夠了——我不幹了！寫完這封電郵我就要交出鑰匙卡和識別證。」

蘇珊擔任公職多年後下台。我們提出資訊自由的要求時，就是由她處理的——我們要求了解華盛頓退休基金投資阿布拉吉的事。但事後證明她只是短暫離開，不到六週又回去工作。華盛頓州投資委員會重新聘僱她繼續處理案子，包括搜集阿布拉吉數以千計的電郵和文件，加以刪減。她花了將近一年的時間，用又粗又黑的線隱去一頁又一頁的內容，將退休基金的投資內容當中具有商業敏感性的部分蓋掉。

華盛頓州投資委員會為什麼會將教師和消防員二・五億美元的錢，交給一個被控犯下嚴重國際詐欺罪的人管理？蘇珊搜尋可能有助理解箇中曲折和原因的文件，態度盡可能友善熱心。但她處理完之後，已經看不到多少讓我們感興趣的內容了。這一切根本是浪費時間。我們依據

資訊自由法案提出要求，最後只得到一點點有用的資訊，過程卻耗費退休基金數千美元。

華盛頓州投資委員會是我們訪談過最透明的機構之一。德州教育退休金系統願意揭露關於阿布拉吉的文件，條件是我們要付七萬五千四百六十三美元。我們拒絕。

我們努力收集資訊，卻一再遭遇阻礙。二〇一八年末在倫敦的新興市場私募股權協會會議中，很難得有機會向阿布拉吉這場大戲的重要人物提出問題。維蒂維特皮萊是前任阿布拉吉合夥人，在列支敦斯登（Liechtenstein）的皇室所創建的投資基金工作，與奧多諾霍同台——後者曾經是摩根大通的影響力投資銀行家，後來掌管英國政府的ＣＤＣ。在美國政府的海外私人投資公司擔任顧問的法蘭克．鄧列維（Frank Dunleavy）坐在兩人旁邊。將近一個小時的時間他們都在討論投資新興市場的議題，卻一次都沒有提到幾個月前才倒閉的阿布拉吉。

討論結束後有一段公開問答時間，克拉克說：「這個會議室裡明顯存在一個大家集體視而不見的大問題，叫做阿布拉吉。奧多諾霍，你是投資人，鄧列維，你是借貸方，維蒂維特皮萊，你是資深合夥人。阿布拉吉到底是什麼情況？我們從中學到什麼教訓？你們如何預防這種事再度發生？如何改善這個產業？」

維蒂維特皮萊和奧多諾霍沒有說話。

鄧列維說：「不予置評。」

ＣＤＣ的創立目的是行善，但不損及英國納稅人的錢，我們依據資訊自由法提出要求，他們卻拒絕回答。CDC說：「保守這項資訊的公共利益大於揭露資訊的公共利益。」

海外私人投資公司現已經被川普總統改名為美國國際發展金融公司（U.S. International Development Finance Corporation），同樣沒有回答我們的提問。

把關者的失職

公家機構理應是公眾資金最可靠的管理者，這種保持緘默的態度讓人很火大。我們認清民間企業不太可能配合我們的要求提供資訊，但我們以為公家機構管理的是納稅人的錢和退休金，是為大眾服務，當然有義務與大眾分享資訊。看來並非如此。

納克維取得CDC、海外私人投資公司、世銀和其他公共組織的資金，承諾促進全球的公共利益。他大力宣揚要幫助窮人，誓言行事公開透明，現在他的計畫以災難收場，他本人和他的投資人卻都不願意談。

納克維風光的時候，銀行家、富豪、投資人都對他讚譽有加，這時候卻都快速畫清界線。Hamilton Lane這家投資公司負責拿美國公家機構的數億美元投資阿布拉吉，拒絕回答問題。狀況好的時候，Hamilton Lane的赫許曾在《富比士》雜誌和其他地方大讚納克維。

Hamilton Lane的發言人凱特・麥克甘（Kate McGann）說：「我們無法評論，因為我們不評論特定基金或公司。」

阿布拉吉的董事包括哈佛學者珍・尼爾森（Jane Nelson）、瑞士富豪史密丹尼、倫敦國際策略研究院（International Institute for Strategic Studies）的院長約翰・奇普曼（John Chipman）都拒談阿布拉吉。

阿布拉吉的前董事長克里利告訴我們：「由法院命令或監管機構進行的正規調查比較可能讓真相顯現，而不是與記者分享什麼猜測。這麼說並未暗示對媒體有任何不敬。」

勒納寫過關於阿布拉吉很正面的學術個案研究，這時已從哈佛的網站移除。勒納從二〇〇八年到二〇一〇年擔任阿布拉吉的諮詢委員會成員，一直到二〇一七年都是阿布拉吉的支薪顧問。他坦承當年寫報告分析阿布拉吉的表現，以及肯定阿布拉吉對投資項目的估價，確實犯了「無心之過」。

美國以外的監管機構什麼都沒做，想要動作時已經太遲。美國法院發出納克維的逮捕令之後數月，杜拜金融服務總署對破產的阿布拉吉祭出破紀錄的三・一五億美元罰金，理由是欺騙投資人和進行未經授權的活動。阿布拉吉沒有錢繳罰金。

阿布拉吉多數公司和基金都設在開曼群島，那裡的監管機構一概撇清。開曼群島貨幣局（The Cayman Islands Monetary Authority）說他們沒有責任監督阿布拉吉或阿布拉吉的基金。

多年來負責查核阿布拉吉及其基金的安侯建業於二〇一八年宣布調查這場災難，但後來一直沒有再提起這件事。二〇二〇年阿布拉吉的投資人控告杜拜的安侯建業。經過我們一再提醒，安侯建業才在二十五天後對我們的最後一次請求評論做出回應——結果是將我們的提問交給公關公司，後者代替他們拒絕評論。

富豪布朗夫曼曾經形容納克維是溫和的紳士，他的助理寫道：「布朗夫曼先生有事無法接受訪談。」

納克維和阿布拉吉付給公關公司一點錢來美化形象，方法是誇大優點，隱藏缺點。他們拒絕公開評論，但納克維的一位前顧問說，人們會相信他，是因為他太有魅力。

人性的貪婪

阿布拉吉存在的真實目的是支付豐厚的薪水和紅利給主管，納克維曾經承諾要讓這世界變得更美好，現在看起來像是騙人的宣傳。他說要幫助世界上的窮人，其實窮人根本沒有機會受益，因為他們不是納克維真正最重視的，阿布拉吉如何經營或選擇做什麼，窮人也毫無置喙餘地。事實是納克維以窮人之名募得的錢被濫用來讓他和他的同事獲利。

納克維演講時強調世界上存在極嚴重的財富不均問題，成功引起大眾的注意——達沃斯其他富豪和私募股權大亨都不太願意做這件事。此外，他指出開發中國家有寶貴的投資機會等著被發掘，這也很有先見之明。但他那些冠冕堂皇的話只是用來掩蓋不法行徑，還不如永遠不要提窮人的困境，因為他讓人失去信任，感覺被背叛，反而對他宣揚的理念造成傷害。

如果納克維帶著他的幾百萬美元到喀拉蚩高樓頂端撒向天空，讓阿拉伯海吹來的風將錢吹散到城市各處，對窮人可能還比較有幫助。

納克維的倒台是一個悲劇。如同他以前的合夥人西哈比二〇〇二年對他說的，他聰明又充滿活力，但同時也有嚴重的缺點。他要消除巴基斯坦與其他開發中國家貪腐猖獗的負面刻板印象，但他的行為可能反而更強化這個印象。根據二〇一一年美國學者想像的未來，到二〇二〇年納克維或許將帶領他那混亂但充滿生命力的家鄉巴基斯坦走向光明繁榮的未來。事實卻是他因被控經營犯罪事業面臨二百九十一年徒刑。

約翰霍普金斯大學高階國際研究院（Johns Hopkins University's School of Advanced International Studies）的教授丹尼爾．馬基（Daniel Markey）參與二〇一一年撰寫二〇二〇年巴基斯坦展望的文章，他說：「情況似乎未如計畫發展。你知道，有的人在某些時候看起來真的是模範代表。」

紐約大學全球事務中心（Center for Global Affairs）的教授麥可．歐本海默（Michael Oppenheimer）負責監督上述報告，他說：「我想我們確實識人不清，押錯寶了。」

西方學者、富豪、政治人物和記者究竟怎麼會錯得這麼離譜？畢竟若沒有他們的加持，納克維的崛起也不會如此神速。納克維宣稱他的目標是透過資本主義改善這世界，請這些人相信他。這個故事是蓋茲、布朗夫曼、約翰·凱瑞、查爾斯王子、施瓦布、美國銀行、麥肯錫、安侯建業、Hamilton Lane和全球菁英想要相信的。世銀和美英法政府不只是資助納克維和阿布拉吉，也在資助他們一廂情願想要實現的願望。這件事倒是讓我們看到，自以為是和追求自我利益加在一起，如何讓人變得盲目，看不清最大的財務風險在哪裡，事實上從以前到現在都來自同一個根源，就是貪婪。

還能有別的結論嗎？這個問題很重要，因為還有很多富豪和企業主說得和納克維一樣好聽——他們在賺錢的同時還能讓世界變得更好。也許他們是真誠的，也許會言行一致，但也可能不會。

數十年來企業的目的一直是為股東追求最大的報酬，二〇一九年八月十九日，由美國最大企業的一百八十一位執行長組成的重量級組織，企業圓桌會（Business Roundtable），推翻了此一政策宣示。企業的新目的是「追求所有利害關係人的利益——包括顧客、員工、供應商、社區和股東。」他們在宣示中使用的語言會讓那些聽過納克維演講的人覺得很熟悉，因為十四多年前，納克維就宣示阿布拉吉的宗旨是促進「所有利害關係人的共同價值。」此所以他能在二〇一三年贏得奧斯陸企業促進和平獎，二〇一四年斯克爾還邀請他與布蘭森同台。

富豪與執行長愈來愈流行提出行善的承諾與創立基金會，加入國際刑警組織與聯合國旗下組織的理事會，與政府、大學、學校合作落實宏偉的計畫，但我們應該記住，現在就已經有一套制度可以公平公正地管理人類的事務，不論貧富，平等尊重每個人。

這套制度叫做民主。

民主選出的政府理應對企業與個人課稅，善用稅金提供學校與醫院等公共服務。如果民眾不喜歡政府支配稅收的決定，可以在下一次選舉中換人執政。

那些自稱可以比政府做得更好的富豪與執行長當然應該被聽見，但當有人對他們提出質疑或反對的看法，他們不應該有權力聘請昂貴的律師威嚇別人噤聲。

富豪與執行長通常都有他們的目的，例如成功說服政府減稅。他們聲稱能做的比政府更好，一部分也是一種有利維持低稅負的論述。美國的企業稅自一九五〇年代以來大減一半，有些國家根本收不到多少稅——巴基斯坦人口二·一六億，二〇一九年繳所得稅的人不到二％。

像安侯建業這類會計師事務所理應監督財報是否誠實，但也會教導企業和富人如何節稅。阿布拉吉設立所在的海外避稅天堂開曼群島，同樣是在幫富人避稅。美國富豪還可以慈善捐贈給自己選擇的公益組織，藉此減稅。

因此當富豪、執行長在達沃斯與政治人物聚會，公開談論如何改善世界的境況時，我們可以假定他們心中所想的未必只有改善世界的境況。納克維心中想的就不只這件事。要解決這個問題，探討經濟與終結貧窮的全球辯論必須納入每天生活費只有幾美元的人。探討貧窮與全球經濟的會議若沒有把窮人涵蓋進來，虛偽程度就好像一室的男人在討論如何提升性別平等。

更多類似的例子

我們有很多民間退休金和公家退休金流入規模四兆美元的私募股權產業，那些錢被拿去收購世界各地的公司，從紐約、倫敦到伊斯坦堡、阿克拉和喀拉蚩都有。私募股權這個產業不恰當地保有過高的隱密性。若會計師與監管機構無法確保私募股權公司都是正當經營，那麼必須有更多人關切他們的經營方式與是否恪守承諾。土耳其優森乳品公司申請破產，迦納的費恩乳品狀況比較好，已被達能集團併吞。二〇二〇年喀拉蚩電力公司還在苟延殘喘，沒有新買主。

阿布拉吉醫療保健基金被ＴＰＧ收購。這家美國私募股權公司也聘請約翰·凱瑞當顧問。但ＴＰＧ有自己的問題。就像納克維一樣，麥格拉森與Ｕ２樂團的波諾及斯克爾共同創立ＴＰＧ的奮起（Rise）影響力投資基金，堪稱金融業的耀眼明星。就像德波爾一樣，二〇一九年一月麥格拉森選在倫敦的康諾特酒店和我們見面，談他做哪些事幫助窮人——那些居住地方與豪華的梅菲爾宴會廳（Mayfair venue）距離很遙遠的人。麥格拉森和我們見面時短暫停留倫敦，即將前往達沃斯和波諾一起發表演說。幾週後，麥格拉森因為美國大學入學醜聞案被捕。法務部指控他賄賂官員，以便讓兒子進入南加大，他因此被迫離開ＴＰＧ。又是一位影響力投資明星觸犯法律。

勤業眾信和資誠的阿布拉吉清算人，以及兩者在威嘉律師事務所等公司的律師，二〇二〇年收取的費用高達六千多萬美元（威嘉恰巧也為納克維工作），等於時薪九百四十五美元，比多數衣索匹亞人一年賺的還多。

要如何投入資金建造一個公平公正的世界呢？這不只是在企業與金融業掌握權柄、在達沃斯與各國首相共餐的人們要思考的問題。

最重要的，這也是你我要思考的問題。

謝辭

世界各地有數十人深受阿布拉吉事件影響，希望世人知道這個故事卻無法公開發聲，沒有這些人的信任與合作，就沒有這本書的誕生。我們很感激這些人提供的證詞與證據。

本書的構想是我們在 Fletcher & Co. 的經紀人 Eric Lupfer 提出的，建議由我們執筆。他的遠見和支持至關重要。我們在 HarperCollins 的編輯 Hollis Heimbouch，在 Penguin Random House 的編輯 Lydia Yadi，體認到這個故事很重要，對於撰寫方式提供很明智的指引。另外我們要感謝 Fletcher 的 Grainne Fox，HarperCollins 的 Wendy Wong、Nicholas Davies、Penny Makras、Nikki Baldauf 和 Andrew Jacobs，Penguin Random House 的 Celia Buzuk、Lucy Middleton、Leo Donlan 和 Kayla Fuller。

本書是我們在《華爾街日報》的新聞工作中發展出來的，很多同事幫助我們更深入了解阿布拉吉。其中最重要的是一起調查本案的夥伴裴瑞西（Nicolas Parasie），他的專業能力以及在杜拜實地報導的經驗都發揮極大的助益。另外要感謝 Anuj Gangahar、Ed Ballard、Michael

Amon、Laura Kreutzer、Laura Cooper、Parminder Bahra、George Downs、Jovi Juan、Richard Boudreaux、Jacob Goldstein、Lisa Kalis、Alex Frangos 和 Charles Forelle。

也要感謝家人朋友的支持和建議。

除了 Colin、Julia、Clem、Harry 和 Nick，勞區還要感謝 Taylors、Guy McDonald 和 Xander Fraser 的指導，還有 10 Helix Road 及 4 Coastguard Cottages 的居民。

克拉克要感謝 Peter Koenig、Caroline Clark、Claudia Cerrina、Vivian Vignoles、Francis Robinson 和 Zeb Lamb 提供很有建設性的意見，還有 Ambra Clark、Oliver Clark 和 Zahira Jaser 所做的每件事。

國家圖書館出版品預行編目（CIP）資料

寄生慈善：一個華爾街大騙子如何用「做好事又能致富」的謊言行騙全球菁英？／西門．克拉克（Simon Clark），威爾．魯奇（Will Louch）著；張美惠譯．-- 初版．-- 臺北市：城邦文化事業股份有限公司商業周刊，2022.04
384 面；14.8X21 公分
譯自：The key man: the true story of how the global elite was duped by a capitalist fairy tale
ISBN 978-626-7099-22-3（平裝）

1. CST：納克維（Naqvi, Arif, 1960-） 2. CST：阿布拉吉集團
3. CST：金融犯罪 4. CST：詐欺罪 5. CST：傳記

548.545 111001882

寄生慈善

作者	西門・克拉克、威爾・魯奇
譯者	張美惠
商周集團榮譽發行人	金惟純
商周集團執行長	郭奕伶
視覺顧問	陳栩椿
商業周刊出版部	
責任編輯	盧珮如
封面設計	賴維明
內文排版	葉欣玫
出版發行	城邦文化事業股份有限公司 - 商業周刊
地址	104 台北市中山區民生東路二段 141 號 4 樓
傳真服務	（02）2503-6989
劃撥帳號	50003033
戶名	英屬蓋曼群島商家庭傳媒股份有限公司城邦分公司
網站	www.businessweekly.com.tw
製版印刷	中原造像股份有限公司
總經銷	聯合發行股份有限公司 電話（02）2917-8022
初版 1 刷	2022 年 4 月
定價	450 元
ISBN	978-626-7099-22-3（平裝）

The Key Man
by Simon Clark and Will Louch

金商道

The positive thinker sees the invisible, feels the intangible, and achieves the impossible.

惟正向思考者，能察於未見，感於無形，達於人所不能。 —— 佚名